남북공동체를 위한 삶이 묻어나는 성경공부7

사단법인 한국기독교교육교역연구원 편
임창복 김태훈 집필

머리말
—

하나님의 은혜 가운데 2023년에 「남북공동체를 위한 삶이 묻어나는 성경공부 7」을 출판하게 되었습니다. 이 책이 출판되는데 있어서 그동안 편집 작업이 원활하지 못하여 이제야 세상에 나올 수 있게 되었습니다. 전효성 목사님을 통하여 길을 열어 주신 하나님께 감사와 영광을 올려드리며, 또한 전효성 목사님께도 깊은 감사를 드립니다. 이와 더불어 연구원 시작 이래 지금까지 한결같이 후원해 주시고 기도해 주시는 후원교회와 목사님들 그리고 개인 후원님들께 깊은 감사를 드립니다.

하나님께서는 오래전부터 본 연구원이 북한선교와 탈북민들을 위한 교육선교에 관심을 갖도록 인도하셨습니다. 그리하여 북한선교와 탈북민 선교를 위하여 2006년 탈북민들을 대상으로 설문조사를 하여 본 연구원은 2007년에 「탈북교인의 신앙분석」이라는 책을 출판하였고, 북한과의 교류를 하나님께서 허락하실 때를 대비하여 「당 정책사와 함께 가는 북한교육의 변천사」(2010년)를 출간하였습니다. 이 책보다 쉽게 북한을 알아 갈 수 있도록 도표로 간략하게 편집한 「통일 준비:북한을 알자」를 2011년에 본 연구원이 출간한 바 있습니다. 이에 멈추지 않고 2013년에는 북한선교와 탈북민 선교에 뜻을 둔 이들에게 도움을 주고자 「북한에서 사람이란」이라는 책을 출간하기에 이르렀습니다.

이와 같이 하나님께서 북한선교와 탈북민 선교에 계속해서 관심을 갖고 연구하게 하시어 교회현장에서 필요한 남북한공동체를 위한 삶이 묻어나는 성경공부 책을 7번까지 출판 하게 되었습니다. 남북한공동체를 위한 삶이 묻어나는 성경공부 책 4번부터 7번까지는 52주 동안 교회현장에서 성경공부교재로 사용될 수 있도록 출판 되었습니다.

이 책이 출판되기까지 김은영 탈북민 목사님께서 각 주제와 내용들을 탈북민의 실생활에 도움이 되도록 원고를 찬찬히 읽어가면서 함께 협력하여 주셨습니다. 감사를 드립니다.

책 전체는 7장으로 구성되어 있습니다. 구체적으로 1장에서 '병자들을 고치시다'와 관련된 주제가 18개이며, 2장에서 '기사를 행하시다'와 관련된 주제가 7개이며, 3장에서 '죽은 자를 살리시다'와 관련된 주제가 3개이며, 4장에서 '귀신 들린 사람을 고치시다'와 관련된 주제가 8개이며, 5장에서 '맹인의 눈을 뜨게 하시다'와 관련된 주제가 4개이며, 6장에서 '열두 제자에게 모든 귀신을 제어하며 병 고치는 능력과 권위를 주시는 예수님'과 관련된 주제가 8개이며, 7장에서 '부활하신 예수 그리스도를 만난 바울을 통한 예수님의 치유사역'과 관련된 주제가 4개입니다.

이 책의 각 주제의 내용과 구조는 다음과 같습니다. 첫째는 삶에서 묻어 나오는 문제들이 질문형식으로 제시되며, 둘째는 각 주제의 내용이 간략하게 제시되며, 셋째는 각 주제와 연관된 성경말씀묵상 프로그램이 첨가되어 있습니다.

이 책이 하나님의 동역자로서 탈북민 선교를 하시는 모든 이들에게 뿐만 아니라 한국교회 성도들에게 성경공부를 가르치시는 목사님들에게도 유용하게 사용될 수 있기를 기도합니다.

본 연구원은 「남북공동체를 위한 삶이 묻어나는 성경공부」를 계속 연구하여 출판할 계획입니다. 이를 위하여 기도 부탁드립니다. 이어서 성령 하나님에 관한 연구를 할 차례입니다 이를 위하여도 기도해 주시기를 바랍니다.

하나님의 은혜가 귀 교회와 목사님들과 모든 후원자님들과 독자님들 위에 늘 함께 하시기를 기원합니다.

2023년 7월
사단법인 한국기독교교육교역연구원
원장 임창복 목사

I. 병자들을 고치시다

1. 나병환자를 깨끗하게 하시다(막 1 : 40-45)

주제와 연관된 질문 _

1. 오늘날 우리 사회에서 육체적 고통과 함께 사회적 고통까지 함께 받는 무서운 병은?
2. 가족이나 친지들 중에 이같은 무서운 병으로 고통 받고 있는 이가 있는가? 이런 사람에 대한 자신의 태도나 반응은?
3. 혹시 자신에게 육체적으로나 혹은 심리적으로 고통을 받고 있는 것이 있는가? 이에 대한 자신의 대처방법은?

주제 내용 _

마가복음 1장 36-39절에 보면, 예수께서 새벽에 밝기도 전에 한적한 곳으로 가시어 거기서 기도하신다. 그런데 시몬과 및 그와 함께 있는 자들이 예수의 뒤를 따라가 만나서 이르기를 모든 사람이 주를 찾는다고 보고 드린다. 이에 예수께서 이르시되 우리가 다른 가까운 마을들로 가자 거기서도 전도하리니 내가 이를 위하여 왔노라 하시고 온 갈릴리에 다니시며 그들의 여러 회당에서 전도하시고 또 귀신들을 내쫓으신다. 갈릴리 전도여행 시 나병환자가 예수께 와서 꿇어 엎드려 간구하여 이르되 원하시면 저를 깨끗하게 하실 수 있나이다 한다. 당시 나병은 유대인들에게 있어서 죄의 결과를 상징하는 질병이다. 나병환자는 인간으로서의 기본적인 생활을 박탈당할 뿐만 아니라 공동체 밖으로 소외되었다. 율법에는 "나병환자는 옷을 찢고 머리를 풀며 윗입술을 가리고 외치기를 부정하다 부정하다 할 것이요 병 있는 날 동안은 늘 부정할 것이라 그가 부정한즉 혼자 살 되 진 밖에서 살지니라"(레 13:45, 46)고 규정되어 있다. 이같이 나병은 육체적 고통과 함께 사회적 고통까지 받는 무서운 질병이다.

주제와 연관된 성경공부와 말씀묵상 _

내가 원하노니 깨끗함을 받으라

본문말씀 마가복음 1 : 40-45

40 한 나병환자가 예수께 와서 꿇어 엎드려 간구하여 이르되 원하시면 저를 깨끗하게 하실 수 있나이다

41 예수께서 불쌍히 여기사 손을 내밀어 그에게 대시며 이르시되 내가 원하노니 깨끗함을 받으라 하시니

42 곧 나병이 그 사람에게서 떠나가고 깨끗하여진지라

43 곧 보내시며 엄히 경고하사

44 이르시되 삼가 아무에게 아무 말도 하지 말고 가서 네 몸을 제사장에게 보이고 네가 깨끗하게 되었으니 모세가 명한 것을 드려 그들에게 입증하라 하셨더라

45 그러나 그 사람이 나가서 이 일을 많이 전파하여 널리 퍼지게 하니 그러므로 예수께서 다시는 드러나게 동네에 들어가지 못하시고 오직 바깥 한적한 곳에 계셨으나 사방에서 사람들이 그에게로 나아오더라

기도요점

한 나병환자가 예수께 와서 꿇어 엎드려 간구하여 이르되 원하시면 저를 깨끗하게 하실 수 있나이다 이에 예수께서 불쌍히 여기사 손을 내밀어 그에게 대시며 이르시되 내가 원하노니 깨끗함을 받으라 하시니 곧 나병이 그 사람에게서 떠나가고 깨끗해 지는 당시 상황을 상상해 보자. 치유된 그를 예수께서 곧 보내시며 엄히 경고하사 이르시되 삼가 아무에게 아무 말도 하지 말고 가서 네 몸을 제사장에게 보이고 네가 깨끗하게 되었으니 모세가 명한 것을 드려 그들에게 입증하라 하셨는데, 그 까닭은?

도움의 말

당시 나병환자는 율법에 따르면 다른 사람과의 접촉뿐만 아니라 사회 활동이 금지되어 있는 상황임에도 불구하고 그는 예수님께 와서 꿇어 엎드려 간구하여 이르기를 원하시면 저를 깨끗하게 하실 수 있다 한다. 이는 예수께서 원하시기만 하면, 나병환자인 자신을 능히 깨끗하게 하실 수 있다는 확신에 찬 믿음의 고백이다. 이에 예수께서 그를 불쌍히 여기사 긍휼과 사랑의 손을 내 밀어 그의 몸을 만지시며 내가 원하노니 깨끗함을 받으라 하신다. 예수님의 이같은 행위는 당시 나병이 있는 날 동안은 늘 부정함으로 혼자 살 되 진영 밖에서 살라는 모세법에 근거해 볼 때 부정한 일이었다(레 13:45,46). 그런데 예수님의 이같은 행위와 말씀으로 인하여 곧 나병이 즉각적으로 그 사람에게서 떠나가고 몸이 깨끗하여졌다.

예수께서 나병이 치유된 그를 곧 보내시며 엄히 경고하여 두 가지를 이르신다. 하나는 삼가 아무에게 아무 말도 하지 말고 제사장에게 가라 이르신다. 다른 하나는 가서 네 몸을 제사장에게 보이고 네가 깨끗하게 되었으니 모세가 명한 것을 드려 그들에게 입증하라 이르신다. 그를 이같이 엄히 경고하신 까닭은 그 나병환자가 제사장으로부터 깨끗하다는 선언을 얻어야만 사회적 활동을 할 수 있으며 또 자신의 몸이 완쾌되었음이 확정될 수 있기 때문이다. 치유된 그에게 모세의 명령(레 13,14장)은 세 가지인데, 첫째는 제사장에게 판정을 받고(레 13:16,17), 둘째는 산 새 두 마리와 백향목과 홍색실과 우슬초를 드리고(레 14:4), 셋째는 팔일 후 재차 흠 없는 어린 수양 둘과 암양 하나를 드리는 것이다(레 14:10). 그리하면, 그는 법적으로 자유인이 되며, 또한 성전 예배 등이 가능하게 된다. 여기서 우리는 예수께서 모세의 명한 것, 즉 율법을 지키시는 것을 알 수 있다.

그런데 그 사람은 나가서 예수께서 그에게 아무에게 아무 말도 하지 말라 이르셨는데도 그 자신의 치유사건을 많이 전파하여 널리 퍼지게 하였다. 이로 인해 사람들이 신비한 이적에만 집중하여 예수께서는 공공연히 마을에 들어가서서 사역의 주된 목표인 '말씀 전파'를 못하시고 오직 바깥 한적한 곳에 계셨다. 그러나 그럼에도 불구하고 갈릴리 원근 각지 사방에서 사람들이 계속하여 예수님에게로 나아온다. 마가복음 2장 1-2절에 보면, 예수께서 수일 후에 다시 가버나움 동리에 들어가시어 말씀을 전파하신다.

묵상 나누기

위에서 묵상한 내용을 간략히 기록하고 함께 나눈다.

찬송

"복의 근원 강림하사" (28장)

2. 각종 병이든 많은 사람을 고치시다(막 1 : 29-34)

주제와 연관된 질문 _

1. 요즘 백세시대이므로 중년기부부는 특히 연로한 그들의 부모세대가 병으로 고통 거운대 있을
   수 있다. 그러나 그들 역시 힘겨운 삶을 사는 세대이다. 혹시 자신이나 자신의 측근이 이같은
   처지에 놓여 있는가?
2. 오랫동안 병들어 본 경험이 있는가?
3. 각종 병이든 사람들을 대하는 자신의 태도는?

주제 내용 _

세례 요한이 잡힌 후 예수께서 갈릴리에 오셔서 하나님의 복음을 전파하여 이르시되
때가 찼고 하나님의 나라가 가까이 왔으니 회개하고 복음을 믿으라 하신다. 예수께서
갈릴리 해변으로 지나가시다가 어부 시몬과 그 형제 안드레가 바다에 그물 던지는 것
을 보시고 이르시되 나를 따라오라 내가 너희로 사람을 낚는 어부가 되게 하리라 하
시니 곧 그물을 버려두고 따른다. 조금 더 가시다가 예수께서 세베대의 아들 야고보
와 그 형제 요한을 보시니 그들도 배에 있어 그물을 깁고 있는데, 예수께서 곧 그들을
부르시니 그 아버지 세베대를 품꾼들과 함께 배에 버려두고 예수님을 따라간다. 그들
이 가버나움에 들어가니 예수께서 안식일에 회당에서 곧 가르치신다.
예수께서 회당에서 나와 곧 야고보와 요한과 함께 시몬과 안드레의 집에 들어가신다.

그때 당시 베드로는 이미 결혼하여 그의 장모와 함께 살고 있었다. 그런데 마가는 그 집을 '시몬과 안드레의 집'이라고 말하는데, 이는 시몬의 형제 안드레도 같은 그 집에 기거하고 있다는 말이다. 예수님과 이 집에 함께 온 사람은 야고보와 요한이다. 예수 일행이 이 집에 들어왔을 때, 시몬의 장모가 열병으로 누워 있었다. 이 병은 습한 기후의 갈릴리 호수를 끼고 있는 그 지방에서 흔히 있었으나 시몬의 장모는 중한 열병으로 오랫동안 고통 중에 있었던 것으로 본다. 그러나 이곳은 예수님의 갈릴리 사역 중 매우 중요한 역할을 했던 장소로서 이는 예수께서 선교 여행을 하시고 나서 돌아오셨던 곳이다.

주제와 연관된 성경공부와 말씀묵상 _

나아가사 그 손을 잡아 일으키시다

본문말씀 (막 1 : 29-34)

29 회당에서 나와 곧 야고보와 요한과 함께 시몬과 안드레의 집에 들어가시니

30 시몬의 장모가 열병으로 누워 있는지라 사람들이 곧 그 여자에 대하여 예수께 여 짜온대

31 나아가사 그 손을 잡아 일으키시니 열병이 떠나고 여자가 그들에게 수종드니라

32 저물어 해 질 때에 모든 병자와 귀신 들린 자를 예수께 데려오니

33 온 동네가 그 문 앞에 모였더라

34 예수께서 각종 병이든 많은 사람을 고치시며 많은 귀신을 내쫓으시되 귀신이 자 기를 알므로 그 말하는 것을 허락하지 아니하시니라

기도요점

시몬과 안드레의 집에서 시몬의 장모의 열병을 치유하시는 당시 상황과 치유 받은 그녀가 그곳의 사람들에게 수종 드는 당시 상황을 상상해 보자. 저물어 해 질 때에 모든 병지와 귀신 들린 자를 예수께 데려오니 온 동네가 그 문 앞에 모였나. 이에 예수께서 각종 병이든 많은 사람을 고치시며 많은 귀신을 내쫓으시되 귀신이 자기를 알기 때문

에 그 말하는 것을 허락하지 아니하시는데, 그 까닭은?

도움의 말

시몬의 집에 있는 사람들이 곧 그의 장모에 대하여 예수께 물으니 예수님은 그녀에게 나아가 그 손을 잡아 일으키신다. 여기서 우리는 병으로 고통 받는 그녀에 대한 예수님의 사랑을 알 수 있다. 그러자 그녀의 열병이 즉시 떠난다. 이같이 치유된 그녀는 그곳에 있는 사람들을 수종 든다. 그녀와 같이 병으로부터 구원받은 사람은 주님을 위한 충성의 행위가 동반된다. 당시 유대인의 안식일은 금요일 해질 때부터 토요일 해질 때인데, 이 시간동안에는 모든 노동이 금지되어 있었기 때문에 저물어 해 질 때, 즉 토요일 오후 곧 안식일이 끝나는 시각을 기다렸다가 유대인들이 모든 병자와 귀신 들린 자를 예수께 데려온다. 사실 회당에서 더러운 귀신 들린 사람을 고치신 예수님의 치유사건과 시몬의 장모의 열병치유 사건으로 소문이 온 갈릴리에 퍼지므로 온 동네가 각종 병든 이들을 데리고 시몬의 집 문 앞에 모였다.

이에 예수께서 각종 병이든 많은 사람을 고치신다. 이같은 질병치유 외에도 예수께서는 많은 귀신을 내쫓으신다. 이때 귀신이 자기를 알므로 예수께서는 그 말하는 것을 허락하지 아니하신다. 당시 유대교 지도자들은 예수께서 하나님의 아들이라는 사실을 알지 못하였지만 귀신들은 이를 알고 있었다. 그렇기 때문에 예수께서 귀신에게 그 사실을 말하지 못하게 하신다. 왜냐하면, 예수님은 자신이 하나님의 아들이라는 사실을 드러내어 말씀하실 때가 아직은 이르지 않았음을 알았기 때문이다. 또한 예수께서는 구원받은 하나님의 백성들의 증언을 통하여 하나님의 아들이라는 사실이 온 천하에 전파되기를 원하셨기 때문이다.

묵상 나누기

위에서 묵상한 내용을 간략히 기록하고 함께 나눈다.

찬송

"내 영혼이 은총 입어"(438장)

3. 중풍병자를 고치시다(막 2 : 1-12)

주제와 연관된 질문 _

1. 아픈 친지를 예수께로 데리고 나간 경험이 있는가?
2. 예수께서 다시 가버나움으로 들어가시니 집에 계시다는 소문으로 많은 사람이 모여서 문 앞
   까지도 들어설 자리가 없게 되었는데, 이때 예수께서 그들에게 하신 일은?
3. 많은 사람이 모여서 문 앞까지도 들어설 자리가 없어 네 사람이 함께 메워 한 중풍병자를 예
   수께로 데려왔지만 중풍병자를 예수께로 데려 갈 수 없게 되자 그들이 취한 행동은?

주제 내용 _

예수께서 제자들과 가버나움에서 들어가시어 안식일에 회당에서 더러운 귀신 들린 사
람을 고치시어 그 소문이 곧 온 갈릴리 사방에 퍼진다. 이에 회당에서 예수께서 나오
시어 야고보와 요한과 함께 시몬과 안드레 집에서 시몬의 장모의 열병을 치유하신다.
이에 모든 병자와 귀신 들린 자를 예수께로 데리고 오니 온 동네가 그 문 앞에 모였는
데, 예수께서 각종 병이든 사람들을 치유하신다.

새벽 전에 예수께서 한적한 곳에서 기도하시니 시몬과 그와 함께 있는 자들이 예수
께 나아가 모든 사람이 주를 찾는다 이른다. 이에 예수께서 우리가 다른 가까운 마을
들로 가자 거기서도 전도하리니 내가 이를 위하여 왔다 하시며 온 갈릴리에 다니시며
그들의 여러 회당에서 전도하시고 또 귀신들을 내쫓으신다. 그런데 한 나병환자가 예

수께 나아와 깨끗하게 하여 달라 간구하니 그를 불쌍히 여겨 손을 내밀어 그에게 대어 내가 원하노니 깨끗함을 받으라 하니 그 사람이 깨끗하게 된다.

나병이 치유된 그에게 삼가 아무에게 아무 말도 하지 말라 이르셨는데도 그가 나가서 그의 치유사건을 전파하여 널리 퍼진다. 이에 예수께서 다시는 동네에 들어가지 못하시고 바깥 한적한 곳에 계셨지만 사방에서 사람들이 예수께 나아온다. 수일 후에 예수께서 다시 갈릴리 지방의 행정 및 군사 중심지인 가버나움으로 들어가시니 집에 계시다는 소문으로 많은 사람이 모여서 문 앞까지도 들어설 자리가 없게 되었다. 그런데도 예수께서 그들에게 도를 말씀하신다. 이때 사람들이 한 중풍병자를 네 사람에게 메워 가지고 예수께로 오지만 무리들 때문에 예수께로 데려갈 수 없어 그 계신 곳의 지붕을 뜯어 구멍을 내고 중풍병자가 누운 상을 달아 내린다.

주제와 연관된 성경공부와 말씀묵상 _

작은 자야 네 죄 사함을 받았느니라

본문말씀 (막 2 : 1-12)

1 수 일 후에 예수께서 다시 가버나움에 들어가시니 집에 계시다는 소문이 들린지라

2 많은 사람이 모여서 문 앞까지도 들어설 자리가 없게 되었는데 예수께서 그들에게 도를 말씀하시더니

3 사람들이 한 중풍병자를 네 사람에게 메워 가지고 예수께로 올새

4 무리들 때문에 예수께 데려갈 수 없으므로 그 계신 곳의 지붕을 뜯어 구멍을 내고 중풍병자가 누운 상을 달아 내리니

5 예수께서 그들의 믿음을 보시고 중풍병자에게 이르시되 작은 자야 네 죄 사함을 받았느니라 하시니

6 어떤 서기관들이 거기 앉아서 마음에 생각하기를

7 이 사람이 어찌 이렇게 말하는가 신성모독이로다 오직 하나님 한 분 외에는 누가 능히 죄를 사하겠느냐

8 그들이 속으로 이렇게 생각하는 줄을 예수께서 곧 1)중심에 아시고 이르시되 어찌

하여 이것을 마음에 생각하느냐

9 중풍병자에게 네 죄 사함을 받았느니라 하는 말과 일어나 네 상을 가지고 걸어가라 하는 말 중에서 어느 것이 쉽겠느냐

10 그러나 인자가 땅에서 죄를 사하는 권세가 있는 줄을 너희로 알게 하려 하노라 하시고 중풍병자에게 말씀하시되

11 내가 네게 이르노니 일어나 네 상을 가지고 집으로 가라 하시니

12 그가 일어나 곧 상을 가지고 모든 사람 앞에서 나가거늘 그들이 다 놀라 하나님께 영광을 돌리며 이르되 우리가 이런 일을 도무지 보지 못하였다 하더라

기도요점

예수께서 다시 가버나움에 들어가시니 집에 계시다는 소문이 들리니 많은 사람이 모여서 문 앞까지도 들어설 자리가 없게 되었는데, 이때 예수께서 그들에게 하신 일은? 이때 사람들이 한 중풍병자를 네 사람에게 메워 가지고 예수께로 올새 무리들 때문에 예수께 데려갈 수 없으므로 그 계신 곳의 지붕을 뜯어 구멍을 내고 중풍병자가 누운 상을 달아내리니 예수께서 그들의 믿음을 보시고 그 병자에게 이르신 말씀은? 이 말씀을 들은 그곳에 있는 서기관들의 반응은?

도움의 말

당시 팔레스틴의 집은 보통 흙벽돌로 된 단층으로서 지붕이 평평하며, 방은 하나로 되어 있고, 바깥은 지붕으로 계단이 놓여 있어 지붕 위로 올라갈 수 있게 되어 있다. 지붕은 보통 나무로 들보를 놓은 후, 짚으로 엮어 그 위에 놓고 그 사이를 흙으로 채워 비를 막도록 되었는데, 가끔 들보 위에 기와를 놓고 다시 그 위에 짚과 흙으로 덮기도 했다. 그런데 이러한 지붕을 뚫고 그 중풍병자를 메고 온 네 사람과 중풍병자가 협력하여 예수가 계신 곳으로 그 병자를 달아 내렸다.

그 병자와 그를 메어 온 네 사람은 예수께서 그의 병을 치유해 주시기를 바랬는데, 예수님은 그들의 믿음을 보시고 그에게 작은 자야 네 죄 사함을 받았다 말씀하신다. 예수님은 그의 병을 치유하시기보다 먼저 그의 죄를 용서해 주신다. 여기서 예수님은 그 병자를 메고 온 네 사람과 그 중풍병자의 믿음을 보시고 그에게 죄 사함의 은혜를

허락하셨던 것이다. 여기서 우리는 그 중풍병자의 병 치유보다 더 근본적인 문제는 하나님으로부터 분리된 그 죄의 용서에 있다는 것을 알 수 있다. 우리 모든 인간은 누구나 하나님으로부터 떠난 죄인이다. 그렇기 때문에 예수께서는 그 병자의 병을 고쳐 주는 대신 그 사람의 죄를 용서해 주신다. 결국 예수께서는 육신의 병을 고치러 온 그에게 영혼의 죄까지 사해 주신 것이다.

예수님의 이같은 죄 사함의 말씀을 들은 그곳의 어떤 서기관들이 거기 앉아서 마음에 생각하기를 이 사람이 어찌 이렇게 말 하는가 이는 신성 모독이라 생각한다. 그들은 갈릴리 각촌과 유대와 예루살렘에서 온 사람들로서 사실 그들은 예수님을 책잡으려고 그 무리들 틈에 있었던 터라 그들이 속으로 오직 하나님 한 분 외에는 누가 능히 죄를 사하겠느냐 라는 생각을 하게 된 것이다. 원래 그들은 예수께서 이 땅에 메시아로 강림하신 메시아이심도 몰랐고, 더 더욱 하나님의 아들이심을 알지 못하였다. 예수께서 이 땅에 계시는 동안 행하셨던 능력 있는 치유사역이나 기적과 기사는 하나님의 아들이신 예수님을 통해서 일하시는 아버지 하나님의 능력으로 이루어진 것이다. 그러나 그 서기관들은 이를 전혀 알지 못한다. 그렇기 때문에 그들은 예수님을 신성모독이라 속으로 생각하였던 것이다. 이같은 생각은 하나님의 특권을 탈취하거나 하나님을 불경스럽게 모독한다는 생각이다. 율법에서는 이런 죄를 범한 사람은 돌로 쳐 죽이도록 되어 있다(레 24:16). 이를 다 알아채신 예수께서 곧 그들의 중심에 아시고 이르시되 어찌하여 이것을 마음에 생각하느냐 중풍병자에게 네 죄 사함을 받았느니라 하는 말과 일어나 네 상을 가지고 걸어가라 하는 말 중에서 어느 것이 쉽겠느냐 이르신다.

그리고 이어 예수께서 그들에게 그러나 인자가 땅에서 죄를 사하는 권세가 있는 줄을 너희로 알게 하려 한다 말씀하신다. 여기서 '인자'란 인간으로서 우리와 함께 거하시기를 기뻐하시는 겸손한 예수님의 모습은 물론, 이 땅에서의 그리스도의 거룩한 권위와도 관련된다. 인자란 '살아계신 하나님의 아들'이라는 말과 함께 마가복음에서 사용하는 메시아 칭호이다(2:28; 14:62). 그래서 예수께서는 이제 모든 사람이 예수님 자신이 실제로 죄를 사하는 권위와 능력을 소유하셨다는 것을 알 수 있도록 그들 앞에서 치유의 기적을 행하신다. 예수께서는 이 땅에서 심판의 날까지 기다리지 않고 지금 여기서 죄를 사하는 권위와 권능을 갖고 계실 뿐 아니라 그것을 행사하신다.

이 말씀 후에 예수께서 하나님의 권위로 그 병자에게 일어나서, 네 상을 가지고, 집으로 가라 이르시니 그가 일어나 곧 상을 가지고 모든 사람 앞에서 나간다. 이에 그들이 다 놀라 하나같이 입을 모아 하나님께 영광을 돌리는데, 이는 그들이 드디어 그들 앞에 계신 예수가 바로 하나님이 보내신 자 곧 메시아이심을 믿게 되었으며, 그들이 이르기를 우리가 이런 일을 도무지 보지 못하였다 한다. 이 중풍병자의 치유사건은 단순히 그 병의 치유에만 강조점이 있는 것이 아니다. 이 사건의 핵심은 그 병자와 그를 메고 온 네 명의 믿음으로 하나님을 떠난 그 죄의 사함을 받아 하나님의 나라가 그들에게 임하였다는 사실에 있다.

묵상 나누기
위에서 묵상한 내용을 간략히 기록하고 함께 나눈다.

찬송
"주 믿는 사람 일어나"(357장)

4. 맹인들의 눈을 뜨게 하시다(마 9 : 27-31)

주제와 연관된 질문 _

1. 맹인들이 지니고 있는 어려움을 경험할 수 있도록 일 분만 현 위치에서 눈을 감고 이미 익히 알고 어떤 위치로 움직여 보자. 어떤가?
2. 우리가 육적으로는 눈이 떠 있는 것이 사실이지만 영적으로 우리의 눈은 어떠한가?
3. 눈을 치유하려 예수께서 관리의 집을 떠나가시는데, 두 맹인이 따라오며 소리 질러 이르기를 다윗의 자손이여 우리를 불쌍히 여기소서 하는 당시 상황을 상상하자.

주제 내용 _

예수께서 가버나움에서 요한의 제자들로부터 우리와 바리새인들은 금식하는데, 어찌하여 당신의 제자들은 금식하지 아니하느냐는 질문을 받으신다. 이에 예수께서 그들에게 세 가지 비유로 그 질문에 대답하신다. 첫째는 혼인집 손님들이 신랑과 함께 있을 동안에 슬퍼할 수 있느냐 그러나 신랑을 빼앗길 날이 이르리니 그 때에는 금식할 것이라 하신다. 둘째는 생베 조각을 낡은 옷에 붙이는 자가 없나니 이는 기운 것이 그 옷을 당기어 해어짐이 더하게 되기 때문이라 하신다. 셋째는 새 포도주를 낡은 가죽 부대에 넣지 아니하나니 그렇게 하면 부대가 터져 포도주도 쏟아지고 부대도 버리게 됨이라 새 포도주는 새 부대에 넣어야 둘이 다 보전 된다 대답하신다.

이 말씀을 하실 때 한 관리가 예수께 와서 절하며 내 딸이 방금 죽었으니 오셔서 그 몸에 손을 얹어 주소서 그러면 살아나겠나이다 하니 예수께서 일어나 따라가신다. 예수께서 그 관리 집에 가사 이 소녀가 죽은 것이 아니라 잔다 하시니 그 집의 피리 부는 자들과 떠드는 무리가 비웃으니 예수께서 무리를 내보낸 후 들어가 그 소녀의 손을 잡으시니 그녀가 일어난다. 그 소문이 그 온 땅에 퍼진다. 예수께서는 자신의 이같은 기적이 드러나기를 원하시지 않아 하나님나라의 도를 전도하시는데 중점을 두셨으나 예수님의 전능하고 주권적인 능력으로 수행되는 치유사역은 온 사방에 알려진다.

예수께서 그 관리의 집에서 치유하신 후 거기서 떠나가실 때 두 맹인이 따라오며 소리 질러 이르기를 다윗의 자손이여 우리를 불쌍히 여기소서 외친다. 유대인들에게 맹인들이 외친 이 말은 메시아에 대한 별칭으로 이해된다. 이사야는 35장 5절에서 메시아의 시대, 그 때에 맹인의 눈이 밝을 것이며 못 듣는 사람의 귀가 열릴 것이라 예언한 바 있으므로 두 맹인이 예수를 다윗의 자손으로 호칭하는 것은 예수께서 진정 메시아이시며 그들의 눈을 밝게 해 줄 것이라는 믿음이 있었던 것이다. 왜냐하면, 당시 유대인들은 메시아가 다윗의 자손이라는 것을 받아들이고 있었으며, 또한 예수님이 다윗의 자손일 것임을 보편적으로 인정받고 있었기 때문이다.

그리고 두 맹인들이 예수님을 향하여 우리를 불쌍히 여기소서라고 외치는 것은 비록 그들 자신에게는 메시아의 은혜를 입어 구원받을 만한 공로가 전혀 없음을 나타내는 외침이다. 비록 두 맹인은 육신의 눈은 멀어 볼 수 없었지만 영적인 눈은 예수님을 메시아로 볼 수 있었기 때문에 예수님을 향하여 다윗의 자손이여, 즉 메시아시여 우리를 불쌍히 여기사 우리의 눈을 뜨게 하소서라는 외침을 외쳤던 것이다.

주제와 연관된 성경공부와 말씀묵상 _

내가 능히 이 일을 할 줄을 믿느냐

본문말씀 (마 9 : 27-31)

27 예수께서 거기에서 떠나가실새 두 맹인이 따라오며 소리 질러 이르되 다윗의 자손이여 우리를 불쌍히 여기소서 하더니

28 예수께서 집에 들어가시매 맹인들이 그에게 나아오거늘 예수께서 이르시되 내가

능히 이 일 할 줄을 믿느냐 대답하되 주여 그러하오이다 하니

29 이에 예수께서 그들의 눈을 만지시며 이르시되 너희 믿음대로 되라 하시니

30 그 눈들이 밝아진지라 예수께서 엄히 경고하시되 삼가 아무에게도 알리지 말라
하셨으나

31 그들이 나가서 예수의 소문을 그 온 땅에 퍼뜨리니라

기도요점

예수께서 그 관리의 딸을 치유하시고 나오실 때부터 가버나움의 집으로 들어가실 때
까지 따라가면서 다윗의 자손이여 우리를 불쌍히 여기소서 라고 외쳤던 두 맹인처럼
자신의 문제를 예수님께 내놓고 응답받기까지 불쌍히 여겨주시기를 멈추지 아니하고
외쳤던 경험이 있는가? 있다면, 이를 회상해 보자. 예수께서 집에 들어가시니 맹인들
이 그에게 나아오거늘 예수께서 이르시되 내가 능히 이 일 할 줄을 믿느냐 대답하되
주여 그러하오이다 하니 이에 예수께서 그들의 눈을 만지시며 이르시되 너희 믿음대
로 되라 하시니 그 눈들이 밝아진지라 예수께서 엄히 경고하시되 삼가 아무에게도 알
리지 말라 하셨으나 그들이 나가서 예수의 소문을 그 온 땅에 퍼뜨리는 당시 상황을
상상해 보자.

도움의 말

두 맹인은 예수께서 그 관리의 집으로부터 나오시어 가버나움의 어떤 집에 들어가실
때까지 계속하여 따라와 예수에게 나아온다. 이로 보아 두 맹인은 예수가 다윗의 자
손으로서 참된 메시아임을 믿고 끝까지 긍휼과 자비를 구하며 열심히 예수가 계신 집
까지 따라 온 것이다. 그러자 비로서 예수께서는 그들에게 내가 능히 이 일을 할 줄을
믿느냐 이르신다. 예수께서는 '내가'라는 말을 사용하시는데, 이는 맹인들에게 예수님
의 능력, 인격, 권위를 모두 믿느냐는 말씀이다. 이에 그들은 주여 그러하오이다 라고
대답한다. 그들의 대답을 통하여 우리는 처음부터 그들은 예수께서 메시아이시며, 틀
림없이 그들의 눈을 뜨게 하실 것이라는 믿음을 갖고 긍휼과 자비를 베풀어 주시기를
부르짖으며 끝까지 예수께서 머무시는 집에까지 이른 것을 알 수 있다.

이에 예수께서는 말씀만으로도 그들을 치유하실 수 있으심에도 불구하고 그들의 눈을

만지시며 너희 믿음대로 되라 하신다. 그러자 그들이 믿고 바라던 대로 그 눈들이 밝아지는데, 이는 예수께서 그들이 믿고 바라는 바대로 그들에게 눈을 뜰 수 있도록 하신 것이다. 그런데 예수께서 그들에게 엄히 경고하시시기를 삼가 아무에게도 알리지 말라 하신다. 당시 유대인들은 로마의 압제로부터 그들의 조국을 독립시켜줄 정치적 메시아를 대망하고 있었으므로 예수는 이같은 그릇된 메시아관을 가진 대중들을 부추기는 일이 없도록 하기 위해 메시아 이적을 말하지 못하도록 하신다. 두 맹인이 메시아이신 예수님에 의하여 밝은 세계를 이제 막 보게 됨으로써 기쁨에 들떠 그 치유사건을 말하지 못하도록 예수께서 권유하셨던 것이다. 왜냐하면 예수님은 유대무리들로부터 정치적 메시아로 추대되는 것이 예수께서 이 땅에 오신 목적을 이루시는데 있어서 전혀 도움이 되지 않는다는 것을 잘 알고 계시기 때문이다. 그런데 그들이 나가서 예수의 소문을 그 온 땅에 퍼뜨린다.

묵상 나누기
위에서 묵상한 내용을 간략히 기록하고 함께 나눈다.

찬송
"영광을 받으신 만유의 주여" (331장)

5. 무리를 불쌍히 여기사 모든 병과 모든 악한 것을 고치시다(마 9 : 35-38)

주제와 연관된 질문 _

1. 주변 사람을 불쌍히 여겨본 경험이 있는가? 있다면, 그 사람을 불쌍히 여긴 이유는?
   그 사람을 불쌍히 여기므로 인하여 그에게 하였던 것은?
2. 병든 사람을 간호해 본 경험이 있는가? 있다면, 그 경험으로 인하여 얻은 것은?
3. 무리를 불쌍히 여기사 모든 병과 모든 악한 것을 고치시는 예수 그리스도를 상상해 보자

주제 내용 _

예수께서는 한 곳에 계속 머물지 아니하시고 모든 성과 촌에 두루 다니시면서 전도사역을 하신다. 여기서 모든 성이란 성곽으로 둘러싸인 큰 성읍을 지칭하며, 그리고 촌이란 성의 영향아래 있는 모든 촌락을 지칭한다. 이로 보아 예수님은 모든 성과 촌을 샅샅이 다니신 것이 아니라 많은 곳을 두루 다니셨음을 알 수 있다.

예수께서 모든 도시와 마을에 두루 다니시면서 하시는 전도사역은 구체적으로 세 가지이다. 첫째는 그들의 회당에서 가르치는 사역이다. 이는 2022년도 남북공동체를 위한 삶이 묻어나는 성경공부 6에서 이미 15가지 주제로 다룬 바 있다 : 복과 화의 가르침 ; 빛과 사랑의 삶에 관한 가르침 ; 성도의 일상생활에 관한 가르침 ; 거듭남에 관한 가르침 ; 회개에 관한 가르침 ; 용서에 관한 가르침 ; 기도와 관련된 가르침 ; 계

명 및 전통에 관한 가르침 ; 주의 제자 도에 관한 가르침 ; 논쟁을 통한 가르침 ; 심판과 관련된 가르침 ; 성령에 관한 가르침 ; 음부와 천국에 관한 가르침 ; 메시아이심을 증언하는 가르침. 둘째는 천국 복음을 전파하는 사역인데, 이는 2021년도 남북공동체를 위한 삶이 묻어나는 성경공부 5에서 네 가지 주제로 다룬바 있다 : 천국복음전파와 가르침 ; 복음전파 시 예수 그리스도 자신에 관한 증언 ; 천국에 관한 비유말씀 ; 하나님나라 백성의 삶과 관련된 말씀. 이 주제들은 모두 하나님의 통치에 대한 말씀과 메시아의 도래로 현재 하나님의 다스리심이 온전히는 아니지만 성취되어 있다는 복된 말씀을 다룬다. 왜냐하면 예수님 자신이 곧 천국복음 자체이시며 예수님의 메시지 자체가 바로 그 복음의 내용이기 때문이다. 셋째는 모든 병과 모든 약한 것을 고치신다. 그리스도 예수께서 전도하러 가시는 곳 어디서나 하나님나라의 왕으로서의 권능이 죄인과 병자들의 치유사역을 통하여 증거 된다. 예수께서는 오직 유익하고 생명을 주는 기적만을 행하셨다.

주제와 연관된 성경공부와 말씀묵상 _

천국복음을 전파하시며 모든 병을 고치시다

본문말씀 (마 9 : 35-38)

35 예수께서 모든 도시와 마을에 두루 다니사 그들의 회당에서 가르치시며 천국 복음을 전파하시며 모든 병과 모든 약한 것을 고치시니라

36 무리를 보시고 불쌍히 여기시니 이는 그들이 목자 없는 양과 같이 고생하며 기진함이라

37 이에 제자들에게 이르시되 추수할 것은 많되 일꾼이 적으니

38 그러므로 추수하는 주인에게 청하여 추수할 일꾼들을 보내 주소서 하라 하시니라

기도요점

예수께서 무리를 보시고 불쌍히 여기시니 이는 그들이 목자 없는 양과 같이 고생히며 기진하기 때문인데, 이 말씀이 자신에게 주는 의미는? 예수께서 제자들에게 이르시되

추수할 것은 많되 일꾼이 적으니 그러므로 추수하는 주인에게 청하여 추수할 일꾼들을 보내 주소서 하라 하시는데, 이 말씀이 의미하는 바는?

도움의 말

예수께서 모든 도시와 마을에 두루 다니시며 가르치시고 천국복음을 전파하시며 모든 병과 모든 약한 것을 고치신다. 예수께서는 아프고 약한 몸과 마음으로 모여드는 무리들 보시고 불쌍히 여기신다. 여기서 불쌍히 여기심은 창자를 의미하는 말에서 유래하였다고 한다. 당시 유대인들은 창자에 동정심과 긍휼히 여기는 마음이 담겨 있다고 보았기 때문에 예수께서 무리를 불쌍히 여기신다는 것은 내부의 창자로부터 동정심이 우러나와 마음을 움직였다는 의미이다.

예수께서는 그 무리를 목자 없는 양과 같이 고생하며 기진함을 보시고 불쌍히 여기신 것이다. 이스라엘에 있어서 지도자를 목자로 비유하곤 하였는데, 주로 모세나 여호수아 같은 지도자들이 목자로 비유되곤 하였다. 그렇지만 예수님 당시 이스라엘의 종교 지도자들은 이스라엘 백성을 목자로서가 아니라 삯을 받는 목자로 보였기 때문에 예수님에게 그들은 목자 없이 유랑하는 양들로 보였던 것이다. 그리하여 예수님은 예수 당시 이스라엘의 종교 지도자들인 바래새인들의 종교의식과 교리로 인하여 하나님나라의 복음을 듣고 천국백성이 되는데 걸림돌이 되어 그 백성들이 고통당하고 기진하여 있다는 말씀이다. 즉 당시 이스라엘 백성은 목자 없는 양떼들처럼 유리하고 있다는 말씀이다.

이에 예수께서 제자들에게 이르시되 추수할 것은 많되 일꾼이 적다하신다. 이는 예수께서 선포하시는 하나님나라복음과 그 가르침을 받아드려 구원받을 사람들이 많이 있지만 일꾼이 적다는 말씀이다. 이는 예수님, 세례 요한, 예수님의 치유이적을 경험한 산 증인들의 숫자가 적다는 말씀이다. 이에 비하여 이스라엘 백성들에게 무거운 짐을 지우는 서기관과 바리새인, 제사장들과 같은 종교 지도자들과 거짓 목자는 많으니 추수하는 주인에게 청하여 추수할 일꾼을 보내 달라 하라 명하신다. 여기서 추수하는 주인이란 하나님께 하나님일꾼을 보내달라는 것으로서 이는 하나님에 의하여 보내진 천국일꾼을 보내달라는 말씀이다.

묵상 나누기

위에서 묵상한 내용을 간략히 기록하고 함께 나눈다.

찬송

"선한 목자 되신 우리 주" (569장)

6. 안식일에 손 마른 사람을 고치시다
(마 12 : 9-21)

주제와 연관된 질문 _

1. 자신의 소유를 잘 챙기고 관리하는가?
2. 오랫동안 아파서 고통 받는 사람을 볼 때 그를 향한 자신의 태도는?
3. 자기 소유인 양은 안식일에도 살리는 규례를 갖고 있지만 손 마른 사람을 안식일에 치유하는
   것이 옳으냐는 질문으로 예수님을 고소할 여건을 구상하는 예수님 당시 바리새인들과 같은 사
   람에 대한 자신의 태도는?

주제 내용 _

예수께서 유대인들의 회당에 들어가신다. 회당은 바벨론 포로기와 학사 에스라시기
에 그들이 성전과 율법으로부터 멀리 떨어져 있게 되어 세워진 것인데, 경건한 유대
인들은 매일 회당을 방문하였다 한다. 그리고 모든 유대인들은 안식일과 절기에 회당
에 온다. 게다가 이같은 유대교 회당에서 예수님과 초기 기독교복음전도자들이 복음
을 전파하고 가르쳤으며, 병든 자를 치유하였던 곳이다. 이러한 그들의 회당은 종교
사회의 중심지로서 율법연구 및 가르치는 곳이며 또한 지방법정으로서의 역할을 하였
는데, 이곳에 예수님이 들어가신다.

회당 안에 한쪽 손 마른 사람이 있는데, 사람들이 예수를 고발하기 위하여 예수님께
물어 이르되 안식일에 병 고치는 것이 옳으니이까 한다. 이에 예수께서 이르시되 너

희 중에 어떤 사람이 양 한 마리가 있어 안식일에 구덩이에 빠졌으면 끌어내지 않겠느냐고 반문하신다. 이같은 반문을 예수께서 그들에게 하신 이유는 당시 바리새인들은 구덩이에 빠진 양에게 일차적으로 그 동물이 안식일을 잘 지낼 수 있을 정도의 음식을 넣어주기 때문이다. 이차적으로는 그 동물의 목숨이 위험할 경우엔 사람이 직접 그 동물을 끌어내는 규정을 갖고 있었기 때문이다. 이같이 바리새인들은 웅덩이에 빠진 그들의 양의 생명을 구해내는 규례를 갖고 있음에도 불구하고 예수께서 손 마른 사람을 안식일에 치유할 경우, 예수님을 고발할 의도로 손 마른 사람을 회당에 둔 것이다.

이를 다 알고 계시는 예수께서 그들에게 사람이 양보다 얼마나 더 귀하냐 그러므로 안식일에 선을 행하는 것이 옳다하신다. 안식일에 양에게 선을 행하는 규례를 갖고 있다면 하나님의 형상으로 창조된 손 마른 사람에게 선을 베푸는 것은 당연하다 이르신 예수께서 그 손 마른 자에게 이르시되 손을 내밀라 하시니 그가 내미니 다른 손과 같이 회복되어 성하게 된다. 당시 랍비의 유전에 의하면 그 손 마른 자는 안식일에 고침을 받아서는 안된다. 그러나 예수께서는 안식일에 선을 행하는 것을 하나님께서 더 기뻐하시는 일이라 이르신다. 그리하여 안식일의 주인이신 예수께서는 손을 내밀라 하신 것이다. 그러자 그가 손을 내민 것인데, 이는 그의 손이 이미 치유되었다는 증거이다.

주제와 연관된 성경공부와 말씀묵상 _

사람이 양보다 얼마나 더 귀하냐

본문말씀 (마 12 : 9-21)

9 거기에서 떠나 그들의 회당에 들어가시니

10 한쪽 손 마른 사람이 있는지라 사람들이 예수를 고발하려 하여 물어 이르되 안식일에 병 고치는 것이 옳으니이까

11 예수께서 이르시되 너희 중에 어떤 사람이 양 한 마리가 있어 안식일에 구덩이에 빠졌으면 끌어내지 않겠느냐

12 사람이 양보다 얼마나 더 귀하냐 그러므로 안식일에 선을 행하는 것이 옳으니라 하시고

13 이에 그 사람에게 이르시되 손을 내밀라 하시니 그가 내밀매 다른 손과 같이 회복되어 성하더라

14 바리새인들이 나가서 어떻게 하여 예수를 죽일까 의논하거늘

15 예수께서 아시고 거기를 떠나가시니 많은 사람이 따르는지라 예수께서 그들의 병을 다 고치시고

16 자기를 나타내지 말라 경고하셨으니

17 이는 선지자 이사야를 통하여 말씀하신 바

18 보라 내가 택한 종 곧 내 마음에 기뻐하는 바 내가 사랑하는 자로다 내가 내 영을 그에게 줄 터이니 그가 심판을 이방에 알게 하리라

19 그는 다투지도 아니하며 들레지도 아니하리니 아무도 길에서 그 소리를 듣지 못하리라

20 상한 갈대를 꺾지 아니하며 꺼져가는 심지를 끄지 아니하기를 심판하여 이길 때까지 하리니

21 또한 이방들이 그의 이름을 바라리라 함을 이루려 하심이니라

기도요점

예수께서 유대인들의 회당에 들어가시니 한쪽 손 마른 사람이 있는지라 사람들이 예수를 고발하려 하여 물어 이르되 안식일에 병 고치는 것이 옳으니이까 하는데, 이에 대하여 예수님의 대답은?

도움의 말

예수께서 안식일에 한쪽 손 마른 사람의 손을 치유하시니 이에 바리새인들이 회당에서 나가서 어떻게 하여 예수님을 죽일까 의논한다. 이를 예수께서 아시고 거기를 떠나가시니 안식일임에도 불구하고 많은 사람이 그들의 병을 고치고자 예수님을 따른다. 이에 예수께서 그들의 병을 다 고치시면서 자기를 나타내지 말라 경고하신다. 그 이유는 당시 유대인들은 그들을 로마의 압제로부터 해방시켜줄 정치적 메시아를 고대

하고 있었던 터라 메시아 이어야만 치유하는 불치병들을 예수께서 치유하신다는 것을 그들이 알게 되면 그들은 예수에게 몰려와 예수님을 그들의 임금으로 삼으려 할 수 있기 때문이다. 그러나 예수께서 이 땅에 오신 목적은 십자가에서의 죽음과 부활을 통한 메시아 사역을 하시는 것이므로 그 치유 받은 이들로 하여금 함구령을 내리셨던 것이다.

이는 이사야 42장 1-4절을 통하여 말씀하신 바를 이루려 하심이다. 즉 이는 보라 내가 택한 종 곧 내 마음에 기뻐하는 바 내가 사랑하는 자로다 내가 내 영을 그에게 줄 터이니 그가 심판을 이방에 알게 하리라 그는 다투지도 아니하리니 아무도 길에서 그 소리를 듣지 못하리라 상한 갈대를 꺾지 아니하며 꺼져가는 심지를 끄지 아니하기를 심판하여 이길 때까지 하리니 또한 이방들이 그의 이름을 바라리라 함을 이루려 하심이다. 하나님께서 택하시고 사랑하시며, 하나님께서 하나님의 영을 준 메시아는 성령 부음을 받아 많은 병자들을 고치심으로 공의를 행하고 있기 때문에 '이방인들은 그의 이름을 바라게'(21절) 된다. 따라서 이사야는 행위자이신 여호와 하나님이 사용하시는 도구로서, 메시아를 고난 받는 종으로 예언하였다. 그리고 이 예언은 당시의 많은 사람들, 특히 바리새인들에 의해 핍박받고 있는 예수님의 모습 속에서 성취된다.

특히 하나님의 택하신 종인 메시아 이신 예수께서는 이방에게 심판을 알리시는데, 그리스도 예수의 복음이 이스라엘의 잃어버린 영혼들에게 전파될 것이지만 그들의 배척과 핍박으로 인하여 그 대상이 이방인에게로 확장된다. 이사야서에서는 이를 그는 외치지도 아니하며 목소리를 높이지 아니한다고 표현한다. 이사야가 예언한 것처럼 매시야는 아무도 길에서 그 소리를 듣지 못하는데, 이는 고난과 섬김의 종인 메시아를 표현하는 말이다. 더 나아가 메시아는 상한 갈대를 꺾지 아니하며 꺼져가는 심지를 끄지 아니하는데, 이는 메시아는 자비하심이 많고 온유하시며 많이 참으시며 고난과 섬김의 종인 메시아를 표현하는 말이다. 이를 심판하여 이길 때까지 하시리니 또한 이방들이 그의 이름을 바라리라 함을 이루려 하심이다. 고난의 종인 메시아는 온유와 겸손과 섬김의 도를 통해서 하나님의 공의를 세상의 악의 세력 위에 세우게 될 때까지를 말하는데, 이는 궁극적으로 예수 그리스도의 십자가 사건을 의미한다. 예수는 십자가에 달려 죽으시고 부활하심으로써 죽음을 정복하셨고 하나님의 공의를 이 땅 위에 굳게 세우셨다. 이와 같이하여 메시아 이신 예수님의 이름을 이방들이 바라는데, 이는 이방이 바라고 소망하는 바는 율법의 완성이신 예수 그리스도의 이름을 바라리라 함을 이루려 하심이다.

묵상 나누기
위에서 묵상한 내용을 간략히 기록하고 함께 나눈다.

찬송
"예수님은 누구신가" (96장)

7. 게네사렛에서 병자들을 고치시다(마 14 : 34-36)

주제와 연관된 질문 _

1. 친구나 주변 사람들로부터 유명하다는 소문을 들었던 사람이 있는가? 있다면, 이에 대한 자신의 반응은?
2. 오랫동안 질병으로 고통을 받아 본 경험이 있는가? 있다면, 유명하다는 의사가 있다는 말을 듣게 되면 이에 대한 자신의 태도는?
3. 사랑하는 가족이나 친지가 오랫동안 질병으로 고통 받고 있는 것을 본다면, 이들에 대한 자신의 반응은?

주제 내용 _

오명이어 사건이후 예수께서 즉시 제자들을 재촉하시어 자기가 무리를 보내는 동안에 배를 타고 앞서 건너편으로 가게 하신다. 제자들이 배로 건너편으로 가는 곳은 뱃새다 광야 건너편이다. 이곳은 갈릴리 북서쪽에 위치한 게네사렛으로 본다. 무리를 보내신 후에 예수께서 기도하러 따로 산에 올라가신다. 날이 저물어 예수께서 거기 혼자 계시는데, 제자들이 탄 배가 이미 육지에서 수 리나 떠나서 바다 가운데 있었다. 그런데 이때 바람이 거스르므로 물결로 말미암아 배에 탄 제자들이 고난을 당한다. 새벽 3시부터 6시까지, 즉 밤 사경에 예수께서 바다 위로 걸어서 심한 풍랑으로 고난을 당하고 있는 제자들에게로 오신다. 이같은 예수님의 초자연적인 행위 자체가 바로 예수님이 만유의 주재이심을 드러내는 사건이다. 그러나 제자들은 바다 위로 걸어오시는 예수님을 유령으로 착각하고 무서워하여 소리를 지른다. 이에 예수께서 즉시 안심하라 나니 두려워하지 말라 말씀하신다.

이 같은 거센 풍랑으로 위기에 처한 제자들에게로 물 위로 걸어오시는 예수님을 보고 베드로가 주여 만일 주님이시거든 나를 명하사 물 위로 오라 하소서 라고 말한다. 이는 베드로가 물 위로 걸어오시는 분이 주님이라는 사실을 알고 주께서 그에게 물 위로 오라하시면 자신도 물 위를 걸을 수 있다는 것을 확실히 믿는 믿음의 말이다. 그렇기 때문에 예수께서 그에게 물 위로 오라 하시니 베드로가 배에서 내려 물 위로 걸어서 예수께로 간다. 그런데 베드로가 바람을 보고 무서워 빠져 가는 것을 알고 주여 나를 구원하소서 라며 소리친다. 베드로가 물 위에서 계속하여 예수님만 바라보고 걸어갔어야 하는데, 그의 눈에 그를 삼킬 듯이 몰아오는 폭풍의 위협이 들어왔던 것이다. 이에 베드로는 급하게 주님을 부르며 자신을 구원해 달라고 소리를 치니 예수께서 즉시 손을 내밀어 그를 붙잡으시어 건져내시면서 믿음이 작은 자여 왜 의심하였느냐 나무라신다.

만약 베드로가 거센 풍랑 앞에서도 물 위에서 자기를 기다리고 있는 예수님만을 바라보았다면, 그는 그 폭풍을 볼 수 없었을 것이다. 그렇기에 예수께서는 그에게 믿음이 작은 자여 왜 내가 너에게 오라한 말을 의심하였느냐 책망하신 것이다. 그리고 예수께서 베드로와 함께 배에 오르시니 바람이 그친다. 이를 지켜보고 있던 배에 있는 사람들이 예수께 절하며 진실로 당신은 하나님의 아들이라는 신앙고백을 한다. 이와 같이하여 예수님과 제자들이 건너가 갈릴리 호수 서쪽에 있는 게네사렛 땅에 이르신다. 이곳은 기후가 온화하고 비옥한 광야지대인데, 게네사렛 북쪽에는 가버나움이 있고, 남쪽에는 디베랴가 위치해 있다. 그리하여 예수님의 사역이 유대전역에 미치게 된다.

예수님의 옷자락에 손을 댄 자는 다 나음을 얻다

본문말씀 (마 14 : 34-36)

34 그들이 건너가 게네사렛 땅에 이르니

35 그 곳 사람들이 예수이신 줄을 알고 그 근방에 두루 통지하여 모든 병든 자를 예
　　수께 데리고 와서

36 다만 예수의 옷자락에라도 손을 대게 하시기를 간구하니 손을 대는 자는 다 나음
　　을 얻으니라

기도요점

예수님과 제자들이 게네사렛에 이르신 것을 사람들이 즉시 알아보고 그 근방에 두루
통지하여 모든 병든 자를 예수께 데리고 와서 다만 예수의 옷자락에라도 손을 대게
하시기를 간구하니 손을 대는 자는 다 나음을 얻는 당시 상황을 상상하자.

도움의 말

예수님과 제자들이 게네사렛에 이르자 사람들이 금방 예수님을 알아보고 그 근방에
두루 통지하여 모든 병든 자를 예수께 데리고 온다. 즉 게네사렛 사람들이 이웃과 주
위의 사람들을 찾아다니며 예수께서 그들이 사는 곳에 오셨다는 것을 알려준 것이다.
이와 같이하여 모든 병자들을 예수께로 데려오게 한다.

예수께서 하나님의 아들이라는 소문을 듣고 게네사렛의 병든 사람들이 너무 많이 예
수께로 와서 예수님의 옷 가라도 손을 대게 하시기를 간구한다. 이는 마태복음 9장
20절의 혈루증의 여인이 예수님이 입은 옷을 손대기만하여도 병이 낫을 것 같은 믿음
을 가진 것처럼 그들이 모여들었다. 그러나 그들은 예수께서 그들 하나하나를 만져주
실 것을 기대하기에는 너무나 많은 병자들이 예수께로 모여 들었으므로 예수님의 옷
가라도 손대기를 허락하시기를 간구한 것이다.

그런데 그들의 이같은 간절한 믿음을 아시는 예수께서 그들이 예수님의 옷 가에 손을
대는 모든 병자들이 다 나음을 얻게 하신다. 여기서 '다 나음을 얻었다'라는 말씀은 완
전히 구원을 받는다는 의미로서 이는 육체적 질병의 나음뿐만 아니라 영혼의 병까지
도 나음을 입게 된 것이다. 이는 하나님을 떠난 죄로 인하여 세상이 주는 모든 가치와
의미로 인하여 상대적으로 고통 가운데 있었던 모든 것으로부터 치유되었음을 의미한
다.

묵상 나누기

위에서 묵상한 내용을 간략히 기록하고 함께 나눈다.

찬송

"내가 예수 믿고서" (421장)

8. 갈릴리 호수 가에 이르신 예수께서 많은 사람들을 고치시다(마 15 : 29-31)

주제와 연관된 질문 _

1. 그리스도의 복음을 전도하는데 있어서 자신이 선호하는 곳이 있는가? 있다면 그 이유는?
2. 예수께서 이방지역인 두로와 시돈에 이르신 까닭은?
3. 두로와 시돈 지경의 가나안 여자가 흉악하게 귀신 들린 그녀의 딸을 치유해 달라고 예수께 간 청하는데, 이에 대한 예수님의 반응은? 또한 예수님의 그 같은 반응에 대한 그녀의 반응은?

주제 내용 _

예수께서 두로와 시돈을 떠나 갈릴리 호수 가에 이르신다. 사실 예수께서 두로와 시돈인 이방지역에 가신 까닭은 예수님의 가르침에 대한 바리새인들과 서기관들의 강한 반발 때문이다. 갈릴리 호수에서 50-60km 떨어진 지중해 연안에 위치한 이방지역인 이곳에 예수께서 이르시니 그 지경에 가나안 여자 하나가 나와 예수님을 향하여 주 다윗의 자손이여 흉악하게 귀신 들린 딸을 둔 나를 불쌍히 여겨달라고 소리친다. 이 여인이 예수님을 다윗의 자손이라고 부르는 것으로 보아 그녀는 예수님을 바로 이스라엘이 소망하고 있는 메시아, 즉 다윗 왕의 약속된 후손으로 인정하며 외친 것이다. 그럼에도 불구하고 예수님은 그녀에게 한 말씀의 대답도 하지 않으니 제자들이 예수께 와서 그 여자가 우리 뒤에서 소리를 지르오니 그를 보내시라 청탁한다. 제자들의 청을 들으신 예수께서 나는 이스라엘 집의 잃어버린 양 외에는 다른 데로 보내심을 받지 아니하였다 대답하신다.

그런데 이때 가나안 여자가 와서 예수께 절하며 주여 저를 도와 달라고 간구한다. 그녀의 간청을 들으신 예수께서 자녀의 떡을 취하여 개들에게 던짐이 마땅하지 않다 하신다. 이는 예수께서 선포하신 하나님나라복음을 받아드리는데 있어서 그 우선권이 유대인들에게 있다는 말씀이다. 이 말씀은 복음전파의 순서의 우선순위는 유대인이고, 그 다음이 이방인(롬 2:9, 10)이라는 말씀이다. 실제로 예수님의 본격적인 이방전도는 예수님의 부활 이후, 제자들과 바울에 의하여 진행된다.

자녀의 떡을 취하여 개들에게 던짐이 마땅하지 않다는 예수님의 말씀을 듣고 가나안 여자는 주여 옳소이다마는 개들도 제 주인의 상에서 떨어지는 부스러기를 먹는다고 말씀드린다. 이는 하나님께서 유대인들을 선택하시고 그녀와 같은 이방인이 선택되지 못하였기에 그녀는 자신이 개임을 인정하는 말이다. 당시 팔레스틴에서 주인이 식사하는 동안 개들이 그 곁에서 떨어지는 부스러기를 먹는 것이 예사로운 일이었다. 이같은 그녀의 말을 들으신 예수께서 여자여 네 믿음이 크도다 네 소원대로 되리라 하시자 그 때로부터 그녀의 딸이 낫게 된다. 이 치유사역 후 예수께서는 두로에서 나와 북쪽에 있는 시돈으로 가신 다음에 다시 헤롯의 통치 영역의 밖, 즉 갈릴리 호수 남동쪽에 위치해 있는 데가볼리를 통과하여 갈릴리 호수에 이르신다.

주제와 연관된 성경공부와 말씀묵상 _

무리가 보고 놀랍게 여겨 하나님께 영광을 돌리다

본문말씀 (마 15 : 29-31)

29 예수께서 거기서 떠나사 갈릴리 호숫가에 이르러 산에 올라가 거기 앉으시니

30 큰 무리가 다리 저는 사람과 장애인과 맹인과 말 못하는 사람과 기타 여럿을 데리고 와서 예수의 발 앞에 앉히매 고쳐 주시니

31 말 못하는 사람이 말하고 장애인이 온전하게 되고 다리 저는 사람이 걸으며 맹인이 보는 것을 무리가 보고 놀랍게 여겨 이스라엘의 하나님께 영광을 돌리니라

기도요점

예수께서 두로와 시돈 이방지역을 떠나 유대지경이 아닌 갈릴리 호숫가에 이르러 산에 올라가 거기 앉으시니 큰 무리가 다리 저는 사람과 장애인과 맹인과 말 못하는 사람과 기타 여럿을 데리고 와서 예수의 발 앞에 앉히매 예수께서 그들을 고쳐 주시는 당시 상황을 상상해 보자. 그리고 말 못하는 사람이 말하고 장애인이 온전하게 되고 다리 저는 사람이 걸으며 맹인이 보는 것을 무리가 보고 놀랍게 여겨 이스라엘의 하나님께 영광을 돌리는 당시 상황도 상상해 보자.

도움의 말

두로에서 나오신 예수께서 북쪽에 있는 시돈으로 가신 다음에 다시 헤롯의 통치영역 밖인 갈릴리 호수 남동쪽에 위치에 있는 데가볼리를 걸쳐서 갈릴리 호수에 이르셨다 한다. 이곳은 아직 유대지경이 아닌 이방인 땅인데, 이같이 하여 갈릴리 호숫가에 이르신 예수께서 모든 이들이 예수님을 볼 수 있도록 산에 올라가시어 앉으신다.

이에 큰 무리가 다리 저는 사람과 장애인과 맹인과 말 못하는 사람과 기타 여럿을 데리고 와서 예수의 발 앞에 앉힌다. 이같이 사람들이 병자들을 예수님 발 앞에 앉히는 행동이 한 번에 끝난 것이 아니라 계속하여 반복해 진행되었다. 여기서 우리는 큰 무리가 많은 병자들과 장애인들이 예수님 앞에 앉아 예수님의 만져주심과 고쳐주심을 계속하여 고대하고 기다리며, 예수께서는 계속하여 이들을 치유하고 계셨다는 것을 알 수 있다.

이방지역에서의 예수님의 이같은 치유사역으로 말 못하는 사람이 말하고 장애인이 온전하게 되고 다리 저는 사람이 걸으며 맹인이 보는 것을 큰 무리가 본다. 이방지역에서 이같은 예수님의 치유사역은 이사야 9장 1-2절, '전에 고통 받던 자들에게는 흑암이 없으리로다 옛적에는 여호와께서 스불론 땅과 납달리 땅이 멸시를 당하게 하셨더니 후에는 해변 길과 요단 저쪽 이방의 갈릴리를 영화롭게 하셨느니라 흑암에 행하던 백성이 큰 빛을 보고 사망의 그늘진 땅에 거주하던 자에게 빛이 비치도다'라는 예언의 성취이다. 당시 그곳에 있던 무리들이 예수님의 치유사역을 보고 놀랍게 여겨 이스라엘의 하나님께 영광을 돌리는 것으로 보아 예수께서 치유하신 이방 땅 갈릴리 호수에 있었던 그 무리들은 이스라엘 사람이 아니다.

또한 예수께서 이방인들과 함께 계시며 그들은 예수님의 치유사역을 친히 보고 이스라엘의 하나님께 영광을 돌렸는데, 이는 예수님의 치유사역에 대한 유대인들의 반응과는 다르다. 유대인들도 예수님의 치유사역을 보고 하나님께 영광을 돌리기도 하였지만 대부분 그들은 예수님의 치유사역의 권능이 바알세불의 힘에 의한 것이라고 부정적인 반응을 보인 바 있다.

묵상 나누기

위에서 묵상한 내용을 간략히 기록하고 함께 나눈다.

찬송

"의원 되신 예수님의" (474장)

9. 많은 무리가 그가 하신 큰일을 듣고 나아오다
(막 3 : 7-12)

주제와 연관된 질문 _

1. 많은 사람들이 가는 곳에 자신도 가 본 경험이 있는가? 경험이 있다면, 가서 본 것은?
2. 많은 사람들이 가는 곳에는 가지 않으려는 경향이 있는가? 있다면, 왜 그런가?
3. 많은 무리가 예수께서 하신 큰일을 듣고 나아오는데, 여기서 말하는 그가 하신 큰일이란?

주제 내용 _

안식일에 예수께서 손 마른 사람을 치유하는 것을 본 바리새인들이 나가서 곧 헤롯당과 함께 어떻게 하여 예수를 죽일 수 있을가를 의논한다. 당시 헤롯당은 종교적 집단이기 보다는 헤롯 왕가의 부흥을 위하여 기존사회 및 종교적 질서와 법률을 고수하였던 집단이었다. 한편 바리새인들은 외세를 배격하는 애국자이므로 평소엔 헤롯당과 잘 지낼 수 없는 관계였지만, 예수님을 제거하는 일에는 서로 합세하였다.

이 때 예수께서는 제자들과 함께 바다로 물러가시는데, 갈릴리에서 큰 무리가 따른다. 예수께로 몰려 온 많은 무리들은 가버나움 근방에서 뿐만 아니라 예루살렘과 이두매 같은 남쪽 지방, 요단강 동쪽 지방인 요단강 건너편, 두로와 시돈과 같은 북서쪽 지방 등 온 사방에서도 모여들었다. 이와 같이 팔레스틴 전역에서부터 무리들이 예수께로 나아왔는데, 이는 그들이 예수님의 신비한 치유사역을 계속하여 들어왔으며 그 소문으로 인해 그들의 마음이 감화되었기 때문이다. 이로 인하여 예수님의 사역이 확장되어 갈 뿐만 이와 상응하여 핍박도 심화되어가는 상황이었다.

주제와 연관된 성경공부와 말씀묵상 _

병으로 고생하는 이들이 예수를 만지고자 몰려오다

본문말씀 (막 3 : 7-12)

7 예수께서 제자들과 함께 바다로 물러가시니 갈릴리에서 큰 무리가 따르며

8 유대와 예루살렘과 이두매와 요단 강 건너편과 또 두로와 시돈 근처에서 많은 무리가 그가 하신 큰 일을 듣고 나아오는지라

9 예수께서 무리가 에워싸 미는 것을 피하기 위하여 작은 배를 대기하도록 제자들에게 명하셨으니

10 이는 많은 사람을 고치셨으므로 병으로 고생하는 자들이 예수를 만지고자 하여 몰려왔음이더라

11 더러운 귀신들도 어느 때든지 예수를 보면 그 앞에 엎드려 부르짖어 이르되 당신은 하나님의 아들이니이다 하니

12 예수께서 자기를 나타내지 말라고 많이 경고하시니라

기도요점

예수께서 제자들과 함께 바다로 물러가시니 갈릴리에서 큰 무리가 따르며 유대와 예루살렘과 이두매와 요단 강 건너편과 또 두로와 시돈 근처에서 많은 무리가 그가 하신 큰 일을 듣고 나아오는지라 예수께서 무리가 에워싸 미는 것을 피하기 위하여 작은 배를 대기하도록 제자들에게 명하셨으니 이는 많은 사람을 고치셨으므로 병으로 고생하는 자들이 예수를 만지고자 하여 몰려왔는데, 이 상황을 상상해 보자. 더러운 귀신들도 어느 때든지 예수를 보면 그 앞에 엎드려 부르짖어 이르되 당신은 하나님의 아들이니이다 하니 예수께서 자기를 나타내지 말라고 많이 경고하시는데, 그 까닭은?

도움의 말

예수께서 무리가 에워싸 미는 것을 피하기 위하여 작은 배를 대기하도록 제자들에게 명하신다. 이는 많은 사람을 고치셨으므로 병으로 고생하는 자들이 예수를 만지고자 몰려왔기 때문이다. 예수님으로부터 작은 배를 대기하라는 명령을 받은 어부출신 제자들은 몇 명 타는 배를 항상 대기하였기에 언제든지 예수께서 필요하시면 사용하실 수 있었다. 그렇기 때문에 예수께서 이같은 명령을 하신 것으로 본다.

이처럼 무리들은 그들의 질병을 치유하고자 예수께 접촉하려고 몰려왔지만 예수께서는 이러한 그들의 요구에 따라 그들의 질병을 치유해 주시면서 하나님나라 복음을 전하신다. 이에 관한 말씀을 우리는 마태복음 4장 23절, '예수께서 온 갈릴리에 두루 다니사 그들의 회당에서 가르치시며 천국 복음을 전파하시며 백성 중의 모든 병과 모든 약한 것을 고치시니'라는 말씀에서 볼 수 있다. 이와 같이 예수께서는 그 무리들의 요구와 기대를 초월하여 역사하신다.

병든 사람들 가운데 더러운 귀신들도 어느 때든지 예수님을 보면 그 앞에 엎드려 부르짖기를 당신은 하나님의 아들이라 외친다. 이곳에서 예수님은 다시 귀신 들린 사람들을 만나시는데, 귀신들은 예수가 하나님의 아들 즉 메시야 이심을 알고 그들을 해치지 말라 부르짖는다. 이같은 귀신들의 부르짖음은 자신들을 제어하는 능력이 하나님의 아들이신 예수께 있음을 인정하는 부르짖음이며, 동시에 예수님의 그 같은 능력으로 자신들이 사단의 수하로서 성도들과 하나님을 대적하는 일을 저지하지 말라는 부르짖음이다. 이에 예수께서 귀신들에게 자기가 하나님의 아들이심을 나타내지 말라는 경고를 많이 하신다. 그 이유는 귀신들이 예수님을 향하여 하나님의 아들이라고 외치는 것은 맞지만 하나님의 아들로서 예수님이 드러나는 때가 아직 아니기 때문이다.

묵상 나누기

위에서 묵상한 내용을 간략히 기록하고 함께 나눈다.

찬송

"니의 몸이 상하여" (470장)

10. 귀 먹고 말 더듬는 사람을 고치시다(막 7 : 31-37)

주제와 연관된 질문 _

1. 귀 먹고 말 더듬는 사람을 볼 때, 자신의 내면과 외면에서의 반응은?

2. 이목구비가 제대로 제 기능을 하는 것에 대하여 감사해 본 경험이 있는가?

3. 예수께서 이방지역에 계시는데, 사람들이 귀 먹고 말 더듬는 자를 데리고 예수께 나아와 안수
   하여 주시기를 간구하는 당시 상황에 자신이 있었다고 가정해 보자. 이때 자신의 모습은?

주제 내용 _

예수께서 다시 두로 지방에서 나와 시돈을 지나고 데가볼리 지방을 통과하여 갈릴리
호수에 이르신다. 여기서 '갈릴리 호수'는 이방 지역에 속한 땅을 지칭하므로 예수께
서 이방인지역에 거하고 계신다. 그러나 예수께서 통과하셨던 데가볼리는 열 개의 헬
라 도시들의 연합체이며 그 영토에는 이방인들이 대부분이었지만 그래도 유대인들도
상당수 함께 거주하였다 한다.

이곳에서 사람들이 귀 먹고 말 더듬는 자를 데리고 예수께 나아와 안수하여 주시기를
간구한다. 이사야 35장 4-6절에 보면, '겁내는 자들에게 이르기를 굳세어라, 두려워
하지 말라, 보라 너희 하나님이 오사 보복하시며 갚아 주실 것이라 하나님이 오사 너
희를 구하시리라 하라 그 때에 맹인의 눈이 밝을 것이며 못 듣는 사람의 귀가 열릴 것

이며 그 때에 저는 자는 사슴 같이 뛸 것이며 말 못하는 자의 혀는 노래하리니 이는 광야에서 물이 솟겠고 사막에서 시내가 흐를 것임이라'는 예언의 말씀이 있다. 이 예언대로 하나님의 아들이시며 메시아 이신 예수께서 이 땅에 오시니 귀 먹고 말 더듬는 자를 예수께 데리고 나아와 안수하여 주시기를 간구하는데, 당시 이는 치유를 간구하는 행위이다.

주제와 연관된 성경공부와 말씀묵상 _

하늘을 우러러 탄식하시며 '에바다' 하시다

본문말씀 (막 7 : 31-37)

31 예수께서 다시 두로 지방에서 나와 시돈을 지나고 데가볼리 지방을 통과하여 갈릴리 호수에 이르시매

32 사람들이 귀 먹고 말 더듬는 자를 데리고 예수께 나아와 안수하여 주시기를 간구하거늘

33 예수께서 그 사람을 따로 데리고 무리를 떠나사 손가락을 그의 양 귀에 넣고 침을 뱉어 그의 혀에 손을 대시며

34 하늘을 우러러 탄식하시며 그에게 이르시되 에바다 하시니 이는 열리라는 뜻이라

35 그의 귀가 열리고 혀가 맺힌 것이 곧 풀려 말이 분명하여졌더라

36 예수께서 그들에게 경고하사 아무에게도 이르지 말라 하시되 경고하실수록 그들이 더욱 널리 전파하니

37 사람들이 심히 놀라 이르되 그가 모든 것을 잘하였도다 못 듣는 사람도 듣게 하고 말 못하는 사람도 말하게 한다 하니라

기도요점

예수께서 다시 두로 지방에서 나와 시돈을 지나고 데가볼리 지방을 통과하여 갈릴리 호수에 이르시매 사람들이 귀 먹고 말 너듬는 사를 네리고 예수께 나아와 안수하여 주시기를 간구하거늘 예수께서 그 사람을 따로 데리고 무리를 떠나사 손가락을 그의

양 귀에 넣고 침을 뱉어 그의 혀에 손을 대시며 하늘을 우러러 탄식하시며 그에게 이르시되 에바다 하시니 이는 열리라는 뜻이라 그의 귀가 열리고 혀가 맺힌 것이 곧 풀려 말이 분명하여졌더라는 말씀을 상상해 보자.

도움의 말

사람들이 귀 먹고 말 더듬는 자를 고치기 위하여 예수께로 데려와 안수해 주시기를 간구한다. 이에 예수께서 그 사람을 따로 데리고 무리를 떠나신다. 그리고 예수께서 손가락을 그의 양 귀에 넣고 침을 뱉어 그의 혀에 손을 대신다. 이같은 예수님의 행위는 그의 귀가 열릴 것임을 의미하며, 또한 그의 혀가 정상으로 회복될 것을 의미하는데, 이처럼 환자에게 직접 손을 대고 침을 사용하는 것은 당시 백성들 사이에서 많이 활용되었다 한다. 이같은 행위를 하신 후, 예수께서는 하늘을 우러러 탄식하시며 그에게 이르시되 에바다 하시니 이는 열리라는 뜻이다. 여기서 '열리라'는 말은 듣지 못하는 귀뿐만 아니라 말 더듬는 혀 모두에게 관련된다. 이와 같이 하여 그의 귀가 열리고 혀가 맺힌 것이 곧 풀려 말이 분명하여졌다. 이는 메시아의 시대를 예언한 '그 때에 맹인의 눈이 밝을 것이며 귀머거리의 귀가 열릴 것이다'는 이사야 35장 5절 말씀의 완전한 성취로서 이 땅에 오신 메시아 왕국의 현존을 분명하게 드러낸다.

예수께서 치유 받은 그들에게 경고하사 아무에게도 이르지 말라 하신다. 예수께서 치병사역하신 후 이같은 침묵경고를 하시는데, 이는 치유된 사람들에게만이 아니라 병자를 데리고 온 사람들에게도 주시는 경고이다. 이같은 경고를 예수께서 하시는 이유는 이미도 언급한 바 있지만 아직 때가 이르지 아니하였는데 치유사역의 기적으로 예수님의 이름이 널리 퍼짐으로써 문제시 되는 것을 막으려는데 있겠으니 예수께서 경고하면 경고하실수록 그들이 더욱 널리 그 치유기적을 전파한다.

병 고침을 받은 이들과 이같은 기적을 본 사람들이 심히 놀라 이르기를 예수께서 모든 것을 잘 하였다고 반응한다. 더 나아가 그들은 못 듣는 사람도 듣게 하며 말 못하는 사람도 말하게 한다 하는데, 이는 예수께서 선포하시고 가르치신 하나님나라의 현존뿐만 아니라 이 처럼 복음의 능력이 이방인의 거주지에서도 일어나고 있다는 사실은 예수 그리스도의 복음과 하나님나라가 크게 확장되고 있다는 것을 의미한다.

묵상 나누기

위에서 묵상한 내용을 간략히 기록하고 함께 나눈다.

찬송

"괴로움과 고통을" (473장)

11. 뱃새다에서 맹인을 고치시다(막 8 : 22-26)

주제와 연관된 질문 _

1. 자신의 고향에 대한 관심의 정도는?
2. 예수님의 권능과 기적을 경험해 본 경험이 있는가?
3. 예수께서 벳세다에서 권능과 기적을 많이 행하셨는데, 이에 대한 벳세다 지역의 반응은?

주제 내용 _

벳새다라는 지명의 뜻은 고기 잡는 집이라는 의미이다. 이곳은 갈릴리 호수 북동쪽 연안에 위치한 조용한 마을인데, 이는 베드로, 빌립, 안드레의 고향이기도 하다(요 1:44). 예수께서 이곳으로 제자들을 '따로' 데리고 가기도 하셨다. 그 까닭은 이곳 벳세다에서 예수님과 제자들이 무리를 피하여 쉼을 가지시기 위해서이다. 이에 대한 말씀이 구체적으로 마가복음 6장 31절에 나온다. 먼 선교여행에서 제자들이 돌아왔는데, 예수님께 많은 사람들이 몰려 와 있어 식사할 겨를도 없기 때문에(막 6:31) 예수께서 배고프고 선교로 피곤한 그들에게 쉼을 갖도록 한 곳이 바로 벳세다이다

예수께서 벳세다에서 큰 무리를 보시고 목자 없는 양 같은 그들을 불쌍히 여기사 여러 가지로 가르치고 때가 저물어 가니 오병이어의 기적으로 배고픈 이들을 먹이신

다. 또한 예수께서 무리를 보내는 동안에 배 타고 앞서 제자들을 벳새다로 가게 하신 후 기도하러 산으로 가시니 저물어 가므로 제자들이 탄 배는 바다 가운데 있는데 바람이 거스른다. 이에 제자들이 힘겹게 노를 젓지만 여의치 않으므로 예수께서 물 위를 걸어서 제자들에게로 오신 곳이 벳세다이다. 이같이 벳세다에서 예수님의 권능과 이적이 많이 일어났다.

이같이 권능을 많이 행하셨는데도 불구하고 회개하지 아니하므로 예수께서 책망하신 곳이 또한 벳새다이다. 마태복음 11장 21절에 보면 예수께서 이르시기를 '화 있을진저 고라신아 화 있을 진저 벳새다야 너희에게 행한 모든 권능을 두로와 시돈에 행하였더라면 그들이 벌써 베옷을 입고 재에 앉아 회개하였으리라'고 말씀하신 바 있다. 여기서 예수께서 책망하신 대상은 벳새다 지역 자체인데, 이는 우리로 하여금 우리가 살고 있는 곳의 복음화에 전력을 해야 됨을 강조하는 말씀이기도 하다.

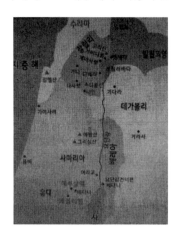

주제와 연관된 성경공부와 말씀묵상 _

맹인을 치유하시는 예수님

본문말씀 (막 8 : 22-26)

22 벳새다에 이르매 사람들이 맹인 한 사람을 데리고 예수께 나아와 손 대시기를 구하거늘

23 예수께서 맹인의 손을 붙잡으시고 마을 밖으로 데리고 나가사 눈에 침을 뱉으시며 그에게 안수하시고 무엇이 보이느냐 물으시니

24 쳐다보며 이르되 사람들이 보이나이다 나무 같은 것들이 걸어 가는 것을 보나이다 하거늘

25 이에 그 눈에 다시 안수하시매 그가 주목하여 보더니 나아서 모든 것을 밝히 보는지라

26 예수께서 그 사람을 집으로 보내시며 이르시되 마을에는 들어가지 말라 하시니라

기도요점

몸이 아플 때 주 예수께 조용히 나아가 치유하여 주시기를 간절히 기도해 본 경험이 있는가? 벳새다에서 사람들이 맹인 한 사람을 데리고 예수께 나아와 손대시기를 구하는 당시 상황과 맹인의 손을 붙잡으시고 마을 밖으로 데리고 나가사 치유하시는 전 과정을 상상해 보자.

도움의 말

예수께서 벳새다에 이르시니 사람들이 맹인 한 사람을 데리고 예수께 나아와 손대시기를 구한다. 예수께서 맹인의 손을 붙잡으시고 마을 밖으로 데리고 나가시어 눈에 침을 뱉으시며 그에게 안수하시고 무엇이 보이느냐고 물으신다. 그가 예수님을 쳐다보며 이르기를 사람들이 보이며 나무 같은 것들이 걸어가는 것이 보인다고 말한다. 이에 예수께서 눈에 다시 안수하시니 그가 나아서 모든 것을 밝히 보게 되자 예수께서 그 사람을 집으로 보내시며 이르시기를 마을에는 들어가지 말라 하신다.

이같이 벳세다에서 맹인을 치유하신 본 사건은 오로지 마가복음에만 있다. 맹인치유 사건의 내용전개가 마가복음 7장 31-37절의 귀 먹고 말 더듬는 사람을 치유하시는 사건과 비슷하다. 즉 이 두 치유사건은 세 가지 비슷한 내용이 있는데, 첫째는 환자의 환부에 침을 바르는 것이며, 둘째는 제자들에 관한 말씀이 없는 것이며, 그리고 셋째는 은밀한 곳에서 치유하시는 것이다.

묵상 나누기

위에서 묵상한 내용을 간략히 기록하고 함께 나눈다.

찬송

"너 예수께 조용히 나가" (539장)

12. 안식일에 꼬부라진 여자를 고치시다
(눅 13 : 10-17)

주제와 연관된 질문 _

1. 이태원 핼러윈 참사 사건을 보면서 즉각적인 자신의 반응은? 이 사건이 자신에게 주는 메시지는?
2. 오랫동안 병으로 고통당하는 가족이나 친지가 있는가? 있다면 그 고통 받는 가족이나 친지를
   위하여 자신이 하고 있는 것은?
3. 역으로 가족이나 친지가 오랫동안 같은 문제로 고통을 당하면서 자신에게 그 아픔을 호소하
   는 것을 들어 본 경험이 있는가? 있다면, 이에 대한 자신의 반응은?

주제 내용 _

예수께서 누가복음 12장에서 제자들과 무리들에게 여러가지 가르침을 가르치신다.
13장 1절에 보면, 예수께서 제자들과 무리들에게 가르치고 계실 그 때에 마침 두
어 사람이 와서 빌라도가 어떤 갈릴리 사람들의 피를 그들의 제물에 섞은 일을 예수
께 말한다. 이를 들으신 예수께서 너희는 이 갈릴리 사람들이 이같이 해 받으므로 다
른 모든 갈릴리 사람보다 죄가 더 있는 줄 아느냐 그렇지 않다 이르시면서 너희도 만
일 회개하지 아니하면 다 이와 같이 망하리라 말씀하신다. 또한 또 실로암에서 망대
가 무너져 치어 죽은 열여덟 사람이 예루살렘에 거한 다른 모든 사람보다 죄가 더 있
는 줄 아느냐 아니라 너희도 만일 회개하지 아니하면 다 이와 같이 망하리라는 말씀
과 함께 열매 맺지 못하는 무화과 나무 비유를 가르치신다.

그리고 이어 예수께서 안식일에 한 회당에서 가르치실 때에 오랫동안 아픈 한 여자가 꼬부라져 조금도 펴지 못하고 있었다. 안식일은 창세기 2장 2-3절에 의하면, 천지와 만물을 다 창조하시던 일을 하나님께서 일곱째 날에 마치시므로 하시던 모든 일을 그치고 그 날에 안식하신다. 또한 출애굽기 20장 8-11절에 의하면, 안식일을 기억하여 거룩하게 지키라 엿새 동안은 힘써 네 모든 일을 행할 것이니 일곱째 날을 네 하나님 여호와의 안식일인즉 너나 네 아들이나 네 딸이나 네 남종이나 네 여종이나 네 가축이나 네 문안에 머무는 객이라고 아무 일도 하지 말라 이는 엿새 동안에 나 여호와가 하늘과 땅과 바다와 그 가운데 모든 것을 만들고 일곱째 날에 쉬었음이라 그러므로 나 여호와가 안식일을 복되게 하여 그 날을 거룩하게 하였느니라는 명령에 근거하여 당시 유대인들에게 안식일은 매우 엄격하게 지켜야 되는 율법이었다.

이러한 유대인의 안식일 규정을 다 아시는 예수께서 열여덟 해 동안이나 귀신 들려 앓으며 꼬부라져 조금도 펴지 못하는 그 여자를 보시고 불러 이르시기를 여자여 네가 네 병에서 놓였다 하시고 안수하신다. 이에 그 여자가 곧 꼬부라진 허리를 펴고 하나님께 영광을 돌린다. 안수란 수여자가 가진 그 무엇을 피수여자에게 전가하는 것으로서 이는 예수님이 자신 안에 있는 하나님의 능력을 그 병자에게 전이시킴으로 병을 낫게 한 것이다. 이같이 예수께서 병자에게 손을 얹어 치유하시는 것을 우리는 누가복음 4장 40절에서도 볼 수 있다 : 해 질 무렵에 사람들이 온갖 병자들을 데리고 나아오니 예수께서 일일이 그 위에 손을 얹으시어 고치신다. 치유된 그 여자가 병을 고쳐 주신 분은 예수님인데도 불구하고 하나님께 영광을 올려드리는데, 이는 예수님의 병 고침에서 그녀는 하나님의 능력을 맛보고 알았기 때문이다.

주제와 연관된 성경공부와 말씀묵상 _

외식하는 자들아 이 아브라함의 딸을 안식일에 이 매임에서 푸는 것이 합당하지 아니하냐

본문말씀 (눅 13 : 10-17)

10 예수께서 안식일에 한 회당에서 가르치실 때에

11 열여덟 해 동안이나 귀신 들려 앓으며 꼬부라져 조금도 펴지 못하는 한 여자가 있더라

12 예수께서 보시고 불러 이르시되 여자여 네가 네 병에서 놓였다 하시고

13 안수하시니 여자가 곧 펴고 하나님께 영광을 돌리는지라

14 회당장이 예수께서 안식일에 병 고치시는 것을 분 내어 무리에게 이르되 일할 날이 엿새가 있으니 그 동안에 와서 고침을 받을 것이요 안식일에는 하지 말 것이니라 하거늘

15 주께서 대답하여 이르시되 외식하는 자들아 너희가 각각 안식일에 자기의 소나 나귀를 외양간에서 풀어내어 이끌고 가서 물을 먹이지 아니하느냐

16 그러면 열여덟 해 동안 사탄에게 매인 바 된 이 아브라함의 딸을 안식일에 이 매임에서 푸는 것이 합당하지 아니하냐

17 예수께서 이 말씀을 하시매 모든 반대하는 자들은 부끄러워하고 온 무리는 그가 하시는 모든 영광스러운 일을 기뻐하니라

기도요점

'회당장이 예수께서 안식일에 병 고치시는 것을 분 내어 무리에게 이르되 일할 날이 엿새가 있으니 그 동안에 와서 고침을 받을 것이요 안식일에는 하지 말 것이니라 하거늘'이라는 말을 통하여 우리가 알 수 있는 것은? 회당장의 화난 말을 들으신 주께서 대답하신 말씀은? 이 말씀이 의미하는 바는?

도움의 말

예수께서 회당 안에서 열여덟 해 동안이나 귀신 들려 앓으며 꼬부라져 조금도 펴지 못하는 한 여자에게 여자여 네가 네 병에서 놓였다 하시고 안수하시니 그녀가 곧 펴고 하나님께 영광을 돌리는 것을 지켜보던 회당장이 분을 낸다. 화가 난 회당장이 그곳에 있는 무리에게 말하기를 일할 날이 엿새가 있으니 그 동안에 와서 고침을 받을 것이요 안식일에는 하지 말라 한다. 이 말을 통하여 우리는 회당 안에 38년 된 병자 외에도 병 고침을 바라고 있는 이들이 있었다는 것을 알 수 있다. 이런 상황에서 회당장의 분내는 말을 들으신 주께서 대답하여 이르시되 외식하는 자들아 너희가 각각 안

식일에 자기의 소나 나귀를 외양간에서 풀어내어 이끌고 가서 물을 먹이지 아니하느냐 이르신다.

예수께서 이같은 말씀을 하시게 된 베경은 당시 미쉬나에는 짐을 싣지 않는 한 안식일에도 짐승들을 밖으로 끌고 나갈 수 있는 규정이 있으며, 또한 안식일의 여행 제한을 어기지 않는 범위 내에서 가축들에게 물을 먹일 수 있는 특별조치가 있었기 때문이다. 또한 쿰란 종파에서는 안식일에 가축에게 풀을 뜯어 먹을 수 있게 하는 범위가 이천 규빗 그러니까 약 910m이상을 끌고 가지 못하게 하는 제한 규정을 지켰다고 한다. 이와 같이 당시 관례는 동물들에게는 안식일에 관한 율법에 융통성이 있었다. 그렇기 때문에 예수께서 회당장을 비롯한 유대인을 향하여 외식하는 자라 호칭하신 것이다.

그리고 이어 예수께서 그러면 열여덟 해 동안 사탄에게 매인 바 된 이 아브라함의 딸을 안식일에 이 매임에서 푸는 것이 합당하지 아니하냐 이르신다. 여기서 예수님은 짐승과 아브라함의 딸, 물 먹이는 것과 병자를 고치는 것, 수 시간의 매임과 18년 동안의 매임, 마구에서 짐승을 푸는 것과 사단에게 매인 것을 푸는 것을 대비시켜 말씀하심으로써 예수님의 치유사역에 반대하는 그들을 부끄럽게 하신다. 그러나 그들 외의 온 무리는 예수께서 하시는 모든 영광스러운 일을 기뻐하게 하신다.

묵상 나누기
위에서 묵상한 내용을 간략히 기록하고 함께 나눈다.

찬송
"영광을 받으신 만유의 주여" (331장)

13. 수종병 든 사람을 고치시다(눅 14 :1-6)

주제와 연관된 질문 _

1. 사람을 집으로 초대하는 것을 좋아하는가?
2. 사람을 자기 집으로 초대하는 자신의 의도는?
3. 혹시 초대받아 간 집 안에 아픈 사람을 보았을 때, 그 사람에 대한 자신의 태도는?

주제 내용 _

안식일에 예수께서 한 바리새인 지도자의 집에 떡 잡수시러 들어가신다. 그 바리새인
은 식사에 예수님을 초대했으며 예수께서는 그의 초대에 응하셨으므로 그의 집에 들
어가신 것이다. 당시 안식일의 회당의식이 끝난 후에는 큰 잔치를 했으며 빈부를 떠
나 안식일에 손 대접하기를 랍비들이 가르쳤는데, 이는 당시 종교의무로까지 여겨졌
다. 예수께서 식사하시러 그 집에 들어가시는 것을 다른 바리새인들이 엿보고 있었
다. 그때 바리새인들이 예수님의 가르침에 어떤 잘못이 있는가를 찾아내기 위하여 계
속 예수님을 감시하였던 상황이었다.

그 집에 계시는 주의 앞에 수종병 든 한 사람이 있다. 수종병은 신체의 세포조직에 물
이 비정상적으로 축적된 상태로서 심장이나 신장에 병들었을 때 발생한다고 한다. 대

체로 이 병에 걸리면 얼굴이 부어오르며 팔과 다리도 크게 부어올라 살갗이 물러지게 되는데, 당시 이 병은 부도덕한 행실로 인아여 발병되는 것으로 알려졌다 한다. 그런데 이 병을 가진 사람이 주의 앞에 있게 되었다. 이에 예수께서 율법 교사들과 바리새인들에게 이르시기를 안식일에 병 고쳐 주는 것이 합당하냐 아니하냐 라고 하신다. 이는 18년 된 나면서부터 걷지 못하고 꼬부라진 사람을 치유할 때와는 다른 접근이다. 안식일에 한 회당에서 가르치실 때에 열여덟 해 동안이나 귀신 들려 앓으며 꼬부라져 조금도 펴지 못하는 한 여자가 있는 것을 보시고는 예수께서 불러 이르시되 여자여 네가 네 병에서 놓였다 말씀하셨다. 그런데 여기서는 안식일에 수종 병든 자를 앞에 두시고 당시 율법 교사들과 바리새인들에게 안식일에 병 고쳐 주는 것이 합당하냐 아니하냐는 질문을 던지신 것이다.

주제와 연관된 성경공부와 말씀묵상 _

안식일에 병 고쳐 주는 것이 합당하냐 아니하냐

본문말씀 (눅 14 : 1-6)

1 안식일에 예수께서 한 바리새인 지도자의 집에 떡 잡수시러 들어가시니 그들이 엿보고 있더라

2 주의 앞에 수종병 든 한 사람이 있는지라

3 예수께서 대답하여 율법교사들과 바리새인들에게 이르시되 안식일에 병 고쳐 주는 것이 합당하냐 아니하냐

4 그들이 잠잠하거늘 예수께서 그 사람을 데려다가 고쳐 보내시고

5 또 그들에게 이르시되 너희 중에 누가 그 아들이나 소가 우물에 빠졌으면 안식일에라도 곧 끌어내지 않겠느냐 하시니

6 그들이 이에 대하여 대답하지 못하니라

기도요점

안식일에 예수께서 한 바리새인 지도자의 집에 떡 잡수시러 들어가시니 그들이 엿보

고 있는데, 그 까닭은? 그 집에 들어가신 주 앞에 수종병 든 한 사람이 있는 것을 보시고 예수께서 대답하여 율법 교사들과 바리새인들에게 이르시되 안식일에 병 고쳐주는 것이 합당하냐 아니하냐 물으시는 데, 그 까닭은? 이 물음에 대한 그들의 대답은? 예수께서 수종병 든 사람을 치유하여 보내시고 그들에게 너희 중에 누가 그 아들이나 소가 우물에 빠졌으면 안식일에라도 곧 끌어내지 않겠느냐 하시는데, 이같은 말씀을 하신 까닭은?

도움의 말

예수께서 안식일에 수종병자를 앞에 두고 율법교사들과 바리새인들에게 안식일에 병을 고치는 것이 합당하냐 아니냐를 물으신다. 안식일 논쟁이 이미 18년 된 병자치유 때에도 있었음에도 불구하고 여기서 또 이같이 예수께서 먼저 질문을 하시는 것은 그들의 악한 마음을 이미 아셨기 때문이다. 또한 이는 당시 유대인들에게 있어서 안식일이 매우 중요하였다는 것을 알 수 있다. 예수님으로부터 이 질문을 받은 그들이 잠잠하다. 사실 그들은 예수님의 질문에 그들이 배운 율법지식에 따라 안식일에 병을 고치는 것은 합당하지 않다고 대답했어야 한다. 그들은 생명이 위태롭지 않은 경우 안식일에 병을 고치는 것은 당시 랍비적 규례에 의하여 금지되었기 때문이다.

이와 같이하여 예수께서 수종병 든 그 사람을 데려다가 고쳐 보내신다. 이는 바리새인들이 안식일에 고통 받는 사람들을 보고도 그들의 안식일 규례를 지키기 위하여 아무 행동도 취하지 아니하는 것을 뛰어넘는 치유행위이다. 치유하신 후, 예수께서 또 그들에게 이르시되 너희 중에 누가 그 아들이나 소가 우물에 빠졌으면 안식일에라도 곧 끌어내지 않겠느냐 하신다. 당시 바리새인들의 미쉬나 규정에 의하면 안식일 규정이 두 종류인데, 하나는 온건한 규정으로서 이는 구덩이에 빠진 짐승을 구해낼 수 있다 믿는다. 다른 하나는 구덩이에 꼴만 넣을 수 있다 생각한다. 예수님 당시 온건한 규정이 시행되었기 때문에 예수께서 율법 교사들과 바리새인들에게 구덩이에 빠진 짐승은 너희가 구해 내면서 질병으로 고통 받는 사람을 치유하지 못하게 하는 것은 잘못된 것임을 지적하신 것이다. 이같은 예수님의 지적에 대하여 그들은 아무 대답도 하지 못한다.

묵상 나누기

위에서 묵상한 내용을 간략히 기록하고 함께 나눈다.

찬송

"주의 말씀 듣고서" (204장)

14. 나병환자 열 명이 깨끗함을 받다(눅 17 : 11-19)

주제와 연관된 질문 _

1. 나병환자를 본 경험이 있는가?
2. 자신이 제일 꺼려하는 병은? 그 이유는?
3. 하나님의 은혜로 자신의 병이 치유되었던 경험이 있는가? 혹은 주변에서 다른 사람의 병이 하나님의 은혜로 치유되는 것을 본 경험이 있는가?

주제 내용 _

예수님 당시 유대인에게 있어서 나병은 제사장의 판정에 따라 나병이라 지목을 받는다. 그들은 나병 자체를 혐오했는데, 그 이유는 두 가지이다. 하나는 나병환자와 접촉하는 것을 의식적으로 불결한 것으로 간주했기 때문이다. 다른 하나는 나병을 죄의 악함에 대한 하나님의 징벌의 상징으로 믿었기 때문이다. 그러므로 나병환자는 위생적으로뿐만 아니라 종교적으로 일반대중으로부터 분리되어 특정 장소에 격리되었다. 이에 대한 말씀이 레위기 13장 45-46절에 나와 있다 : 나병환자는 옷을 찢고 머리를 풀며 윗입술을 가리고 외치기를 부정하다 부정하다 할 것이요 병 있는 날 동안은 늘 부정할 것이라 그가 부정한즉 혼자 살 되 진영 밖에서 살지니라 만약 나병환자가 이 규례를 어기게 되면 그 병자는 심한 제재가 가해지며, 더 나아가 돌에 맞아 죽을 수도 있었다.

그런데 예수께서 예루살렘으로 가실 때에 사마리아와 갈릴리 사이로 지나가시다가 한 마을에 들어가신다. 그곳에서 나병환자 열 명이 예수를 만난다. 그러자 열 명의 나병환자가 멀리 서서 예수님을 향하여 소리를 높여 예수 선생님이여 우리를 불쌍히 여기소서라 외친다. 여기서 불쌍히 여기라는 말은 멸시와 고통을 당한 사람이나 소외된 사람들이 하나님께 고하는 외침의 한 형식으로 사용되었다(시편 4:1 ; 6:2 ; 25:16 ; 31:9 ; 51:1 ; 86:16등에서). 이런 의미에서 열명의 나병환자들의 '예수 선생님이여 우리를 불쌍히 여기소서.'라는 외침은 예수님을 향하여 자기들로서는 메시아의 은혜를 입어 구원함을 받을만한 공적이 전혀 없음을 고백하는 외침이다.

주제와 연관된 성경공부와 말씀묵상 _

그 아홉은 어디에 있느냐

본문말씀 (눅 17 : 11-19)

11 예수께서 예루살렘으로 가실 때에 사마리아와 갈릴리 사이로 지나가시다가

12 한 마을에 들어가시니 나병환자 열 명이 예수를 만나 멀리 서서

13 소리를 높여 이르되 예수 선생님이여 우리를 불쌍히 여기소서 하거늘

14 보시고 이르시되 가서 제사장들에게 너희 몸을 보이라 하셨더니 그들이 가다가 깨끗함을 받은지라

15 그 중의 한 사람이 자기가 나은 것을 보고 큰 소리로 하나님께 영광을 돌리며 돌아와

16 예수의 발아래에 엎드리어 감사하니 그는 사마리아 사람이라

17 예수께서 대답하여 이르시되 열 사람이 다 깨끗함을 받지 아니하였느냐 그 아홉은 어디 있느냐

18 이 이방인 외에는 하나님께 영광을 돌리러 돌아온 자가 없느냐 하시고

19 그에게 이르시되 일어나 가라 네 믿음이 너를 구원하였느니라 하시더라

기도요점

예수께서 예루살렘으로 가실 때에 사마리아와 갈릴리 사이로 지나가시다가 한 마을에 들어가시니 나병환자 열 명이 예수를 만나 멀리 서서 소리를 높여 이르되 예수 선생님이여 우리를 불쌍히 여기소서라 외치는 당시 상황을 상상해 보자. 또한 열 명의 나병환자들의 이같은 외침을 보고 들으신 예수께서 이르시되 가서 제사장들에게 너희 몸을 보이라 하셨더니 그들이 가다가 깨끗함을 받은지라 그 중의 한 사람이 자기가 나은 것을 보고 큰 소리로 하나님께 영광을 돌리며 돌아와 예수의 발아래에 엎드리어 감사하니 그는 사마리아 사람이라 예수께서 대답하여 이르시되 열 사람이 다 깨끗함을 받지 아니하였느냐 그 아홉은 어디 있느냐 이르시는 당시 상황을 상상해 보자.

도움의 말

열 명의 나병환자들의 '예수 선생님이여 우리를 불쌍히 여기소서'라는 외침을 보고 들으신 예수께서 이르시기를 가서 제사장들에게 너희 몸을 보이라 하셨다. 그랬더니 그들이 가다가 깨끗함을 받는다.

레위기 13장 2-8절에 보면, '만일 사람이 그의 피부에 무엇이 돋거나 뾰루지가 나거나 색점이 생겨서 그의 피부에 나병 같은 것이 생기거든 그를 곧 제사장 아론에게나 그의 아들 중 한 제사장에게로 데리고 갈 것이요 제사장은 그 피부의 병을 진찰할지니 환부의 털이 희어졌고 환부가 피부보다 우묵하여졌으면 이는 나병의 환부라 제사장이 그를 진찰하여 그를 부정하다 할 것이요 피부에 색점이 희나 우묵하지 아니하고 그 털이 희지 아니하면 제사장은 그 환자를 이레 동안 가두어둘 것이며 이레 만에 제사장이 그를 진찰할지니 그가 보기에 그 환부가 변하지 아니하고 병색이 피부에 퍼지지 아니하였으면 제사장이 그를 또 이레 동안을 가두어둘 것이며 이레 만에 제사장이 또 진찰할지니 그 환부가 엷어졌고 병색이 피부에 퍼지지 아니하였으면 피부병이라 제사장이 그를 정하다 할 것이요 그의 옷을 빨 것이라 그리하면 정하리라 그러나 그가 정결한지를 제사장에게 보인 후에 병이 피부에 퍼지면 제사장에게 다시 보일 것이요 제사장은 진찰할지니 그 병이 피부에 퍼졌으면 그를 부정하다 할지니라 이는 나병임이니라'는 이 말씀을 보면, 제사장이 나병환자의 치유 여부를 판별하는 것이 유대인의 규례이므로 그들에게 그들의 외침을 보고 들으신 예수께서 그들에게 가서 제사장들에게 너희 몸을 보리라는 것은 치유되었으니 가서 나병으로부터 치유 받았음을 확증 받아 새로운 삶을 살라는 말씀이다.

이같이 예수께서는 열 명의 나병환자의 외침에 즉시 응답을 주신다. 이는 하나님 앞에서 부정하지 않게 된 것을 제사장에게 보이라는 말씀인 것이다. 그렇기 때문에 예수께서 그들에게 제사장들한테 가서 너희 몸을 보이라는 말씀만을 듣고 곧 바로 그들이 순종하여 제사장에게 가다가 깨끗함을 받는다. 당시 나병환자의 정결 절차는 첫째는 신적 권위자인 제사장의 판결을 받고 (레 13:16, 17), 둘째는 정결의 선언이 주어지면 살아있는 새 두 마리와 백향목, 홍색실, 우슬초를 헌상하고(레 14:4), 셋째는 팔 일후 흠 없는 어린 수양 둘과 암양 하나를 바쳐야 했다(레 14:8).

열 명 중 한 사람이 자기가 나은 것을 보고 큰 소리로 하나님께 영광을 돌리며 돌아와 예수의 발아래에 엎드리어 감사하니 그는 사마리아 사람이다. 그가 하나님께 영광을 돌리는 것은 하나님의 능력으로 자신이 치유되었음을 큰 소리로 외치면서 메시아이신 예수님의 발 아래 엎드려 감사를 드린 것이다. 이를 지켜보신 예수께서 대답하여 이르시되 열 사람이 다 깨끗함을 받지 아니하였느냐 그 아홉은 어디 있느냐 하신다. 사마리아 사람인 이 이방인 외에는 하나님께 영광을 돌리러 돌아온 자가 없느냐 하시고 그에게 이르시되 일어나 가라 네 믿음이 너를 구원하였느니라 하신다.

묵상 나누기
위에서 묵상한 내용을 간략히 기록하고 함께 나눈다.

찬송
"죄에서 자유를 얻게 함은" (268장)

15. 맹인을 고치시다(눅 18 : 35-43)

주제와 연관된 질문 _

1. 맹인이 눈을 뜨고 싶은 간절한 소망만큼 스스로 해결할 수 없는 문제에 봉착한 경험이 있는가?
2. 해결할 수 없는 일이나 치유할 길이 없는 질병이 자신에게 임하였다고 가정할 때 이에 대한 자신의 대처방법은?
3. 맹인이 여리고에 가까이 오실 때 무리를 통하여 예수이심을 알고 난 그가 취한 행동은?그의 행동에 대한 자신의 반응은?

주제 내용 _

예수께서 여리고에 가까이 가신다. 이곳은 요단강 서쪽 약 8km, 예루살렘 북동쪽 약 24km의 거리에 위치해 있다. 여리고는 여호와께서 여호수아에게 그 왕과 용사들을 넘겨주시어 함락된 성읍이다(수 6장). 그런데 예수 당시에 이 성읍은 신.구 여리고로 나뉘어져 있었는데, 헤롯 대왕에 의해 신(新)여리고가 구 여리고 남쪽으로 1.5km 떨어진 곳에 건설되었다 한다. 헤롯대왕의 정책에 따라 신 여리고가 발전되었고, 구 여리고는 점차 퇴락되어 예수 당시에 구 여리고는 거의 황폐화 되었다. 이러한 여리고는 갈릴리와의 연결로였으며 또한 예루살렘의 관문 역할을 했으므로 예수께서 여리고에 가까이 이르렀다는 것은 곧 그의 죽음이 점점 임박해 오고 있다는 것을 나타낸다.

예수께서 수난 당하실 예루살렘을 향하시는 길에 여리고 가까이 가시게 되는데, 한 맹인이 길가에 앉아 구걸한다. 그가 무리가 지나감을 듣고 무슨 일이냐 묻는다. 그들이 나사렛 예수께서 지나가신다 하니 이를 들은 맹인이 외쳐 이르기를 다윗의 자손 예수여 나를 불쌍히 여기소서라 한다. 당시 유대인들은 메시아가 다윗의 자손에게서 나온다고 믿었기에 다윗의 자손 예수라는 칭호는 메시아의 의미로 사용된 것이다(사 11:1). 이로 보아 다윗의 자손 예수여를 외치는 그 맹인은 예수님을 기적을 행하시는 분일뿐만 아니라 메시아로 알고 있었다는 것을 알 수 있다. 이 뿐만 아니라 맹인은 나를 불쌍히 여기소서 외쳤는데, 이는 멸시와 고통과 소외된 자신을 하나님께 건져주시기를 고하는 외침이다. 앞서 가는 자들이 그를 꾸짖어 잠잠 하라 하니 그가 힘을 다하여 더욱 크게 소리 질러 다윗의 자손이여 나를 불쌍히 여기소서라 외친다.

주제와 연관된 성경공부와 말씀묵상 _

네게 무엇을 하여 주기를 원하느냐

본문말씀 (눅 18 : 35-43)

35 여리고에 가까이 가셨을 때에 한 맹인이 길 가에 앉아 구걸하다가

36 무리가 지나감을 듣고 이 무슨 일이냐고 물은대

37 그들이 나사렛 예수께서 지나가신다 하니

38 맹인이 외쳐 이르되 다윗의 자손 예수여 나를 불쌍히 여기소서 하거늘

39 앞서 가는 자들이 그를 꾸짖어 잠잠하라 하되 그가 더욱 크게 소리 질러 다윗의 자손이여 나를 불쌍히 여기소서 하는지라

40 예수께서 머물러 서서 명하여 데려오라 하셨더니 그가 가까이 오매 물어 이르시되

41 네게 무엇을 하여 주기를 원하느냐 이르되 주여 보기를 원하나이다

42 예수께서 그에게 이르시되 보라 네 믿음이 너를 구원하였느니라 하시매

43 곧 보게 되어 하나님께 영광을 돌리며 예수를 따르니 백성이 다 이를 보고 하나님을 찬양하니라

기도요점

여리고에 가까이 오신 예수님을 향하여 맹인이 두 번씩이나 힘을 다하여 다윗의 자손 예수여 나를 불쌍히 여기소서라 간절히 외치는데, 이 외침의 의미는? 이 외침을 보고 들으신 예수께서 머물러 서서 명하여 데려오라 하셨더니 그가 가까이 오매 물어 이르시되 네게 무엇을 하여 주기를 원하느냐 이르되 주여 보기를 원한다 말씀드리니 이에 대한 예수님의 대답은? 이같은 예수님의 대답과 더불어 즉시 보게 된 맹인이 하나님께 영광을 돌리며 예수를 따르니 백성이 다 이를 보고 하나님을 찬양하는 당시 상황을 상상해 보자.

도움의 말

예수께서 여리고 가까이 가셨을 때 맹인이 나사렛 예수께서 지나가신다는 말을 듣고는 다윗의 자손 예수여 나를 불쌍히 여기소서를 외치는데, 앞서 가는 이들이 그를 꾸짖자 더욱 크게 다윗의 자손 예수여 나를 불쌍히 여기소서라 외친다. 예수께서는 이를 다 보고 들으신다. 공생애를 거의 마치시고 하나님 아버지께서 하나님을 떠난 우리 인간의 죄를 대속하시기 위하이 이 땅에 보내신 목적, 즉 대속의 죽음의 길을 향하여 가시는 길에 다윗의 자손이시며 왕이신 예수께서 그 맹인을 만나시어 머물러 서시어 명하여 이르시기를 그를 데려오라 하신다.

이에 그가 가까이 오니 예수께서 물어 이르시되 네게 무엇을 하여 주기를 원하느냐 물으신다. 사실 예수께서는 그 맹인이 보기를 간절히 원한다는 것을 알고 계심에도 불구하고 이 질문을 하시는데, 이는 그에 대한 깊은 사랑의 배려이며 동시에 그가 진실로 원하는 것이 무엇인가를 바로 알게 하기 위해서이기도 하다. 예수님의 이같은 질문을 받은 그 맹인이 대답하여 이르기를 주여 보기를 원한다고 말씀드린다. 이에 예수께서 그에게 이르시되 보라 네 믿음이 너를 구원하였느니라 하신다. 그러자 그가 곧 보게 되어 하나님께 영광을 돌리며 예수를 따른다. 예수님의 이 말씀은 그 맹인의 눈이 치유되었을 뿐만 아니라 메시아를 만나 죄로부터 구속되었음을 의미한다. 더 나아가 그는 예수님을 따르는 제자가 되는데, 이와 같이하여 그에게는 육체적인 축복과 영적인 축복이 함께 임하게 된다.

묵상 나누기

위에서 묵상한 내용을 간략히 기록하고 함께 나눈다.

찬송

"나의 죄를 정케 하사" (320장)

_____

_____

_____

_____

_____

16. 왕의 신하의 아들을 고치시다(요 4 : 43-54)

주제와 연관된 질문 _

1. 자신이 만나는 사람들은 대개 누구인가? 이들과 만나면 하는 말이나 혹은 하는 일은?
2. 예수를 믿는 사람들과의 사귐을 더 좋아하는가?
3. 예수님에 관하여 관심을 갖게 된 계기는?

주제 내용_

예수께서 야곱의 우물에서 만난 사마리아 여인의 사건으로 인하여 사마리아인들이 예수께 와서 자기들과 함께 유하시기를 청하신다. 그리하여 예수께서 사마리아에서 이틀을 유하신다. 이틀이 지나 예수께서 사마리아를 떠나 갈릴리로 가시면서 친히 증언하시기를 선지자가 고향에서는 높임을 받지 못한다 하신다.

예수께서 갈릴리에 이르시니 갈릴리인들이 예수님을 영접한다. 그 까닭은 갈릴리인들도 명절에 예루살렘에 갔다가 예수께서 명절 중 그곳에서 하신 모든 일, 즉 권능 있는 일을 보았기 때문이다. 이처럼 그들은 예수께서 행하신 모든 권능 있는 일로 인하여 그들이 거하는 곳에 오신 예수님을 영접한다, 그렇지만 야곱의 우물가의 사마리아 여자가 그녀의 동네에 가 사람들에게 내가 행한 모든 것을 예수께서 내게 말하였다 증언하므로 그 동네 중에 많은 사마리아인이 예수를 믿는다.

그런데 그녀의 이러한 말을 들은 사마리아인들이 예수께 그들과 함께 거하시기를 권하자 예수님은 그들과 이틀을 유하신다. 이때 예수님의 말씀으로 말미암아 믿는 자가 더욱 많아 그 사마리아 여자에게 이제 우리가 믿는 것은 네 말로 인함이 아니니 이는 우리가 친히 듣고 그가 참으로 세상의 구주이신 줄 앎이라 한 바 있다. 이로 보아 사마리아인들은 예수님의 말씀을 듣고 믿은데 반하여 갈릴리인들은 예수님의 권능의 일을 보고서야 예수님을 영접한다.

주제와 연관된 성경공부와 말씀묵상 _

가라 네 아들이 살아 있다

본문말씀 (요 4 : 43-54)

43 이틀이 지나매 예수께서 거기를 떠나 갈릴리로 가시며

44 친히 증언하시기를 선지자가 고향에서는 높임을 받지 못한다 하시고

45 갈릴리에 이르시매 갈릴리인들이 그를 영접하니 이는 자기들도 명절에 갔다가 예수께서 명절 중 예루살렘에서 하신 모든 일을 보았음이더라

46 예수께서 다시 갈릴리 가나에 이르시니 전에 물로 포도주를 만드신 곳이라 왕의 신하가 있어 그의 아들이 가버나움에서 병들었더니

47 그가 예수께서 유대로부터 갈릴리로 오셨다는 것을 듣고 가서 청하되 내려오셔서 내 아들의 병을 고쳐 주소서 하니 그가 거의 죽게 되었음이라

48 예수께서 이르시되 너희는 표적과 기사를 보지 못하면 도무지 믿지 아니하리라

49 신하가 이르되 주여 내 아이가 죽기 전에 내려오소서

50 예수께서 이르시되 가라 네 아들이 살아 있다 하시니 그 사람이 예수께서 하신 말씀을 믿고 가더니

51 내려가는 길에서 그 종들이 오다가 만나서 아이가 살아 있다 하거늘

52 그 낫기 시작한 때를 물은즉 어제 일곱 시에 열기가 떨어졌나이다 하는지라

53 그의 아버지가 예수께서 네 아들이 살아 있다 말씀하신 그 때인 줄 알고 자기와

그 온 집안이 다 믿으니라

54 이것은 예수께서 유대에서 갈릴리로 오신 후에 행하신 두 번째 표적이니라

기도요점

예수께서 다시 갈릴리 가나에 이르시니 전에 물로 포도주를 만드신 곳이라 왕의 신하가 있어 그의 아들이 가버나움에서 병들었더니 그가 예수께서 유대로부터 갈릴리로 오셨다는 것을 듣고 가서 청하되 내려오셔서 내 아들의 병을 고쳐 주소서 하니 그가 거의 죽게 되었음이라 예수께서 이르시되 너희는 표적과 기사를 보지 못하면 도무지 믿지 아니하리라 신하가 이르되 주여 내 아이가 죽기 전에 내려오소서 예수께서 이르시되 가라 네 아들이 살아 있다 하시니 그 사람이 예수께서 하신 말씀을 믿고 가더니 내려가는 길에서 그 종들이 오다가 만나서 아이가 살아 있다 하거늘 그 낫기 시작한 때를 물은즉 어제 일곱 시에 열기가 떨어졌나이다 하는지라 그의 아버지가 예수께서 네 아들이 살아 있다 말씀하신 그 때인 줄 알고 자기와 그 온 집안이 다 믿으니라는 말씀, 즉 예수께서 유대에서 갈릴리로 오신 후에 행하신 두 번째 표적을 상상해 보십시오.

도움의 말

예수께서 다시 갈릴리 가나에 이르시니 전에 물로 포도주를 만드신 곳이다. 헤롯 안디바의 신하가 있는데, 그의 아들이 가버나움에서 병 들어 있다. "가버나움"은, 수리아에서 애굽으로 갈 때에 지나게 되는 도시로서 거기 관리들과 세리들이 많이 거주하였다 한다.

그가 예수께서 유대로부터 갈릴리로 오셨다는 것을 듣고 가서 청하기를 내려오셔서 내 아들의 병을 고쳐 주소서 하는데, 그 아들은 당시 거의 죽게 되었다. 그 아버지의 다급한 부탁을 들으신 예수께서 이르시되 너희는 표적과 기사를 보지 못하면 도무지 믿지 아니하리라 하신다. 이 말씀으로부터 우리는 왕의 신하가 이 부탁을 사환을 통하여 하지 않고 이같이 직접 예수께 찾아온 것은 그의 아들을 고쳐주실 수 있는 예수님의 능력은 알고 있지만 예수님이 세상의 구주이심을 알지 못한다는 것을 일 수 있다. 이때 신하가 이르되 주여 내 아이가 죽기 전에 내려오소서 라고 다시 다급하게 부

탁드린다.

이에 예수께서 이르시되 가라 네 아들이 살아 있다 하시니 그 사람이 예수께서 하신 말씀을 믿고 간다. 집으로 내려가는 길에서 그 신하는 그 종들이 오다가 만나서 아이가 살아 있다 하는 소식을 듣는다. 예수께서는 그 신하에게 '네 아들이 살았다'라는 말씀 중에 '살았다'란 예수께서 말씀하시는 그 당시에 바로 살아난다는 뜻으로서 이는 질병과 관련하여 육신의 생명이 살아남을 가리킨다.

종들에게 그 신하가 그의 아들이 낫기 시작한 때를 물은즉 어제 일곱 시에 열기가 떨어졌다는 말을 듣는다. 이 말을 들은 아버지가 예수께서 '네 아들이 살아 있다' 말씀하신 그 때인 줄 알고 자기와 그 온 집안이 다 예수님을 믿는다. 예수님의 말씀은 그 신하의 심령의 병을 고치시고 믿음을 주셨으니, 이것은 그의 아들의 육신의 병을 고친 것보다 더욱 중요하다. 예수님의 말씀은 육신의 질병도 고치시지만 심령의 병(불신앙병)을 고치시는 것을 위주로 하신다. 이것은 예수께서 유대에서 갈릴리로 오신 후에 행하신 두 번째 표적이다.

가나에서 물로 포도주를 만드신 표적으로써, 예수님은 자연계의 주님이신 사실을 나타내셨다. 여기 "두 번째 표적"은 예수님께서 거리를 초월하셔서 권능을 나타내신다는 것을 알려준다. 예수님께서는 그의 하시고자 하시는 일은 거리와 상관없이 수행하신다.

묵상 나누기
위에서 묵상한 내용을 간략히 기록하고 함께 나눈다.

찬송
"주 믿는 사람 일어나" (357장)

17. 오래된 병을 고치시다(요 5 : 1-18)

주제와 연관된 질문_

1. 주변에 오래된 병으로 고통당하는 사람을 본 경험이 있는가? 있다면, 그 병자로부터 감지할 수 있었던 것은?
2. 혹시 자신이 오랫동안 아파보았던 경험이 있는가? 있다면, 자신이 이 병으로부터 치유될수 있다는 믿음이 아플 당시 있었는가?
3. 예루살렘에 있는 양문 곁에 베데스다라 하는 못이 있는데, 많은 병자들이 누워 물의 움직임을 기다리는데 그 까닭은?

주제 내용_

예수께서 유대에서 갈릴리로 오신 후에 행하신 두 번째 표적인 왕의 신하의 아들을 고신 후에 유대인의 명절이 있어 예수께서 예루살렘에 올라가신다. 예수께서 명절에 예루살렘으로 올라가신 것은 많은 사람들이 그곳에 모이기 때문이다. 그곳의 많은 이들에게 예수님은 생명의 말씀을 전하시기 원하셨던 것이다.

예루살렘에 있는 양문 곁에 히브리 말로 베데스다라 하는 못이 있는데, 거기 행각 다섯이 있고 그 안에 많은 병자, 맹인, 다리 저는 사람, 혈기 마른 사람들이 누워 물의 움직임을 기다린다. 이는 천사가 가끔 못에 내려와 물을 움직이게 하는데 움직인 후에 먼저 들어가는 자는 어떤 병에 걸렸든지 낫게 되기 때문이다. 거기 서른여덟 해 된 병자가 있다.

예수께서 그 병자의 누운 것을 보시고 그 병이 벌써 오래된 줄 아시고 그에게 이르시되 네가 낫고자 하느냐 물으신다. 그러자 그 병자는 '예 낫고자 합니다.'라고 예수님께 대답하지 않는다. 그 병자의 대답은 주여 물이 움직일 때에 나를 못에 넣어 주는 사람이 없어 내가 가는 동안에 다른 사람이 먼저 내려간다는 것이다. 이 대답은 여기서 물이 동하는 것을 보았어도 못에 혼자 들어갈 수가 없으므로 그의 병이 낫지 못하고 있다는 것이다. 그러니 그 병자는 깊은 절망에 빠졌는데, 예수께서는 이를 아시고 그에게 네가 낫고자 하느냐고 물으셨던 것이다.

주제와 연관된 성경공부와 말씀묵상 _

네가 낫고자 하느냐

본문말씀 (요 5 : 1-18)

1 그 후에 유대인의 명절이 되어 예수께서 예루살렘에 올라가시니라

2 예루살렘에 있는 양문 곁에 히브리 말로 베데스다라 하는 못이 있는데 거기 행각 다섯이 있고

3 그 안에 많은 병자, 맹인, 다리 저는 사람, 혈기 마른 사람들이 누워 [물의 움직임을 기다리니

4 이는 천사가 가끔 못에 내려와 물을 움직이게 하는데 움직인 후에 먼저 들어가는 자는 어떤 병에 걸렸든지 낫게 됨이러라]

5 거기 서른여덟 해 된 병자가 있더라

6 예수께서 그 누운 것을 보시고 병이 벌써 오래된 줄 아시고 이르시되 네가 낫고자 하느냐

7 병자가 대답하되 주여 물이 움직일 때에 나를 못에 넣어 주는 사람이 없어 내가 가는 동안에 다른 사람이 먼저 내려가나이다

8 예수께서 이르시되 일어나 네 자리를 들고 걸어가라 하시니

9 그 사람이 곧 나아서 자리를 들고 걸어가니라

이 날은 안식일이니

10 유대인들이 병 나은 사람에게 이르되 안식일인데 네가 자리를 들고 가는 것이 옳지 아니하니라

11 대답하되 나를 낫게 한 그가 자리를 들고 걸어가라 하더라 하니

12 그들이 묻되 너에게 자리를 들고 걸어가라 한 사람이 누구냐 하되

13 고침을 받은 사람은 그가 누구인지 알지 못하니 이는 거기 사람이 많으므로 예수께서 이미 피하셨음이라

14 그 후에 예수께서 성전에서 그 사람을 만나 이르시되 보라 네가 나았으니 더 심한 것이 생기지 않게 다시는 죄를 범하지 말라 하시니

15 그 사람이 유대인들에게 가서 자기를 고친 이는 예수라 하니라

16 그러므로 안식일에 이러한 일을 행하신다 하여 유대인들이 예수를 박해하게 된지라

17 예수께서 그들에게 이르시되 내 아버지께서 이제까지 일하시니 나도 일한다 하시매

18 유대인들이 이로 말미암아 더욱 예수를 죽이고자 하니 이는 안식일을 범할 뿐만 아니라 하나님을 자기의 친 아버지라 하여 자기를 하나님과 동등으로 삼으심이러라

기도요점

도움의 말

예수께서 삼십 팔년 된 그 병자에게 네가 낫고자 하느냐 하시니 그 병자는 그 못에 물이 동하여도 움직이지 못하여 혼자 들어가지 못하므로 병이 나을 수가 없다는 절망적인 대답을 한다. 이를 들으시고 예수께서 이르시기를 일어나 네 자리를 들고 걸어가라 하신다. 이에 그 사람이 곧 나아서 자리를 들고 걸어간다. 여기서 우리는 예수님께서 이 명령을 내리심이 바로 그 사람의 병을 고치시는 능력인 것을 알 수 있다. 그러나 주께서 그 병자를 치유하신 날이 바로 안식일이다.

안식일에 그 병자를 치유하시는 예수님을 지켜보던 유대인들이 병 나은 사람에게 이르되 안식일인데 네가 자리를 들고 가는 것이 옳지 않다 말한다. 그러자 그 치유된 그가 대답하기를 나를 낫게 한 그가 자리를 들고 걸어가라 하더라 말한다. 이같은 그의 말을 들은 유대인들이 묻기를 너에게 자리를 들고 걸어가라 한 사람이 누구냐 하니

고침을 받은 그 사람은 그가 누구인지 알지 못한다 하니, 이는 거기 사람이 많으므로 예수께서 이미 피하셨기 때문이다.

그 후에 예수께서 성전에서 그 사람을 만나 이르시되 보라 네가 나았으니 더 심한 것이 생기지 않게 다시는 죄를 범하지 말라 하신다. 여기서 예수님은 두 가지 말씀을 하시는데, 하나는 38년 된 병자의 과거의 죄악들을 모두 다 용서하여 주셨다는 것이며, 다른 하나는 이제 고침을 받았으니 더 심한 것이 임하지 않도록 다시는 죄를 범하지 말라 권유하신다.

이에 그 사람이 유대인들에게 가서 자기를 고친 이는 예수라 말한다. 그러므로 안식일에 이러한 일을 행하신다 하여 유대인들이 예수를 박해하게 된다. 예수께서 유대인들에게 이르시되 내 아버지께서 이제까지 일하시니 나도 일한다 하시니 유대인들이 이로 말미암아 더욱 예수를 죽이고자 한다. 왜냐하면 이는 안식일을 범할 뿐만 아니라 하나님을 자기의 친 아버지라 하여 자기를 하나님과 동등으로 삼으셨기 때문이다.

묵상 나누기

위에서 묵상한 내용을 간략히 기록하고 함께 나눈다.

찬송

"여러 해 동안 주 떠나" (278장)

18. 날 때부터 맹인 된 사람을 고치시다
(요 9 : 1-12)

주제와 연관된 질문_

1. 자녀나 혹은 자신에게 큰 질병이나 어려운 일이 임했을 때, 이것이 부모인 내가 혹은 나 자신이 무엇을 잘못해서 이런 어려움이 온 것인가 라는 생각을 해 본 경험이 있는가?
2. 혹시 나면서부터 불구로 태어난 자녀를 둔 사람을 보았을 때, 이 아기가 불구로 난 것이 누구의 죄로 인함인가 혹시 아기 자신인가 아니면 그 아기의 부모인가 라는 생각을 해 본 경험이 있는가?
3. 자신이 이 땅 위에 사는 기간을 예수께서 말씀하신 '낮'이라고 생각해 보았는가? 그렇다면, 낮 동안, 즉 이 땅에 남은 삶을 어떻게 살고 싶은가?
4. 이 땅에 사는 동안에 내가 말하고 행동한 대로 심판받는다는 생각을 하면서 살고 있는가?

주제 내용_

예수께서 길을 가실 때에 날 때부터 맹인 된 사람을 보신다. 이에 제자들이 예수께 이르기를 랍비여 이 사람이 맹인으로 난 것이 누구의 죄로 인함이니이까 자기니이까 그의 부모니이까 라고 묻는다. 이 질문이 나오게 된 배경은 당시 유대인 랍비들의 교훈, 즉 사람이 나기 전에 그 영혼이 벌써 있었다는 사상에 근거한 말이라고 한다.

물론 성경에서 질병이나 불행은 그 병에 걸린 사람의 죄와 불행한 상태에 있는 그 사람의 죄와 관련이 있는 것으로 말하는 예가 많다. 그러나 성경에서는 질병이나 불행이 본인의 죄악으로 말미암지 않는 것도 있는데, 이는 하나님의 뜻으로 말미암은 것도 있다.

제자들의 질문에 예수께서는 이 사람이나 그 부모의 죄로 인한 것이 아니라 그에게서 하나님이 하시는 일을 나타내고자 하심이라 대답하신다. 여기서 예수께서 말씀하시는 '하나님이 하시는 일'이란 하나님께서 사랑과 능력으로 질병을 치유하시는 일과 불행한 사람을 복되게 하시는 일을 의미한다. 이런 의미에서 여기에서 예수께서 날때부터 맹인 된 그를 치유하시는 은혜도 하나님의 일이며, 또한 그가 고침을 받은 후 그리스도를 믿게 된 일도 하나님의 일이다.

그리고 이어 예수께서 때가 아직 낮이매 나를 보내신 이의 일을 우리가 하여야 하리라 밤이 오리니 그 때는 아무도 일할 수 없다 이르신다. 여기서 '낮'이란 말은 예수님이 땅에 계신 기간을 가리킨다. 그렇기 때문에 예수께서 때가 아직 낮이므로 나를 보내신 하나님 아버지의 일을 하여야 한다 말씀하신 것이다. 그러나 밤이 되면, 즉 아버지 하나님께서 그 아들 예수님을 이 땅에 보내신 뜻을 온전히 실행하는 때가 지난 다음에는 밤과 같아 일할 수 없는 때인 것이다. 이런 의미에서 우리가 이 땅 위에서 살고 있는 시기는 낮과 같이 하나님의 일을 할 수 있는 귀한 때 인줄 알아야 된다.

주제와 연관된 성경공부와 말씀묵상 _

네 눈이 어떻게 떠졌느냐

본문말씀 (요 9 : 1-12)

1 예수께서 길을 가실 때에 날 때부터 맹인 된 사람을 보신지라

2 제자들이 물어 이르되 랍비여 이 사람이 맹인으로 난 것이 누구의 죄로 인함이니이까 자기니이까 그의 부모니이까

3 예수께서 대답하시되 이 사람이나 그 부모의 죄로 인한 것이 아니라 그에게서 하나님이 하시는 일을 나타내고자 하심이라

4 때가 아직 낮이매 나를 보내신 이의 일을 우리가 하여야 하리라 밤이 오리니 그 때는 아무도 일할 수 없느니라

5 내가 세상에 있는 동안에는 세상의 빛이로라

6 이 말씀을 하시고 땅에 침을 뱉어 진흙을 이겨 그의 눈에 바르시고

7 이르시되 실로암 못에 가서 씻으라 하시니 (실로암은 번역하면 보냄을 받았다는

뜻이라) 이에 가서 씻고 밝은 눈으로 왔더라

8 이웃 사람들과 전에 그가 걸인인 것을 보았던 사람들이 이르되 이는 앉아서 구걸
   하던 자가 아니냐

9 어떤 사람은 그 사람이라 하며 어떤 사람은 아니라 그와 비슷하다 하거늘 자기 말
   은 내가 그라 하니

10 그들이 묻되 그러면 네 눈이 어떻게 떠졌느냐

11 대답하되 예수라 하는 그 사람이 진흙을 이겨 내 눈에 바르고 나더러 실로암에
   가서 씻으라 하기에 가서 씻었더니 보게 되었노라

12 그들이 이르되 그가 어디 있느냐 이르되 알지 못하노라 하니라

기도요점

때가 아직 낮이매 나를 보내신 이의 일을 우리가 하여야 하리라 밤이 오리니 그 때는
아무도 일할 수 없느니라 내가 세상에 있는 동안에는 세상의 빛이로라 이 말씀을 하
시고 땅에 침을 뱉어 진흙을 이겨 그의 눈에 바르시고 이르시되 실로암 못에 가서 씻
으라 하시니 (실로암은 번역하면 보냄을 받았다는 뜻이라) 이에 가서 씻고 밝은 눈으로 왔
더라는 말씀을 묵상하자. 밝은 눈으로 온 그가 걸인인 것을 보았던 사람들의 반응은?

도움의 말

예수께서 내가 세상에 있는 동안에는 세상의 빛이라는 말씀을 하시고 땅에 침을 뱉
아 진흙을 이겨 그의 눈에 바르시고 이르시되 실로암 못에 가서 씻으라 하신다. 여기
서 예수께서는 빛을 보지 못하는 그 맹인의 눈을 치유하시 전에 우선 자신이 누구이
신가를 알려주신다. 즉 예수께서는 내가 세상에 있는 동안에는 세상의 빛이심을 그에
게 알게 하신다. 그리고 예수께서 땅에 침을 뱉아 진흙을 이겨 그의 눈에 바르시고 그
에게 실로암 못에 가서 씻으로 명하셔서 그로 하여금 보게 하신다. 실로암이란 보냄
을 받았다는 뜻이므로 예수께서 그 맹인을 그 못에 보내신 것은 예수님께서 그 맹인
의 눈을 치유해 주신다는 말씀이다.

유대인들은 과거 이사야 시대에 그 선지자를 통하여 여호와께서 하신 말씀, 즉 이사
야 8장 6-8절에 보면, '이 백성이 천천히 흐르는 실로아 물을 버리고 르신과 르말리

야의 아들을 기뻐하느니라 그러므로 주 내가 흉용하고 창일한 큰 하수 곧 앗수르 왕과 그의 모든 위력으로 그들을 뒤덮을 것이라 그 모든 골짜기에 차고 모든 언덕에 넘쳐흘러 유다에 들어와서 가득하여 목에까지 미치리라 임마누엘이여 그가 펴는 날개가 네 땅에 가득하리라 하셨느니라.' 말씀하신 바 있다. 그런데 예수님 당시에도 유대인들은 실로암 물로 상징된 여호와의 종교를 반대할 뿐만 아니라 안식일에 치유하셨다는 이유로 예수님의 이적을 믿지 못하여 치유된 그 사람과 그의 부모에게 치유된 경위를 묻는 논쟁을 한다.

여호와의 참 믿음은 예수 그리스도로 대표되었으며, 실로암 물로 상징되었는데, '실로암 못은 예루살렘 동남쪽으로 성 안에 있으며, 또한 이는 히스기야왕이 전쟁 때에 사용하기 위하여 팠던 것이다. 이와 같이하여 그 맹인은 예수께서 명하신대로 실로암 못에 가서 씻고 보게 됨으로써 그는 자신을 치유하신 예수께서 빛이심을 알게 되었을 뿐만 아니라 영적으로는 맹인되어 하나님을 알지 못하던 그는 이제 영적으로 예수 그리스도께서 영생의 빛이심을 알게 된다.

이에 이웃 사람들과 전에 그가 걸인인 것을 보았던 사람들이 이르기를 이는 앉아서 구걸하던 자가 아니냐 하고, 또 어떤 사람은 그 사람이라 하며 어떤 사람은 아니라 그와 비슷하다 하니 자기 말은 내가 그라 한다. 여기서 그는 자신의 눈을 뜨게 한 이가 바로 예수라는 사실을 전하려 하는데 있어서 당당함을 느낄 수 있다. 이같이 내가 바로 맹인되었다가 치유되어 보게 되었다는 말을 들은 그들이 그에게 그러면 네 눈이 어떻게 떠졌느냐 묻는다. 그러자 그는 예수라 하는 그 사람이 진흙을 이겨 내 눈에 바르고 나더러 실로암에 가서 씻으라 하기에 가서 씻었더니 보게 되었다 대답한다. 이같은 예수님의 대한 그의 증언은 자신은 예수께서 말씀하신대로 하였더니 보게 되었다는 증언이다. 이를 들은 그들이 그가 어디 있느냐 하니 그가 알지 못한다고 이른다.

묵상 나누기

위에서 묵상한 내용을 간략히 기록하고 함께 나눈다.

찬송

"어두운 내 눈 밝히사" (366장)

19. 바람과 바다를 잔잔하게 하시다(막 4 : 36-41)

주제와 연관된 질문_

1. 배가 광풍으로 물결이 배에 부딪쳐 들어와 배에 가득하게 되었던 것과 같은 위기에 처한 경험이 있는가? 있다면, 이러한 위기에 자신이 대처하는 방법은?
2. 자신의 주변 사람이 이같은 위기에 처했을 때 자신의 반응은?
3. 예수님과 함께 배에 탄 제자들이 광풍으로 인하여 생명의 위협을 받고 있는 당시 상황을 상상해 보자.

주제 내용_

마가복음 4장 1절에 보면, 예수께서 다시 바닷가에서 가르치시는데, 큰 무리가 모여들어 예수께서 바다에 떠 있는 배에 올라 앉으시고 온 무리는 바닷가 육지에 있었다. 이에 예수께서 여러 가지를 비유로 가르치시니 그 가르치시는 중에 그들에게 네 가지 땅에 떨어진 씨 비유, 등불은 등경 위에, 겨자씨 비유와 같은 많은 비유로 그들이 알아들을 수 있는 대로 말씀을 가르치신다. 예수께서는 비유가 아니면 말씀하지 아니하시고 다만 혼자 계실 때에 그 제자들에게 모든 것을 해석하신다. 이처럼 예수께서 제자들에게 바닷가에서 많은 비유들을 가르치신 그날 저물 때에 제자들에게 우리가 저편으로 건너가자 하신다.

이에 제자들이 무리를 떠나 예수님을 배에 계신 그대로 모시고 간다. 배를 타고 저편으로 가자고 예수께서 말씀하신 곳은 바다 건너 맞은편에 있는 언덕으로 본다. 그 이유는 마가복음 5장 1절에 의하면 예수께서 바다 건너편 거라사인의 지방에 이르렀다는 말씀이 나오기 때문이다. 그리고 제자들이 무리를 떠나 예수님을 배에 계신 그대로 모시고 간 것으로 보아 배를 타고 간 일행은 예수님과 제자들뿐이다. 이와 같이하여 예수께서는 무리들을 가르치실 때에 올라 앉으셨던 바로 그 배를 타시고 건너편으로 가셨던 것이다. 이때 다른 배들도 함께 하였는데, 이는 예수님과 제자들이 탄 배외에도 다른 사람들이 탄 배가 함께 있었다는 것이지만, 이 배들에 대한 상세한 내용은알 수 없다.

그런데 바다에 큰 광풍이 일어나며 물결이 배에 부딪쳐 들어와 예수님과 제자들이 탄배에 가득하게 되었다. 당시 갈릴리 바다는 대체로 고요하지만 가끔 무서운 풍랑이일어나는데, 이는 갈릴리 바다가 지중해 수면보다 약 200m 아래 위치하고 있기 때문에 헤르몬 산에서 요단 계곡 쪽으로 이상 기류가 흐를 때 그 기류가 깊은 웅덩이와 같은 갈릴리 바다로 급하게 내려와 회오리 같은 바람을 일으키기 때문에 이럴 경우 물이 요동하여 무서운 풍랑을 일으켰다 한다. 이 광풍으로 인하여 예수님과 제자들이탄 배에 물결이 부딪쳐 들어와 가득하게 된 것이다.

주제와 연관된 성경공부와 말씀묵상 _

너희가 어찌 믿음이 없느냐

본문말씀 (막 4 : 35-41)

35 그 날 저물 때에 제자들에게 이르시되 우리가 저편으로 건너가자 하시니

36 그들이 무리를 떠나 예수를 배에 계신 그대로 모시고 가매 다른 배들도 함께 하더니

37 큰 광풍이 일어나며 물결이 배에 부딪쳐 들어와 배에 가득하게 되었더라

38 예수께서는 고물에서 베개를 베고 주무시더니 제자들이 깨우며 이르되 선생님이여
　　우리가 죽게 된 것을 돌보지 아니하시나이까 하니

39 예수께서 깨어 바람을 꾸짖으시며 바다더러 이르시되 잠잠하라 고요하라 하시니

바람이 그치고 아주 잔잔하여지더라

40 이에 제자들에게 이르시되 어찌하여 이렇게 무서워하느냐 너희가 어찌 믿음이 없느냐 하시니

41 그들이 심히 두려워하여 서로 말하되 그가 누구이기에 바람과 바다도 순종하는가 하였더라

기도요점

예수님과 제자들이 탄 배가 큰 광풍으로 물결이 배에 부딪쳐 들어와 배에 가득하게 되었는데, 예수께서는 고물, 즉 배 뒤편에서 베개를 베고 주무신다. 이에 제자들이 깨우며 이르되 선생님이여 우리가 죽게 된 것을 돌보지 아니하시나이까 하니 예수께서 깨어 하신 일은? 동시에 예수께서 제자들에게 이르신 말씀은? 이 말씀에 대한 제자들의 반응은?

도움의 말

예수님과 제자들이 탄 배가 큰 광풍으로 물결이 배에 부딪쳐 들어와 배에 가득하게 되었는데, 예수께서는 고물, 즉 배 뒤편에서 베개를 베고 주무신다. 이같이 예수께서는 풍랑과 전혀 상관이 없이 평온하게 주무신다. 이에 제자들이 예수님을 깨우며 이르기를 선생님이여 우리가 죽게 된 것을 돌보지 아니하시나이까 하며 원망스러운 말을 한다. 그러나 예수께서 깨어 바람을 꾸짖으시며 바다더러 이르시되 잠잠하라 고요하라 하시니 바람이 그치고 아주 잔잔하여진다. 이는 예수께서 요동치는 바다를 향하여 인격적 대상인 것 같이 잠잠하고 고요하라 명하시는 말씀만으로 자연에 대한 절대적인 지배력을 보여주신다. 이처럼 하나님이 자연을 지배하시고 곤궁에서 구원하신다는 말씀을 우리는 시편 73편 13절, '주께서 주의 능력으로 바다를 나누시고 물 가운데 용들의 머리를 깨뜨리셨으며'에서 창조주의 권위와 능력을 본다. 예수께서 풍랑을 잠잠하고 고요하게 하신 기사를 통하여 우리는 예수께서 하나님의 본체로서 바로 그 하나님의 능력을 수행하고 계신 것을 본다.

바다를 잔잔하게 하신 후 예수께서 제자들에게 이르시되 어찌하여 이렇게 무서워하느냐 꾸짖으시는데, 그 이유는 예수께서 풍랑 맞은 배에 제자들과 함께 타고 계시는

데도 불구하고 우리가 죽게 된 것을 돌보지 않느냐 원망하는 말 자체가 바로 예수님을 믿는 믿음은 없고 오로지 바다의 풍랑만 보였기 때문이다. 그렇기 때문에 예수께서 제자들에게 너희가 어찌 믿음이 없느냐 하신 것이다. 예수께서 이같이 그들의 믿음 없음을 꾸짖으시는데도 불구하고 제자들이 심히 두려워한다. 그들의 이같은 큰 두려움은 이제까지 그들이 경험하지 못하였던 것, 즉 예수님으로부터 알지 못하였던 것을 경험한 것을 의미한다. 그러기에 제자들이 심히 두려워하면서 서로 말하기를 그가 누구이기에 바람과 바다도 순종하는가 한다. 그들의 이 말로부터 제자들도 '두려워한다'는 것은 예수의 능력을 하나님의 능력과 일치시키는 말이다. 그러기에 하나님을 대하듯이 예수를 대하는 제자들의 심적 변화가 발견된다.

묵상 나누기
위에서 묵상한 내용을 간략히 기록하고 함께 나눈다.

찬송
"구주여 광풍이 불어" (371장)

20. 악한 세대가 표적을 구하나(마 12 : 38-45)

주제와 연관된 질문 _

1. 이 세대가 악하다는 말을 자주 듣고 있는가? 만약 들었다면, 자신이 이해한 악한 세대란?
2. 혹시 자신이 구하고 있는 표적이 있는가?
3. 예수님 당시 서기관과 바리새인 중 몇 사람이 말하기를 선생님이여 우리에게 표적 보여주시 기를 원한다 하니 이에 대한 예수님의 대답은? 이 대답이 우리에게 주는 의미는?

주제 내용 _

예수께서 안식일에 손 마른 사람을 치유한 사건으로 서기관들과 바리새인들이 시비를 걸어 논쟁하고 있는 그 때 그들 중 몇 사람이 예수님께 '선생님이여 우리에게 표적 보여주시기를 원한다 말한다. 그들이 원하는 표적이란 자연적이고 일반적인 것을 통해 초자연적인 사실이나 진리를 나타내는데, 예수께서는 이미 많은 이같은 기적을 베푸셨고 가난한 자들에게 복음을 전하심으로써 자신이 메시아이심을 충분히 증거 하셨다. 그런데도 불구하고 서기관들과 바리새인들은 예수님의 모든 표적을 바알세불의 힘으로 행한 것으로 간주함으로 인하여 논쟁이 된 것이다. 그런데 그들이 또 다시 그들에게 표적을 보여 달라고 요구하기 때문에 예수께서는 악하고 음란한 세대가 표적을 구하나 요나의 표적 밖에는 보일 표적이 없다고 대답하신다.

이 같이 악하고 음란한 세대가 표적을 구한다는 예수님의 대답은 이 세대가 도덕적으로 타락하여 악할 뿐만 아니라 하나님께 불충하기에 음란하다 말씀하신 것이다. 이러한 말씀은 예레미야 3장 6-13절과 호세아 1장 2절-2장 15절에서도 볼 수 있는 말씀으로서 이는 여호와 하나님과 언약을 맺은 이스라엘이 하나님을 배역하고 우상을 숭배할 때 내게 배역한 이스라엘이 간음을 행하였다고 여호와께서 말씀하신다. 이러한 영적 간음은 유대인들의 우상숭배 행위에 적용될 뿐만 아니라 하나님으로부터 돌아서는 것(렘 3:10), 하나님을 향한 내적 적개심(호 7:13-16), 세상과 벗을 삼는 것(약 4:4) 등이다.

예수께서 이 땅에 오셔서 제시한 구원의 길을 버리고 다른 것을 좇을 뿐만 아니라 예수의 사랑과 은혜의 표적을 경멸하고 자신들의 기준에 적합한 표적을 요구하는 이같은 불신앙적 행위는 하나님이 원하시는 모든 것으로부터 불충한 행위 전반으로서 이는 악하고 음란한 세대에 포함된다. 그리고 이어서 예수께서는 요나가 밤낮 사흘 동안 큰 물고기 뱃속에 있었던 것 같이 인자도 밤낮 사흘 동안 땅 속에 있으리라고 말씀하신다. 이는 요나가 밤낮 사흘을 물고기 뱃속에 있다가 구원 받은 것처럼 예수님도 십자가 죽음으로 인해 사흘 동안 그의 시체가 무덤에 계시다가 제 3일에 부활되리라는 것을 말씀하시는 것이다.

주제와 연관된 성경공부와 말씀묵상 _

선지자 요나의 표적 밖에는 보일 표적이 없느니라

본문말씀 (마 12 : 38-45)

38 그 때에 서기관과 바리새인 중 몇 사람이 말하되 선생님이여 우리에게 표적 보여 주시기를 원하나이다

39 예수께서 대답하여 이르시되 악하고 음란한 세대가 표적을 구하나 선지자 요나의 표적 밖에는 보일 표적이 없느니라

40 요나가 밤낮 사흘 동안 큰 물고기 뱃속에 있었던 것 같이 인자도 밤낮 사흘 동안 땅 속에 있으리라

41 심판 때에 니느웨 사람들이 일어나 이 세대 사람을 정죄하리니 이는 그들이 요나의 전도를 듣고 회개하였음이거니와 요나보다 더 큰 이가 여기 있으며

42 심판 때에 남방 여왕이 일어나 이 세대 사람을 정죄하리니 이는 그가 솔로몬의 지혜로운 말을 들으려고 땅 끝에서 왔음이거니와 솔로몬보다 더 큰 이가 여기 있느니라

43 더러운 귀신이 사람에게서 나갔을 때에 물 없는 곳으로 다니며 쉬기를 구하되 쉴 곳을 얻지 못하고

44 이에 이르되 내가 나온 내 집으로 돌아가리라 하고 와 보니 그 집이 비고 청소되고 수리되었거늘

45 이에 가서 저보다 더 악한 귀신 일곱을 데리고 들어가서 거하니 그 사람의 나중 형편이 전보다 더욱 심하게 되느니라 이 악한 세대가 또한 이렇게 되리라

기도요점

그 때에 서기관과 바리새인 중 몇 사람이 말하되 선생님이여 우리에게 표적 보여주시기를 원하나이다 예수께서 대답하여 이르시되 악하고 음란한 세대가 표적을 구하나 선지자 요나의 표적 밖에는 보일 표적이 없느니라 하시는데, 이 말씀이 의미하는 것은? 예수께서 심판 때에 니느웨 사람들이 일어나 이 세대 사람을 정죄할 것이며, 또한 심판 때에 남방 여왕이 일어나 이 세대 사람을 정죄하리니 라고 말씀하시는데, 이 말씀의 의미는? 더러운 귀신이 사람에게서 나갔을 때에 물 없는 곳으로 다니며 쉬기를 구하되 쉴 곳을 얻지 못하고 이에 이르되 내가 나온 내 집으로 돌아가리라 하고 와 보니 그 집이 비고 청소되고 수리되었거늘 이에 가서 저보다 더 악한 귀신 일곱을 데리고 들어가서 거하니 그 사람의 나중 형편이 전보다 더욱 심하게 되느니라 이 악한 세대가 또한 이렇게 되리라고 예수께서 말씀하시는데, 이 말씀이 의미하는 바는?

도움의 말

예수께서 서기관들과 바리새인들에게 심판 때에 니느웨 사람들이 일어나 이 세대 사람을 정죄한다 하신다. 왜냐하면 구약의 요나 선지자가 앗수르의 수도였던 니느웨 사람들에게 전도하였을 때 그들이 요나의 전도를 듣고 회개하였다. 그러나 요나보다 더

큰 예수께서 이스라엘 백성들에게 하나님의 나라복음을 전파하고 가르칠 뿐만 아니라 많은 이적을 행하신 것을 보고서도 회개하지 않으므로 심판 때에 이 세대의 잘못에 대한 심판의 증인으로 니느웨 사람들과 남방 여왕이 일어나 송사할 것이라고 말씀하신다. 남방여왕은 솔로몬의 지혜로운 말을 들으려고 땅 끝에서 예루살렘에 찾아왔는데, 솔로몬보다 더 큰 지혜의 근본이신 그리스도 예수님을 그들은 보면서도 예수님을 거부하기 때문에 마지막 심판 때에 이스라엘 사람들은 남방여왕으로부터 송사당할 것이라고 예수께서 말씀하신다.

이 같이 예수께서 당시 서기관들과 바리새인들과 및 그의 추종자들을 향하여 악한 세대이므로 심판 때에 이 세대의 잘못에 대한 심판의 증인으로 니느웨 사람들과 남방 여왕이 일어나 송사할 것이라고 말씀하시면서 그들에게 임할 말씀 두 가지를 비유로 선언하신다. 이는 마태복음 12장 22-37절의 그들과 예수님 사이의 바알세불 논쟁과 연결된다. 두 가지 비유 중 첫째는 더러운 귀신이 사람에게서 나갔을 때에 물 없는 곳으로 다니며 쉬기를 구하였으나 쉴 곳을 얻지 못하였다는 비유이다. 이 비유는 두 가지를 의미하는데, 하나는 종교의식과 바리새주의에 매여 있던 이스라엘 백성들이 예수님의 하나님의 나라복음 선포를 듣고, 또한 귀신을 쫓아내시는 이적의 기사를 보기도 하고 전해 듣고는 이에 대하여 마음이 끌렸으나 그들은 예수님에 대하여 악의적 행동을 멈추고 전적으로 그 복음을 받아드리지 않았다는 것을 의미한다. 다른 하나는 쉬기를 구하여도 그들은 쉴 곳을 알지 못한다는 것은 이스라엘 백성들이 율법에 대한 형식주의적인 태도로 인하여 하나님의 말씀의 참 정신이 가려진 상태에 있으므로 하나님의 나라복음을 받아 드리어 그들의 마음에 뿌리를 내리지 못한다는 것을 의미한다. 비유 중 둘째는 이같이 귀신이 쉴 곳을 얻지 못하므로 이에 귀신이 이르기를 내가 나온 내 집으로 돌아가리라 하고 와 보니 그 집이 비고 청소되고 수리되었으므로 가서 저보다 더 악한 귀신 일곱을 데리고 들어가서 거하니 그 사람의 나중 형편이 전보다 더욱 심하게 된다는 비유이다. 이 비유 역시 두 가지 의미가 있는데, 하나는 '비고, 소제되고, 수리된 그 집'이란 의미인데, 이는 그들이 악한 영의 속박에서 벗어나기는 했으나 참된 영적 변화가 아직 나타나지 않은 상태에 있다는 것을 의미한다. 그렇기 때문에 이스라엘 백성은 예수 당시 여전히 율법 규정들을 맹목적으로 추구하면서 그들의 구원의 열망을 이루려고 헛되이 노력함으로써 이와 비례하여 열심히 주의 복음 전도를 저해한다. 다른 하나는 귀신이 가서 저보다 더 악한 귀신 일곱을 데리고 들어가서 거하므로 그 사람의 나중 형편이 전보다 더욱 심하게 되었다는 것이다. 여기서 일곱 귀신이란 가장 강하고 악한 귀신을 상징한다. 이 비유처럼 실제로 이스라엘 백성의 자랑이며 종교의 상징인 예루살렘 성전은 A.D. 70년에 가장 악한 로마군에 의해 완전히 파멸 당한다. 뿐만 아니라 예수께서 이스라엘이 심판 날에 소돔과 고모라 땅이 그 성보다 견디기가 쉬우리라고 말씀하신 것처럼 그들이 예수님의 하나님의 나라복음을 듣고 완전히 회개하지 않았기 때문에 결국에 가서 그들의 형편은 전보다 더욱 더 비참해 질 것이라는 말씀이다.

묵상 나누기
위에서 묵상한 내용을 간략히 기록하고 함께 나눈다.

찬송
"예수가 우리를 부르는 소리" (528장)

21. 오천 명을 먹이시다(요 6 : 1-15)

주제와 연관된 질문 _

1. 일상에서 작은 자와 큰 자의 판단 기준은 무엇인가?
2. 나에게는 어떤 장점이 있고 어떤 부족한 점이 있는가?
3. 나의 능력과 형편을 자주 생각하는가, 하나님의 위대하심과 능하심을 자주 생각하는가?
4. 주님은 나의 무엇을 받으시길 원하는가?

주제 내용 _

오병이어 사건은 우리에게 매우 친숙하며 우리에게 여러 가지 가르침을 준다. 예수님은 창조주와 같은 능력을 가지신 분이며 작은 것으로 수많은 사람을 먹일 수 있는 분이다. 예수님을 인간의 실존인 참된 굶주림을 해결해 주시는 생명의 떡이시다. 제자들은 예수님의 사역을 이어받아 세상으로 나가야 할 사람이다. 너무나 부족한 사람들이지만 그들은 이 사건을 떠 올릴 때마다 주님 예수께서 자신들을 넉넉히 쓰신다는 것을 깨닫고 용기를 얻는다.

파니스 안젤리쿠스(천사의 빵/양식)은 세자르 프랑크(1822-1890)가 라틴어 가사에 곡을 붙인 성가이다. 작사는 도미니크 수도사인 토마스 아퀴나스인 것으로 알려져 있다. 라틴어 원문과는 약간 다르지만 한글 노래는 아래의 가사로 불린다.

생명의 양식을 하늘의 만나를
맘이 빈자에게 내리어 주소서
낮고도 천한 자 긍휼히 보시사
주여 주여 먹이어 주소서
주여 주여 먹이어 주소서

주님이 해변서 떡을 떼심과 같이
하늘의 양식을 내리어 주소서
낮고도 천한자 긍휼히 보시사
주여 주여 먹이어 주소서
주여 주여 먹여 먹여 주소서

우리는 하나님이 계신 것을 믿는 신앙인이다. 그러나 실제적 무신론자가 될 수 있다. 내가 다 할 수 있다거나 나는 아무것도 할 수 없다며 "나"를 앞세울 때 그러하다. 성경은 내가 할 수 있다고는 생각하는 사람에게 너는 아무것도 할 수 없다고 말씀한다. 나는 할 수 없다고 생각하는 사람에게 너는 무엇이든 할 수 있다고 말씀한다. 신앙인에게 두 가지 시험/유혹이 있다. 하나는 나는 어떤 누구보다도 적합한 자격을 갖춘 사람이라는 생각이다. 자신을 잘못 본 착각이거나 자신을 과대평가한 교만이다. 다른 하나는 자신만 바라보고 낙심하는 것이다. 나는 아무것도 할 수 없다. 남은 나를 인정하지 않는다. 자신을 과소평가하고 하나님을 고려하지 않은 것이다.

예수님께서 무리를 먹이시기 원하셨다. 빌립은 "200데나리온이 있어도 모자란다" 했고 안드레는 "이것이 얼마나 되겠는가?"라고 말했다. 어떻게 보면 정확한 평가이다. 이 작고 보잘 것 없는 것으로, 이 작고 보잘 것 없는 우리가 무슨 일을 할 수 있겠는가? 그러나 주님은 제자들이 잊지 않도록 실물 교육을 하셨다. 아이의 보리떡과 작은 물고기로 남자만 헤아려 5000명이 "원대로," "배불리 먹고," "12광주리나 남게" 하셨다. 비결은 주님께 드림과 주님께 붙들림이다. 주님 손에 드려지기만 하면, 주님 손에

축복 받으면, 아무리 작은 존재라도 하나님의 위대한 일을 할 수 있다(참고. 삿 7:13). 예수님은 생명복음을 누구에게 맡기셨는가? 배움이 탁월하지 못하고 해외에 한 번도 나가보지 못한 갈릴리 어부들에게 맡기셨다. 그 보잘 것 없는 사람들은 가는 곳마다 예수 복음을 퍼뜨리고 로마를 점령하고 세상을 변화시켰다.

신앙인과 사역인의 삶의 성공과 실패 여부는 주님의 손에 있는가에 달려 있다. 같은 돌이라도 같은 진흙이라도 같은 종이라도 아이들에게는 놀이가 되지만 예술가는 그 것에 혼과 감동을 담아 작품을 만들어낸다. 나무 막대기 지팡이라도 모세의 손에서는 능력의 지팡이가 되고, 같은 돌멩이라도 다윗이 사용하면 적장을 쓰러뜨린다. 누구나 입는 평범한 옷이라도 엘리야에게 붙들리면 능력의 두루마기가 된다. 주님께 나의 생애를 드리고 나를 보리떡으로 드려 하나님 나라의 귀한 일군으로 쓰임 받으면 얼마나 좋을까?

우리는 다양한 능력과 소질과 경험을 가진 사람들이다. 주님을 위해, 교회를 위해, 성도를 위해, 후손을 위해 주님께 드리는 우리가 되길 소망한다. 나는 보잘 것 없는 보리떡, 나는 작은 물고기, 그래도 우리가 믿는 주님은 하나님이시다. 주님께서 불쌍히 여기는 그 사람들을 위해 우리가 드려지는 보리떡과 물고기 되기를 기도한다.

주제와 연관된 성경공부와 말씀묵상 _

참으로 세상에 오실 그 선지자라

본문말씀 요한복음 6:1-15

1 그 후에 예수께서 디베랴의 갈릴리 바다 건너편으로 가시매

2 큰 무리가 따르니 이는 병자들에게 행하시는 표적을 보았음이러라

3 예수께서 산에 오르사 제자들과 함께 거기 앉으시니

4 마침 유대인의 명절인 유월절이 가까운지라

5 예수께서 눈을 들어 큰 무리가 자기에게로 오는 것을 보시고 빌립에게 이르시되 우리가 어디서 떡을 사서 이 사람들을 먹이겠느냐 하시니

6 이렇게 말씀하심은 친히 어떻게 하실지를 아시고 빌립을 시험하고자 하심이라

7 빌립이 대답하되 각 사람으로 조금씩 받게 할지라도 이백 데나리온의 떡이 부족하리이다

8 제자 중 하나 곧 시몬 베드로의 형제 안드레가 예수께 여짜오되

9 여기 한 아이가 있어 보리떡 다섯 개와 물고기 두 마리를 가지고 있나이다 그러나 그것이 이 많은 사람에게 얼마나 되겠사옵나이까

10 예수께서 이르시되 이 사람들로 앉게 하라 하시니 그 곳에 잔디가 많은지라 사람들이 앉으니 수가 오천 명쯤 되더라

11 예수께서 떡을 가져 축사하신 후에 앉아 있는 자들에게 나눠 주시고 물고기도 그렇게 그들의 원대로 주시니라

12 그들이 배부른 후에 예수께서 제자들에게 이르시되 남은 조각을 거두고 버리는 것이 없게 하라 하시므로

13 이에 거두니 보리떡 다섯 개로 먹고 남은 조각이 열두 바구니에 찼더라

14 그 사람들이 예수께서 행하신 이 표적을 보고 말하되 이는 참으로 세상에 오실 그 선지자라 하더라

15 그러므로 예수께서 그들이 와서 자기를 억지로 붙들어 임금으로 삼으려는 줄 아시고 다시 혼자 산으로 떠나 가시니라

기도요점

나와 함께 하시는 하나님이 계심을 잊지 않게 하소서. 자신의 생명의 떡을 우리에게 나누어 주신 주님을 잊지 않게 하소서. 나의 연약함을 보고 좌절할 때 오병이어로 수만 명을 먹이신 주님을 기억하게 하소서. 나는 보잘 것 없는 보리떡, 작은 물고기지만, 주님의 영광을 위해 드려지어 쓰임 받게 하소서. 세상에 한 끼 식사마저 제대로 하지 못하는 사람들에게 나 가진 것을 나눌 수 있는 믿음과 사랑의 사람이 되게 하소서.

도움의 말

예수님에게도 휴식이 필요했다. 큰 무리가 따랐고 요구가 많았기 때문이다. 예수님은 무리를 피해 제자들 몇 사람과 함께 배를 타고 니베랴의 갈릴리 바다 건너편으로 가셔서 산에 올라 거기 머무셨다(앉으셨다). 무리는 예수님이 배 타고 떠나는 것을 보고

육지를 돌아 예수님 계신 곳에 이르렀다. 때는 유월절을 앞둔 시기였으므로 예수님을 따라온 사람들과 유월절을 지키러 이동하는 순례객 중 일부가 예수님께 나왔을 것이다.

누가복음 9장 10절에 따르면, 오병이어의 기적은 뱃세다 율리아스(Bethsaida Julias)에서 있었다. 뱃세다는 '사냥꾼의 집' 혹은 '어부의 집'을 뜻하는 히브리어 〈베트 차이다〉의 헬라식 음역이다. 갈릴리 바다 북단에서 북쪽으로 수 킬로미터 지점, 갈릴리 바다 중간으로 들어오는 요단강 동쪽에 있는 마을이다. 서쪽에 가버나움이 있다. 이 마을 근처에 해변을 향하여 나지막하고 풀로 덮인(잔디가 많은) 평탄한 곳이 있었다.

무리는 오직 예수님을 보겠다는 마음에 먼 거리를 걸어왔다. 예수님이 그들의 배고픔을 해결하시고자 제자들을 부르신다. 예수님이 빌립더러 어디서 떡을 살 수 있는지 말씀하셨다. 빌립은 베드로와 안드레와 함께 뱃세다 출신이었다(요 1:44). 빌립은 모인 사람의 수와 동네의 형편과 예수님 일행의 재정 상태를 고려하여 200데나리온이 있어도 충분하지 않다고 한다. 정확한 계산이다. 1데나리온은 노동자 한 사람의 표준적인 하루 임금이므로 200데나리온은 6개월(NIV는 8개월) 이상의 임금에 해당한다. 1데나리온으로 대략 10명이 소박한 한 끼를 해결할 수 있다. 200데나리온 가지고는 2,000명의 요기를 해결할 수 있다. 그러나 현실은 남자만 5,000명이었다. 안드레가 아이가 가지고 온 마른 보리떡과 작은 물고기가 있다고 보고한다. 보리떡은 가난한 사람의 음식이며(룻 2:17) 보리는 흔히 동물의 사료(왕상 4:28)로도 사용되었다. 소년은 갈릴리 바다에서 잡아 소금으로 절인 조그만 물고기를 갖고 있었다. 안드레 역시 "그것이 이 많은 사람에게 얼마나 되겠사옵니까"라고 말한다.

이제 예수님이 나선다. 예수님은 그 떡과 물고기를 가지고 축하하셨다. 한 유대인 가정의 아버지가 식사 때 하나님께 올리는 행동과 같다. 결과는 놀라왔다. '원대로,' '배불리' 먹고, 남아, '광주리에 가득' 찼다. "남은 조각"은 부스러기가 아니다. 타인을 위해 자신의 음식 일부를 남기는 행위이다. "광주리〈코피노스〉"는 여행할 때 식량을 넣어 가지고 다니는 광주리이다. "열두 바구니"는 완전수로 풍성함을 상징하기도 하지만 제자들도 그런 광주리를 갖고 다녔기 때문이다. 그것은 이후 제자들과 예수님의 식사로 사용되었을 것이다. "열두 광주리"는 또한 열두 지파를 상징한다. 예수님이 온 이스라엘과 폭넓게는 온 세상을 위한 생명의 떡임을 상징한다.

본문은 가난한 사람들과 예수님 이야기이다. 말씀에 굶주린 그들은 육체적으로 굶주리는 사람들이었다. 가진 것 없으신 예수님은 그들의 사정에 마음 아파하셨다. 그리하여 식사 한 끼라도 해결해주기 원했던 것이다. 주님은 아이의 것, 보리떡, 작은 것으로 배고픈 사람을 먹이셨다. 우리 역시 작은 것이지만 주님을 우리를 통해 가난한 사람을 먹이시기 원하신다. 또한 주님은 보잘 것 없는 우리를 택하여 축사하시고 영적으로 굶주린 사람들에게 생명의 떡을 나누어 주시기를 원하신다.

이 기적은 제자들에게 주는 교훈이기도 했다. 무겁고 힘든 사역 가운데서 자기 자신을 바라보며 실망할 때, 예수님께서 행하신 이 기적을 떠 올릴 것이다. 제자들은 보리떡처럼 작은 존재였으나 성령님의 능력을 의지하고 하나님께 기도하며 하루에 수천 명 그리고 점점 더 수많은 사람을 주님 앞으로 인도했다. 주님께 드려지는 보리떡과 작은 물고기, 여기에 선교적 비결, 인생의 양을 질로 바꾸는 비결이 있다.

묵상 나누기
위에서 묵상한 내용을 간략히 기록하고 함께 나눈다.

찬송
"주 예수 해변서" (198장)

22. 물 위로 걸으시다(마 14 : 22-33)

주제와 연관된 질문 _

1. 내가 겪은 인생의 밤이나 풍랑으로는 어떤 것이 있습니까?
2. 그때 누가 나와 함께 있었습니까?
3. 우리의 안전은 어디에 있다고 생각합니까?
4. 예수님이 창조주이신 하나님의 아들이라는 믿음이 나의 삶에서 나타나고 있습니까?

주제 내용 _

물 위로 걸으신 사건은 오병이어 기적 이후에 일어났다. 예수님이 제자들을 갈릴리 호수 건너편으로 보내시고 산에서 홀로 기도하시며 계셨다. 배를 타고 가던 제자들은 갈릴리 바다 풍랑 속에서 사투를 벌린다. 예수께서는 제자들의 고난을 보고 계셨고 그들을 도우러 가셨다. 베드로도 예수님이 반가운 나머지 물 위로 가다가 바람을 보고 무서워 물에 빠졌다. 예수님은 베드로를 건시시고 배 위에 함께 오르신다. 제자들은 매우 놀란다. 예수님이 풍랑마저 잠재웠기 때문이다.

루돌프 바크휘젠(Ludolf Bakhhuizen, 1630~1708)은 독일 태생의 네덜란드 화가이다. 그는 주로 바다와 항구를 그렸다. 〈갈릴리 바다 폭풍 속 그리스도〉(Christ in the Storm on the Sea of Galilee, 1695)도 그 중 하나이다(렘브란트의 1633년 동명 작품도 유명하다). 밤하늘은 먹구름 가득하며 바다엔 높은 풍랑이 일고 있다. 오른 쪽 멀리 약한 빛이 있으나 그것은 너무 멀다. 돛은 바람에 크게 흔들리고 배는 요동하며 배 왼쪽으로 파도가 들이친다. 제자들은 고투하고 있으나 날리는 돛을 잡을 뿐이다. 그러나 왼쪽 하늘 먹구름 사이로 붉은 빛이 보인다. 구원의 빛이다. 세상의 소망이 무너져 갈 때 예수님은 우리의 유일한 희망이다. 이것이 그림의 메세지이다

우리는 앞이 보이지 않는 밤을 지내야 할 때도 있고 생각하지 못한 풍랑을 맞기도 한다. 질병으로 오래 고통 받는 성도도 있고, 여러 가지 이유로 하루하루가 두렵고 하루하루가 초조한 삶을 사는 분도 있다. 사랑을 상실하고 외로워하는 분도 있으며 자신에게 실망한 분도 있다. 어느 하나 아프지 않은 것이 없고 어느 하나 가벼운 것이 없다. 밤과 풍랑 속에 있을 때 잊지 말하여 할 것이 있다. 우리 예수님은 언제나 우리 삶을 결정하시는 상수이시며 다른 무엇보다 우선 고려해야 하는 변수이시다. 찬송가 "험한 시험 물속에서 나를 건져 주시고"는 신앙인의 기도와 감사의 고백이다. "캄캄한 밤에 다닐지라도 주께서 나의 길 되시고 나에게 밝은 빛이 되시니 길 잃어버릴 염려 없다." 무거운 짐을 나 홀로 지고 견디다 못해 쓰러질 때도 그것은 최종 패배가 아니다. 어느새 내 곁으로 다가와 "불쌍히 여겨 구원해 줄이 은혜의 주님 오직 예수님"이 계시다. 하나님/예수님이 우리 지친 영혼을 안아 위로해 주시고 풍랑을 멈추게 하신다.

본문에는 세 번의 "즉시"가 나온다(22, 27, 31절). 예수님은 "즉시" 제자들을 다른 곳으로 보내신다. 무리가 의도를 가지고 제자들을 이용할 수 있다. 또한 제자들이 무리의 칭송을 즐길 수도 있다. 그래서 예수님이 "즉시" 제자들을 보낸 것이다. 두 번째 "즉시"는 27절에 나온다. "즉시 이르시되 안심하라 나니 두려워하지 말라" 하셨다. 주님은 우리가 몹시 두려워 떨 때, "즉시" 찾아오시고 안심하게 하신다. 세 번째 "즉시"는 베드로에게 행하신 일이다. 예수께서 "즉시 손을 내밀어 그를 붙잡으셨다." 믿음이 작은 자로도 손을 내미시고 붙잡아 주시고 구원해 주시는 분이 우리 예수님이시다.

세상이 줄 수 있는 행복은 변덕스럽다. 낮의 따뜻함과 밝음은 금방 차갑고 어두운 밤이 된다. 마음을 녹이던 훈풍은 금방 가슴을 후벼 파는 풍랑으로 변한다. 계획이 좌절되고 필생의 공적이 무너지고 소원과 비전이 닫히기도 한다. 죄악 길에 들어섰다가

낭패를 당하기도 한다. 그러나 예수님은 변치 않는 사랑으로 우리를 사랑해 주시고 새로운 길을 열어주신다. 그리하여 우리는 주님을 신뢰하고 찬송과 기도를 올린다.

주제와 연관된 성경공부와 말씀묵상 _

진실로 하나님의 아들이로소이다

본문말씀 마태복음 14:22-33

22 예수께서 즉시 제자들을 재촉하사 자기가 무리를 보내는 동안에 배를 타고 앞서 건너편으로 가게 하시고

23 무리를 보내신 후에 기도하러 따로 산에 올라가시니라 저물매 거기 혼자 계시더니

24 배가 이미 육지에서 수 리나 떠나서 바람이 거스르므로 물결로 말미암아 고난을 당하더라

25 밤 사경에 예수께서 바다 위로 걸어서 제자들에게 오시니

26 제자들이 그가 바다 위로 걸어오심을 보고 놀라 유령이라 하며 무서워하여 소리 지르거늘

27 예수께서 즉시 이르시되 안심하라 나니 두려워하지 말라

28 베드로가 대답하여 이르되 주여 만일 주님이시거든 나를 명하사 물 위로 오라 하소서 하니

29 오라 하시니 베드로가 배에서 내려 물 위로 걸어서 예수께로 가되

30 바람을 보고 무서워 빠져 가는지라 소리 질러 이르되 주여 나를 구원하소서 하니

31 예수께서 즉시 손을 내밀어 그를 붙잡으시며 이르시되 믿음이 작은 자여 왜 의심하였느냐 하시고

32 배에 함께 오르매 바람이 그치는지라

33 배에 있는 사람들이 예수께 절하며 이르되 진실로 하나님의 아들이로소이다 하더라

기도요점

작은 성공에 우쭐하지 않고 성공이란 미끼에 넘어가지 않게 하소서. 풍랑과 어두움을 이겨낼 힘이 없을 때 도우시는 주님을 믿게하소서. 주님이 직접 도우시고 날 위해 기도하는 누군가(참고. 누군가 날 위해 기도하네. 찬송 가사)가 있음을 알게 하소서. 주님을 늘 부르고, 늘 주님 손을 붙들고, 늘 주님을 주목하며 살아가게 하소서.

도움의 말

본문의 내용은 마가복음 6:45-52와 요한복음 6장 15-21절에도 나온다. 이날은 오병이어를 경험한 날이다. 무리들이 예수를 잡아 억지로 왕을 삼고자 했다(6:15). 예수님을 왕으로 세우려는 무리들의 행동은 자신들에게 만족을 줄 수 있을지 모르나 예수님과 제자들에게는 정치적으로 매우 위험한 것이었다. 당시에 거짓 메시아가 나타나 폭동, 진압, 보복으로 이어질 수 있는 일들이 여러 번 있었다. 예수님이 제자들과 따로 계신 것은 제자들이 자신의 일과 관련된 일에 말려들지 않도록 한 것이었다(바클레이,「마태복음」(하), 149). "즉시 재촉하사"는 '빨리 가라'는 뜻이 아니라 '억지로 떠밀듯 했다〈아낭카조〉'는 뜻이다(행 26:11; 갈 2:3, 14; 마14:22). 제자들은 배를 타게 하고 예수께서 장소를 정하여 홀로 기도하신 것은 무리의 시선을 피하고 하나님과 대면하여 하나님의 뜻을 행하고자 하는 다짐의 시간을 가진 것이다.

"바다 위"란 단어가 두 번(25, 26절), 물 위가 한 번(29절) 나온다. 갈릴리 바다는 언덕과 산들로 싸여 있으며 해수면 보다 210미터나 낮은 지대에 있다. 오후에는 지중해 쪽에서 불어오는 시원한 바람과 내륙에서 뜨거워진 공기가 부딪혀 자주 강한 바람과 비를 만든다. 제자들은 "바다(호수)"를 잘 아는 사람들이다. 배를 탔을 때는 바람이 평온하고 물결이 잔잔했으나 얼마가지 않아 폭풍이 분 것이다. 어부 출신들인 제자들도 바람이 돌변할 줄은 몰랐고 너무도 강한 바람과 큰 물결이라 어찌할 바가 없었던 것이다. "고난을 당하더라〈바사니조〉"는 '고문하다'를 뜻하는 단어이다(마 8:6, 29; 벧후 2:8; 계 12:2; 14:10). 어부였던 사람들이 얼마나 심한 고통을 당했는지 말해준다. 예수님이 제자들에게 나타나신 것은 "밤 사경"이었다. 우리 시간으로는 새벽 3-6시이다. 보통 때 같으면 깊은 잠에 들어 쉬어야 하는 시간이다. 밤도 어둡고 풍랑 속에서 지치고 힘이 다 빠진 상태에서 물 위에 나타난 사람을 보자 제자들은 깜짝 놀라 "유령이다"라며 소리쳤다.

예수님은 먼저 그들을 안심시키신다. "즉시 이르시되 안심하라 나니 두려워하지 말라." 베드로는 예수님인지 확인하기 위해 "주여 만일 주님이시거든"이라고 말하며 자기를 물위에서 걷게 하라고 요청한다. 주님이 그렇게 하라 하자 그는 물위로 걷다 바람을 보고서는 믿음을 잃어 물속으로 빠져든다. 예수님은 베드로에게 "믿음이 작은 자여 왜 의심하느냐" 하신다. 믿음이 작은 자란 주님과 주님의 능력을 믿지만 상황이 급하면 믿음이 흔들리는 사람이다. 베드로는 주님을 뵙기 위해 물로 뛰어 내릴 수 있을 만큼 순수한 믿음을 가졌지만, 거센 바람과 흔들리는 물결을 보고는 그 믿음이 사라지고 말았다. 어찌 베드로만이겠는가? 우리 연약함을 아시는 주님이 우리에게 말씀하는 것이다. 상황에 흔들리지 말고, 자신의 연약함에 기죽지 말고, 사탄의 소리에 주눅 들지 말고, 우리를 사랑하시고 용납하시는 주님을 늘 붙들기를 우리 주님은 원하신다. 예수님은 베드로와 제자들을 구원해주시고 바람을 그치게 하셨다. 제자들은 "진실로 하나님의 아들"이라고 고백한다.

묵상 나누기
위에서 묵상한 내용을 간략히 기록하고 함께 나눈다.

찬송
"험한 세상 물 속에서 나를 건져 주시고" (400장)

23. 사천 명을 먹이시다(마 15 : 32-39)

주제와 연관된 질문 _

1. 주님이 나에게 주신 가장 귀한 것은 무엇인가?
2. 우리는 경쟁과 자비 베풂 어느 것에 더 익숙하고 더 능숙한가?
3. 나의 작은 헌신을 받으셔서 큰일을 이루시는 예수님을 믿는가?

주제 내용 _

예수께서 떡 일곱 개와 작은 생선 두어 마리로 남자 어른만 헤아려 사천 명을 먹이셨다. 이 기적은 '오병이어의 기적'처럼 '칠병이어의 기적'이라 불린다. 먹을 것이 없는 상황, 광야, 제자들에게 물으심, 떡과 생선, 축사와 배분. 배부름, 남은 조각, 광주리 등이 오병이어와 흡사하다. 그러나 오병이어와 칠병이어 기적 사이에는 차이점도 많다. 주님이 "무리를 불쌍히 여기노라," "나와 함께 있은 지 사흘이라," "길에서 기진할까 하여 굶겨 보내지 못하겠노라"에서 보듯 무리를 향한 주님의 불쌍히 여기는 마음이 이곳에서 더욱 강조된다. 또한 빌립과 안드레의 이름과 아이가 나오지 않으며 "너희(제자들)'에게 떡이 몇 개나 있느냐"고 물으신다. 또한 오병이어 이야기에 나오는 "제자들을 시험하사"가 없다. 장소가 다르다. 오병이어 기적은 벳새다의 들에서 행해졌고 칠병이어 기적은 데가볼리 지방의 한 광야에서 행해졌다.

주님은 기적을 한 번만 베푸시는 분이 아니다. 필요할 때 자신이 직접 혹은 신앙의 사람들을 통해 몇 번이고 같은 일을 행하신다. 예수님은 집으로 돌아가는 무리들의 안위를 염려하신다. "나와 함께 있은 지 이미 사흘이매 먹을 것이 없도다 길에서 기진할까 하여 굶겨 보내지 못하겠노라." 사흘이나 예수님과 함께 있는 그들의 열심과 굶으면서도 떠나가지 않는 그들의 인내가 놀랍다. 무리가 집으로 가는 도중에 굶주려 기진하지는 않을지 주님은 염려하신다. "불쌍히 여기심," 즉 긍휼은 〈스플랑니조마이〉의 번역이다. 명사 〈스플랑논〉은 사람의 내장을 말하며 정서나, 사랑, 자비로 의미가 확대된다. 속이 아프도록 불쌍히 여긴다는 뜻이다. 우리가 믿는 하나님은 "긍휼히 여기시며 은혜를 베푸시며 노하기를 더디하시며 인자와 진실이 풍성하신 하나님"이시다(시 86:15). 여기서 다윗이 말한 긍휼은 히브리어 〈라훔〉의 번역으로 어머니의 뱃속(자궁)과 동근 명사이다. 호세아 1:6의 로루하마는 '루하마(긍휼) 없음'을 뜻한다. 하나님의 사랑은 아기를 품은 어머니의 사랑처럼 간절하고 따뜻하고 무조건적인 사랑이다. 히브리서 4장 15-16절 말씀이다. "우리에게 있는 대제사장은 우리의 연약함을 동정하지 못하실 이가 아니요 모든 일에 우리와 똑같이 시험을 받으신 이로되 죄는 없으시니라 그러므로 우리는 긍휼하심을 받고 때를 따라 돕는 은혜를 얻기 위하여 은혜의 보좌 앞에 담대히 나아갈 것이니라."

주님의 마음을 보면서 우리는 주님의 마음을 본받는 자 되길 원한다. 예수님은 제자들이 가져온 떡을 축사하시고 나누게 하시니 배불리 먹고 남은 것이 일곱 광주리에 찼다. 주님의 긍휼하심으로 굶주린 무리들이 배부르고 힘을 얻게 된 것이다. 우리는 하나님께 기도하는 사람들이다. 그러나 예수님의 마음을 닮지 않고 요구만 하면 이기적인 사람으로 남을 수 있다. 영어 컴페티션(competition)은 뜯어보면 참 좋은 의미를 지닌다. '컴' 함께 이고 '페티션'은 간구이다. 모두가 다 간구하면, 모두가 다 가지려고 하면 삭막한 경쟁이 되고 만다. 컴패션(compassion)은 '컴'과 '패션'으로 이루어진 단어이다. 모두가 서로를 향해 '감각'을 갖는다는 뜻이다. 신앙인에게 필요한 것은 이웃의 아픔을 느낄 수 있는 통각의 회복이다. 예수님이 우리를 불쌍히 여기셨으므로, 우리 신앙인은 예수님의 모습을 본받아 이웃의 아픔을 함께 아파하고 무엇이라도 도우려는 예수님의 사람이 되어간다.

주제와 연관된 성경공부와 말씀묵상 _

내가 무리를 불쌍히 여기노라

본문말씀 마태복음 15:32-39

32 예수께서 제자들을 불러 이르시되 내가 무리를 불쌍히 여기노라 그들이 나와 함께 있은 지 이미 사흘이매 먹을 것이 없도다 길에서 기진할까 하여 굶겨 보내지 못하겠노라

33 제자들이 이르되 광야에 있어 우리가 어디서 이런 무리가 배부를 만큼 떡을 얻으리이까

34 예수께서 이르시되 너희에게 떡이 몇 개나 있느냐 이르되 일곱 개와 작은 생선 두어 마리가 있나이다 하거늘

35 예수께서 무리에게 명하사 땅에 앉게 하시고

36 떡 일곱 개와 그 생선을 가지사 축사하시고 떼어 제자들에게 주시니 제자들이 무리에게 주매

37 다 배불리 먹고 남은 조각을 일곱 광주리에 차게 거두었으며

38 먹은 자는 여자와 어린이 외에 사천 명이었더라

39 예수께서 무리를 흩어 보내시고 배에 오르사 마가단 지경으로 가시니라

기도요점

자신을 생명의 떡으로 내어주신 예수님을 깊이 묵상합니다. 우리 사정을 아시고 불쌍히 여기시며 해결책을 마련하시는 주님께 감사합니다. 삶의 결핍 속에서 주님께 기도할 때 구체적으로 개입해 주시니 감사합니다. 주님의 긍휼하심을 본받아 나도 넉넉하고 베풀고 함께 아파할 수 있는 사람이 되게 하소서. 혹 나에게 이웃 사랑의 감각이 무디어졌다면 이웃의 아픔을 느낄 수 있는 자비의 통각을 회복시켜 주소서.

도움의 말

오천 명을 먹인 기사(마 14:15-21; 막 6:31-44)에서는 풀이 있는 평지였다. 그러므로 그때는 봄이었던 것으로 보인다. 29절에 따르면 예수님은 산에 올라가 앉으셨으며 35절에 의하며 무리는 "땅에" 앉았다." 풀이라는 단어가 쓰이지 않았으므로 '풀이 없음'을 말씀한 것인지, 그냥 땅을 말씀한 것인지는 알 수 없다.

예수께서 오천 명 먹인 사건과 사천 명 먹인 사건은 유사한 점이 많다. 그러나 시기가 다르고 예수님의 위치가 다르고 무리의 구성이 다르고 또 지역이 다르다. 두로와 시돈에 들리셨으며(21절) "이스라엘 집의 잃어버린 양" 아닌 가나안 여자를 고치셨고, 또 31절에서 "무리가 보고 놀라 '이스라엘'의 하나님"께 영광을 돌렸다고 하는 것은 그 무리가 이스라엘 백성이 아님을 시사한다. 떡 일곱 개와 작은 생선 두어 마리는 누구의 것인지 나오지 않고 떡도 보리떡으로 특정되지 않는다. 작은 생선 "두어 마리"는 원어로는 "몇 안 되는〈올리가〉"이다. 오천 명을 먹이고 남긴 것을 모은 광주리는 〈코피노스〉이고 이곳의 광주리는 〈스푸리다스〉이다. 〈코피노스〉는 유대인들이 일상적으로 들고 다니는 광주리이고 〈스푸리다스〉는 사람이 들어갈 수 있을 만큼 큰 광주리를 말한다(바클레이, 「마태복음」(하), 173). 이 본문은 예수님의 불쌍히 여기심이 이스라엘을 넘어 이방 사람에게 미침을 보여주는 본문이다. 이방인도 생명의 떡을 먹게 될 것임을 예고하는 이적이다. 예수님은 질병이나 장애 뿐 아니라 굶주림도 불쌍히 여기시는 분이다. 예수님의 사랑은 민족이나 종교의 경계를 넘어선다. 예수님은 우리의 필요를 아시며 우리의 연약한 삶을 마음 아파하신다. 우리 그리스도인들은 예수님의 사람으로서 이웃 사랑의 감각을 키워간다.

"주님의 마음을 본받는 자(455)" 찬송은 찰스 H. 가브리엘(1856-1932) 목사가 작사·작곡했다. 우리 찬송가에 그가 작사했거나 작곡했거나 편곡한 곡이 455장을 포함하여 모두 아홉 개 들어있다. 주옥같은 곡들이며 모두 성도들에게 사랑받는 곡이다. "샤론의 꽃 예수(89)," "그 어린 주 예수(108)," "주 예수 내 맘에 들어와 계신 후(289)," "너희 마음에 슬픔이 가득할 때(455)," "주여 지난 밤 내 꿈에(490)," "저 높은 곳을 향하여(491)," "삼시 세상에 내가 살면서(492)," "고생과 수고가 다 지난 후(610)"가 그의 곡이다. "주님의 마음을 본받는 자"는 사랑하는 주님의 마음과 삶을 담고자 하는 성도의 간절함이 들어 있다. 주님의 마음 본받는 자에게 평강과 승리의 힘이 임하고, 늘 주님 만나 신령한 말씀 배우며 주님 임하실 날을 기다린다는 내용이다. 후렴구는 "주님의 마음 본받아 살면서 그 거룩하심 나도 이루리"이다. 자신을 생명의 떡으로 나누어 주신 그분은 우리를 불쌍히 여기는 분이시다. 우리도 주님의 마음 본받아 주님 주시는 평강과 승리와 보람과 기쁨을 누리고 살기를 소망한다.

묵상 나누기
위에서 묵상한 내용을 간략히 기록하고 함께 나눈다.

찬송
"주님의 마음을 본 받는 자" (455장)

24. 무화과나무를 마르게 하시다(마 21 : 18-22)

주제와 연관된 질문 _

1. 예수님은 왜 아침에 무화과열매를 구하셨을까?
2. 예수님은 무화과나무를 통해 무엇을 말씀하시는가?
3. 우리는 어떤 영적 열매를 맺고 있는가? 어떤 열매인가?
4. 주님의 사역을 할 때 가장 먼저 해야 할 일은 무엇인가?

주제 내용 _

무화과나무를 마르게 하신 일은 마가복음 11장 12-14절과 20-24절에도 나온다. 이 기적은 다른 기적과는 달리 살리는 기적이 아니라 죽게 한 기적이다. 일찍 나오셔서 그랬는지 아침 요기를 하지 못하고 나오신 것으로 보인다. 가난하고 배고프신 예수님 일행은 평소에 지천에 널려있는 무화과를 식사대용으로 드셨을 것이다. 예수님은 이 날 아침에도 무화과나무에게 다가가서 열매를 구했으나 얻지 못하였다. 아직 열매가 열릴 때가 아니었기 때문이다(막 11:12-14). 예루살렘 입성을 앞둔 4월 초순에 일어난 일로 생각된다. 그러므로 열매를 기대할 수 있는 기간이 아니다. 그런데도 예수님은 철이 되지 않아 열매가 없는 무화과나무를 마르게 하셨다.

이 구절은 성경을 읽는 사람을 어리둥절하게 만든다. 예수님이 그럴 분이 아니신데.

제자들도 나무가 어찌하여 곧 마르게 되었는지 의아해 한다. 이곳에서는 즉시 말라버린 것으로 되어있지만 마가복음 11장에서는 그 다음날 마른 것으로 되어있다.

실제 지천으로 널려있는 무화과나무들 중 하나인 그 무화과나무가 예수님의 주 관심이 아니다. 열매 맺지 못한 무화과나무는 상징과 가르침이 된다. 열매를 맺지 못한 무화과나무는 이스라엘의 미래 운명이고 무화과나무를 말린 것에서 보인 능력은 믿음으로만 가능하다는 말씀이며 그리고 기도가 능력을 일으킨다는 가르침이다. 먼저 예수께서는 열매 맺지 못하는 무화과나무를 예루살렘이 심판받는 이유를 설명하는 상징으로 사용하셨다. 무화과는 자주 이스라엘을 상징하며 여기서는 예루살렘과 그 성전을 상징한다. 포도나무 비유에서처럼, 열매 맺지 못하는 무화과나무는 무용지물이다. 예수님은 세상을 구원하러 오신 분이시지만 세상을 심판하실 분이기도 하다. 그 예수님이 이스라엘과 예루살렘의 미래 운명을 말씀하신 것이다.

예수님은 무화과나무로 또 다른 교훈을 주신다. 제자들은 무화과나무가 어떻게 마르게 되었는지 의아해 했다. 예수님은 믿음의 능력으로 답을 대신하신다. 믿음이 있고 의심하지 아니하면, 무화과나무 말리는 것을 훨씬 뛰어넘어 산을 바닷 속으로 던지는 일을 할 수 있다 하신다. 파괴적인 능력을 말씀하신 것이 아니라 하나님에 대한 절대적 믿음이 얼마나 큰 일을 할 수 있는지 말씀하신 것이다.

예수님은 이어 기도에 대해 말씀하신다. 믿음과 역사와 기도는 서로 밀접히 연결되어 있다. 제자들이 사역할 때, 반드시 하나님에 대한 굳건한 믿음을 가지고 있어야 하며, 기도를 통해 하나님의 능력을 힘입고, 산 같은 사역의 장애를 넘고 뚫어내고 치워야 한다는 가르침을 주신 것이다. 예수님의 제자들은 기도했고 능력을 받았고 많은 열매를 거두어 주님을 기쁘시게 하였다.

이제 우리 차례이다. 우리도 모양만 무용지물 무화과나무인가? 무성하긴 하지만 정작 필요한 열매가 설익었거나 없는 것은 아닌지. 교회의 외형과 시설은 우리나라의 다른 건물들과 마찬가지로 많이 개선되었다. 성경에서 요구하는 열매는 어떠한가? 교회에서 강조하고 있는 것과 나에게 주님이 원하시는 열매가 있는지 묻는 것이다. 우리의 교회는 성숙한가? 수직 성장의 강조를 넘어 사랑의 열매, 성령의 열매는 어떠한가? 예수님은 무화과나무가 달고 맛있는 열매를 제공하시를 원하신다. 날마다 아름답게 맺히는 사역의 열매, 점점 더 익어가는 사랑의 열매와 성령의 열매를 맺으면 주님께서 얼마나 기뻐하실까?

다음은 작곡, 작사 미상의 어린이 찬송이다. 순순한 그 마음이 늘 함께 하길 소망한다.

나는 주의 화원에 어린 백합꽃이니
은혜 비를 머금고 고이 자라납니다
주의 은혜 감사해 나는 무엇 드리리
사랑하는 예수님 나의 향기 받으소서

나는 주의 품 안에 자라나는 아이니
찬미하며 주님을 믿고 따라갑니다
주의 사랑 감사해 나는 무엇 드리리
사랑하는 예수님 나의 마음 받으소서

주제와 연관된 성경공부와 말씀묵상 _

무엇이든지 구하는 것은 다 받으리라

본문말씀 마태복음 21:18-22

18 이른 아침에 성으로 들어오실 때에 시장하신지라

19 길 가에서 한 무화과나무를 보시고 그리로 가사 잎사귀 밖에 아무 것도 찾지 못하시고 나무에게 이르시되 이제부터 영원토록 네가 열매를 맺지 못하리라 하시니 무화과나무가 곧 마른지라

20 제자들이 보고 이상히 여겨 이르되 무화과나무가 어찌하여 곧 말랐나이까

21 예수께서 대답하여 이르시되 내가 진실로 너희에게 이르노니 만일 너희가 믿음이 있고 의심하지 아니하면 이 무화과나무에게 된 이런 일만 할 뿐 아니라 이 산더러 들려 바다에 던져지라 하여도 될 것이요

22 너희가 기도할 때에 무엇이든지 믿고 구하는 것은 다 받으리라 하시니라

기도요점

나는 잎만 무성한 나무가 아닌지 스스로를 점검합니다. 주님께서 나를 통해 맺으신 열매로 인해 감사합니다. 주님 기뻐하시는 사역의 열매, 성령의 열매, 사랑의 열매 맺게 하소서. 기도로 믿음으로 장애물을 뚫고 넘어서게 하소서. 주님께 나의 아름다운 것 날마다 드리게 하소서.

도움의 말

'무화과'는 뽕나무과에 속하는 무화과나무의 열매이다. 소아시아가 원산지이며 포도와 함께 세계에서 가장 오래전부터 사랑받아온 과수이다. "무화과"란 이름은 '꽃 없이 (무화) 열린 열매'란 뜻이다. 그러나 실제로는 무화과도 꽃을 피운다. 단지 밖에서는 꽃이 보이지 않을 뿐이다. 무화과는 보이지 않게 꽃 피우는 은화과(隱花果)이다. 무화과는 밀, 포도, 감람과 함께 이스라엘의 특산물이다. 무화과나무는 평화와 번영의 시대를 상징한다(왕상 4:25; 미 4:4; 슥 3:10). 무화과는 이스라엘 도처에서 자라며 사람들은 그 열매를 즐겼다. 무화과는 일 년에 두 번 열매를 맺었다. 년 초에 한 번 따고 9월쯤 또 한 번 딴다.

무화과나무를 마르게 하심과 산을 옮기는 것은 하나의 상징이고 과장법이고 수사이다. 그 무화과나무에게는 안됐지만 무성하나 열매가 없던 그 무화과나무는 이스라엘을 비유하기 위해 사용되었다. 잎만 무성한 나무가 쓸모없듯, 제 역할을 하지 못하는 예루살렘과 그 성전도 수명을 다했다는 예언의 말씀이다. 또한 예수님은 무화과나무의 마름을 통해 제자들에게 믿음의 사역과 기도의 능력을 가르치신다. 제자들이 무화과나무가 어떻게 된 것지를 묻자 예수님은 주제를 바꾸어 말씀하신다. "믿고 의심하지 않으면" 놀라운 일들을 해낼 수 있다는 말씀이다. "산을 들어서 바다에 던져" 역시 상징적인 말씀이다. 산과 바다는 모두 인간이 움직이거나 영향을 미칠 수 있는 것이 아니다. 그러나 하나님의 능력은 무한하니 하나님을 신뢰하고 따르는 자에게는 놀라운 일이 일어난다는 말씀이다. 이 말씀은 제자들은 물론 오늘 우리에게도 큰 용기가 된다. 아무런 힘도 없는 제자들은 복음의 현장에서 어리석게 보이지만 가장 강력한 믿음과 기도를 장착하고 주님이 말씀하신대로 하나님의 역사를 크게 이루었다.

무화과나무 사건이 우리 (교회)에게 주는 의미가 무엇일까? 첫째, 하나님이 원하시는 합당한 열매, 하나님이 원하시는 열매를 맺어야 한다는 것이다. 둘째, 기도를 통해 하나님의 능력을 공급받을 수 있다는 것이다. 셋째, 제자의 삶은 산을 옮기는 것보다 더 큰 일을 하는 것이다. 내가 하는 일이 비록 작게 보이지만 사람을 변화시키고 사회를 변화시키고 시대를 변화시키고 세계를 새롭게 조형하고 무엇보다 하나님 나라의 확장에 참여하는 일이다. 넷째, 기도는 자신을 이길 수 있는 힘을 제공하고 올바른 길을 제시하는 나침반이다. 제자의 삶은 위협과 위험이 기다리는 길이다. 그리하여 예수님께서 제자들에게 미리 기도의 중요성과 효용성을 말씀하신 것이다.

묵상 나누기

위에서 묵상한 내용을 간략히 기록하고 함께 나눈다.

찬송

"이전에 주님을 내가 몰라" (597장)

25. 물로 포도주를 만드시다(요 2 : 1-12)

주제와 연관된 질문 _

1. 예수님께서 행하신 표적으로는 어떤 것이 있는가?
2. 혼인잔치는 예수님 당시 사람들에게 어떤 의미를 가졌는가?
3. 물이 포도주 되게 하신 일은 예수님이 어떤 분이심을 말씀하는가?
4. 이 사건이 나에게 주는 위로와 교훈은 무엇인가?

주제 내용 _

가나에서 혼인 잔치가 열렸다. 잔치는 보통 며칠 동안 계속되었다. 잔치가 혼인 당사자와 가족에게 가장 의미 있는 날이긴 하지만, 중노동으로 하루하루를 버티던 가난한 사람들에게도 혼인 잔치는 해방과 축제의 시간이었다. 예수님은 이 기쁨의 시간에 마을 친지들과 함께 계셨다. 예수님의 제자들도 혼례에 청함을 받았으니 그들에게도 오래간만에 맛보는 휴식과 즐거움의 시간이었다. 예수님 어머니(요한복음의 혼인 장면에서는 마리아 이름이 나오지 않음)와 예수께서는 친척의 혼인에 참여했다. 부친 요셉의 이름이 나오지 않은 것은 그가 이미 세상 사람이 아니었기 때문일 것이다.

예수님 어머니는 포도주가 떨어진 사실을 알게 되었다. 가족이 처한 어려운 상황을 먼저 파악해서 그런 것일 수도 있고, 조리나 음료 대접에 참여하고 있었기 때문일 수 있다. 혼인 잔치에 포도주가 떨어졌다는 것은 매우 난감한 상황이다. 축하와 기쁨을 돋우는 가장 중요한 것을 제공할 수 없으므로 잔치 분위기가 갑자기 냉각될 것이다. 포도주가 떨어졌다는 것이 참석한 사람에게 알려지면 초대한 사람은 큰 부끄러움을 느낄 수밖에 없다. 신랑과 신부도 매우 난처하게 될 것이다. 그러나 어디서 많은 양의 포도주를 갑자기 구하여 사람들 몰래 항아리를 채우겠는가? 이런 난감한 상황을 타개할 유일한 방법을 마리아가 알고 있었다. 마리아는 예수님께 "저들에게 포도주가 없다"라고 말한다. 마리아가 예수님께 사정을 말한 것은 그녀가 이미 예수님의 능력을 알고 있었으며 예수님의 정체를 깨닫고 있었음을 말해준다. 그러므로 예수님 어머니는 예수님을 가장 먼저 알아본 사람이며 믿은 사람이라 할 수 있다. 그 믿음에 근거하여 "너희에게 무슨 말씀을 하시든지 그대로 하라"고 하인들에게 지시한다.

마리아가 아들에게 사정을 말하자 예수님의 대답은 의아하다. "여자여, 나와 무슨 상관이 있나이까." 무뚝뚝한 대답으로 볼 필요는 없다. 예수님은 실제 혼인 잔치에서 어떤 임무를 맡지 않은 단순한 참석자에 불과하다. "내가 맡은 일은 아닌데요?" 혹은 뒷부분을 올리는 말이라고 보면, "내가 뭘 해야 됩니까?"로 읽을 수도 있다. "여자여"는 〈귀나이〉의 번역이다. 십자가에서도 마리아를 부를 때 사용된 용어이다. "귀부인"이라는 뜻으로 어머니를 공손하게 이른 말이다.

유대인들의 혼인 잔치에서 포도주는 축제의 흥을 더해주는 가장 중요한 음식으로 만취를 막기 위해 물을 반 이상 섞는 것이 일반적 관행이었다. 예수님의 말씀을 따라 "아귀까지 물을 채움"으로 전체가 물로 채워진 것이다. 연회장은 그날 잔치를 이끄는 책임을 맡은 사람이다. 당연히 그가 먼저 포도주 맛을 보아야 한다. 그는 그 물로 희석된 포도주 맛을 보고 놀랐다. 자기가 맛 본 그 포도주가 아니었기 때문이다. 연회장은 신랑에게 이 좋은 포도주에 대해 칭찬한다. '처음에는 좋은 포도주를 그리고 술 취하여 분별하지 못할 때는 질 낮은 포도주'를 내는 방식이 아니라는 것이다.

이 표적의 의미를 묵상해 본다. 첫째, 이 표적은 예수님의 영광을 드러내신 사건이다. 참석자들에게는 기쁨과 만족을 제자들에게는 믿음을 가져다주었다. 둘째, 예수님이 기쁨과 소망을 상실한 세상에 기쁨과 소망을 새롭게 가져다주실 분임을 말해준다. 셋째, 이 표적은 가나의 소박한 한 가정에서 일어난 사건이다. 예수님은 탄생 때부터 공생애 내내 그리고 죽으실 때까지, 작은 마을을 다니고 힘들게 사는 사람들을 만나면서 위로하시고 기쁨을 주셨다. 넷째, 우리의 난처함과 궁핍과 필요를 어느 누구보다 예수님께 아뢰어야 한다는 것이다. 마리아의 믿음이 우리에게 본이 된다. "무슨 말씀을 하시든지 그대로 하라." 예수님 말씀에 따라 행하는 사람에게는 새로운 창조와 역사가 일어난다. 다섯째, 이 표적은 우리에게 위로가 된다. 예수님 함께 계신 곳은 때로는 금식과 눈물과 십자가의 길이지만 또 때로는 기쁨과 환희와 축제의 시간이다. 그 어느 것이든 예수님과 함께 사는 생애는 본질적인 변화를 경험하는 삶이다.

주제와 연관된 성경공부와 말씀묵상 _

무슨 말씀을 하시든지 그대로 하라

본문말씀 요한복음 2:1-12

1 사흘째 되던 날 갈릴리 가나에 혼례가 있어 예수의 어머니도 거기 계시고

2 예수와 그 제자들도 혼례에 청함을 받았더니

3 포도주가 떨어진지라 예수의 어머니가 예수에게 이르되 저들에게 포도주가 없다 하니

4 예수께서 이르시되 여자여 나와 무슨 상관이 있나이까 내 때가 아직 이르지 아니 하였나이다

5 그의 어머니가 하인들에게 이르되 너희에게 무슨 말씀을 하시든지 그대로 하라 하니라

6 거기에 유대인의 정결 예식을 따라 두세 통 드는 돌항아리 여섯이 놓였는지라

7 예수께서 그들에게 이르시되 항아리에 물을 채우라 하신즉 아귀까지 채우니

8 이제는 떠서 연회장에게 갖다 주라 하시매 갖다 주었더니

9 연회장은 물로 된 포도주를 맛보고도 어디서 났는지 알지 못하되 물 떠온 하인들은 알더라 연회장이 신랑을 불러

10 말하되 사람마다 먼저 좋은 포도주를 내고 취한 후에 낮은 것을 내거늘 그대는 지금까지 좋은 포도주를 두었도다 하니라

11 예수께서 이 첫 표적을 갈릴리 가나에서 행하여 그의 영광을 나타내시매 제자들
   이 그를 믿으니라

12 그 후에 예수께서 그 어머니와 형제들과 제자들과 함께 가버나움으로 내려가셨
   으나 거기에 여러 날 계시지는 아니하시니라

기도요점

예수님이 창조의 주님이신 것을 더욱 깊이 알게 하소서. 주님이 주시는 기쁨을 누리
게 하시며 영원한 잔칫날을 기다리며 승리하게 하소서. 세상 높은 곳에 마음을 두지
않고 주님과 함께 소박하고 겸손하고 남몰래 돕는 삶을 살게 하소서. 예수님이 무슨
말씀을 하시든지 그대로 하는 사람이 되게 하소서. 주님과 함께 고난과 기쁨을 나누
는 삶이 되게 하소서.

도움의 말

물로 포도주 되게 한 표적은 "사흘 째 되는 날" 일어났다. 어느 날로부터 사흘째인지
추정할 수 있다. 요한복음 1장에는 여러 번의 "이튿날"이 나온다(1:29, 35, 43; 6:22;
12:12). 이튿날 세례를 받으셨고(1:29), 그 이튿날 요한의 두 제자가 예수님께 갔으며
(1:35), 그 이튿날 예수님은 빌립을 만나셨다(1:43). 그러므로 "사흘째 되는 날"은 빌
립을 만난 다음 날을 말한 것이다.

이곳의 가나는 갈릴리 지방의 가나로 예수님 고향 나사렛 북쪽 가까운 곳에 위치한
다. 다른 가나로는 코엘로−시리아 지방의 가나가 있다. 물 항아리는 돌로 만든 것이
며 용량은 2−3⟨메트레테스⟩(약 40리터)로 항아리 당 약 80−120 리터이다. "유대인의
정결 예식을 따른 것"이라 한 것은 요한복음의 첫 독자들이 헬라인이기 때문에 유대
관습을 설명한 것이다.

물은 밖에서 집 안으로 들어오는 사람의 발을 씻고 식히기 위해서 사용되었다. 당시
사람들은 샌들을 신고 다녔기 때문에 신발 아래 위에 먼지, 흙, 진흙 등이 붙게 마련
이다. 또 햇볕 아래 뜨거워진 땅을 오래 걸으면 발바닥이 뜨거워지기도 했다. 물은 또
한 손을 씻는 데에 사용되었다. 손을 들고 손바닥에 물을 부으면 손목으로 흘러내리
고 반대로 하여 손가락을 적시고 손바닥으로 다른 손을 문질렀다고 한다. 손을 씻은

후 식사를 하는 것이 당시의 관습이었다.

가나의 혼인 잔치는 요한복음에 나오는 일곱 가지 표적 중 첫 번째 표적이다. 그 표적들은 물을 포도주 되게 하심(2:1-12), 왕의 신하의 아들을 살리심(4:46-54), 38년 앓은 병자를 고치심(5:1-9), 오병이어의 표적(6:1-14), 물 위를 걸으심(6:16-21), 맹인을 고치심(9:1-7), 죽은 나사로를 살리심(11:38-44)이다. 이 표적들의 의미가 무엇인지 "오직 이것을 기록함은 너희로 예수께서 하나님의 아들 그리스도이심을 믿게 하려 함이요 또 너희로 믿고 그 이름을 힘입어 생명을 얻게 하려 함이니라(요 20:31)"는 말씀에 분명하게 드러난다. 물로 포도주를 만드신 것은 거의 창조주 하나님의 역사와 같다. 이같은 물질의 변화는 새로운 창조라 할 수 있다. 가나 혼인잔치의 날짜도 예수님의 신성을 알려주기 위해 의도적으로 배치된 것으로 보인다. 요한복음 1장 1절의 "태초에 말씀이 계시니라 이 말씀이 하나님과 함께 계셨으니 이 말씀은 곧 하나님이시니라"와 요한복음 1장 3절의 "만물이 그로 말미암아 지은 바 되었으니 지은 것이 하나도 그가 없이는 된 것이 없느니라"는 창세기 1장 1절의 "태초에 하나님이 천지를 창조하셨다"는 것과 대비된다. 또한 구약의 이스라엘이 하나님을 믿는 것과 신약의 제자들이 물로 포도주를 만든 기적을 보고 그 예수를 믿었다는 것이 대비된다.

요한복음은 예수님이 하나님임을 증거 한다. 그 분은 생명의 주이시며 질병과 굶주림과 죽음에서 해방시키시고 새 생명을 주시는 분이다. 가나의 혼인 잔치에서 절망을 기쁨으로 바꾸어주신 것을 시작으로 생명을 주시는 공생애를 시작하시며 십자가에서 자신의 생명을 내어주시고 하나님이 택한 사람에게 생명을 주시는 생명의 치환 기적을 일으키실 것이다. 우리는 주님의 생명을 입은 자이며 사랑받는 자이다. 그러므로 주님은 우리의 삶속에 계시며 우리의 곤고함을 해결해 주신다. 그리고 우리에게 "너희에게 무슨 말씀을 하시든지 그대로 하라"는 희망과 특권의 말씀을 주신다. 그대로 하면 우리 삶과 사역 속에서 주의 영광을 볼 수 있다. 주님은 연회장의 입을 빌어 우리에게 복음의 말씀을 주신다. "사람마다 먼저 좋은 포도주를 내고 취한 후에 낮은 것을 내거늘 그대는 지금까지 좋은 포도주를 두었도다." 우리 주님은 우리에게 날마다 새로운 포도주(기쁨과 행복)를 주시는 분이심을 증언한다.

묵상 나누기

위에서 묵상한 내용을 간략히 기록하고 함께 나눈다.

찬송

"주 예수 넓은 사랑" (497장)

26. 죽은 야이로의 딸을 살리시다(막 5 : 21-43)

주제와 연관된 질문 _

1. 나는 어떤 기도를 드릴 때 간절해지는가?
2. 자녀를 위해서 부모가 할 수 있는 가장 중요한 일은 무엇이라 생각하는가?
3. 예수님이 죽은 자를 살리심은 예수님이 어떤 분이심을 말해주는가?
4. 예수님 당시 예수님을 비웃던 사람들도 있고 전적으로 믿던 사람들도 있었다. 오늘날은 어떤
   가? 나는 어느 편인가?

주제 내용 _

지역 회당장들 중 한 사람인 야이로가 예수께 왔다. 당시 이스라엘에는 동네마다 회
당(들)이 있었다. 회당장은 회당을 돌보고 감독하는 사람으로 지역 사회에서 존경받는
인물이 맡았다. 회당장은 율법과 장로들의 유전을 가르치기도 했으므로, 회장장 중에
는 학문적 배경이 없는 예수라는 인물과 그의 행위에 대해 의구심이나 적대감을 품는
사람도 있었을 것이다. 예수님을 존경하는 마음을 갖게 된 회당장도 있었을 것인데,
야이로가 그런 사람이다. 딸의 질병 때문에 예수님의 기적 사역을 유심히 보고 있었
을 것이다.

회당장이 딸을 고치고자 백방의 노력을 다하고 상당한 비용도 들였으나 차도가 없
고 건강이 최악으로 내닫자 그는 예수님께 나가기로 작정한다. 그는 예수님 앞에 친

히 나와 발 앞에 엎드린다. 딸에 대한 사랑을 넘어서는 행위이다. 정중히 부탁해도 될 터. 엎드린 것은 예수님에 대한 신뢰와 그 사람의 겸비함을 표현한다. 회당장이고 존경받는 어른임에도 공개적인 장소에서 그렇게 하기는 쉬운 일이 아니다. 예수가 딸의 병을 고치지 못할 경우 그가 그 지역에서 입을 명예나 권위의 손상을 생각해 보면 더욱 그러하다. 그는 "간곡히 구한다." 그의 엎드림도 그의 요청도 회당장의 간절함을 보여준다. 딸 사랑 아버지 마음과 예수님에 대한 믿음이 이런 모습으로 나타났다.

회당장의 탄원 내용은 매우 간결하고 함축적이다. "내 어린 딸이 죽게 되었습니다. 오셔서 손을 얹어 구원을 얻어 살게 하소서" 야이로는 자신의 딸을 "내 어린 딸"이라 표현한다. "어린 딸〈투가트리온〉"은 〈두가텔〉(딸)을 귀엽게 부르는 명사로 "딸내미," "귀염둥이 딸" 정도의 의미이다. "죽게 되었습니다"는 죽음을 향해 점점 나아가는 자신의("내") 귀여운 딸을 바라보면서도 아무것도 할 수 없는 아버지의 아픈 심정이 담긴 절규이다. 아버지 야이로의 믿음이 참 귀하다. 그의 요청은 간단하다. "손을 얹고 구원하소서 그러면 살리이다." 놀라운 고백이다. 신적 능력을 가진 사람이 아니면 할 수 없는 일인데, 회당장은 예수께서 하나님만이 할 수 있는 능력을 가지고 있음을 확실히 믿고 있다.

예수님은 그와 함께 집으로 가신다. 죽어가는 한 소녀에 대한 연민, 아버지의 사랑, 간곡한 요청, 그 믿음을 보시고 "그"와 함께 가신 것이다. 장면은 무리 중에 한 여자로 옮겨간다. 그 여자가 바로 혈루증을 앓는 여자였다. 혈루증은 피가 멎지 않은 질병이다. 환자는 신체적으로 정신적으로 사회적으로 가정적으로 큰 고통을 받게 된다. 여자이므로 남편과의 접촉이 금지된다(레 15:25-27). 접촉금지의 질병이므로 다른 가족과의 일상적 만남에도 어려움이 생긴다. 이웃과도 사회적 관계를 맺을 수 없다. 주변 사람들이 알게 되므로 소문이 퍼져 집안에만 있어야 하는 신세가 된다. "열두 해"라는 것은 몸과 마음에 깊은 상처를 입은 기간이다. 이 여자의 병은 오래되어 깊었고 많은 의원을 만났다. 의사가 잘못 치료했는지 돈만 요구했는지 치료 자체가 힘든 것이었는지 많은 괴로움을 받았다. 그리하여 가진 것도 "다 허비"하였다. 야이로의 딸처럼 급하게 진행된 것은 아니지만 그녀 역시 죽음의 비탈길로 내려가고 있었다. 마지막 남은 소망은 마침 그곳을 지나가시는 예수님뿐이었다.

그러나 그녀가 통과해야할 접촉금지라는 장애물이 있었다. 그녀는 간절한 소망과 예수에 대한 믿음으로 자신을 겹겹이 둘러싼 정신적, 사회적, 물리적 장애물과 종교적 규례의 장애물을 용감하게 뚫고 나간다. 혈루증 여자는 드디어 예수님 가까이까지 나아가는데 성공했다. 그리고 예수님 옷에 손을 댄다. 자신의 질병 성격상 숨어서 다닐 수밖에 없어 예수님과의 대면도 단지 '옷을 통한 접촉'을 선택할 수밖에 없었다. 그러나 그녀에게는 "그의 옷에만 손을 대어도 구원을 받으리라"는 믿음이 있었다. 정말 놀라운 믿음이다. 그리하여 그녀에게 놀라운 일이 일어난다. 다른 곳에서 예수님은 몸에 손을 대거나 말씀으로 고치셨는데 이 여자의 경우에는 옷에 손을 대는 즉시 치유가 일어났다. "손을 대니〈합토〉"는 이 기적 사건의 중심단어이다(27, 28, 30, 31절). 〈합토〉는 '손대다,' '붙들다,' '붙잡다'를 뜻한다. 〈합토〉에는 '불을 켜다' 혹은 '불을 붙이다'는 뜻도 있다(눅 8:16; 행 28:2). 여자가 예수님 옷에 불을 붙일 리는 만무하지만 예수님과의 접촉 순간 기적의 불티가 일어나는 장면을 상상해 보는 것은 흥미롭다.

유출에 관한 규례에 따르면(레 15장), 유출병 여인이 예수님 옷에 접촉하므로 예수님 옷이 부정하게 되고 예수님이 부정하게 될 것이다. 그러나 이 본문은 예수님은 모세를 초월하시는 분임을 말해준다. 모세는 감염 방지를 위해 접촉 금지를 말했으나 예수님은 접촉으로 인한 질병의 치유를 보여 주신다. 예수님은 질병과 죽음에 영향 받는 분이 아니다. 예수님은 질병을 고치시고 죽음을 물리치시는 하나님이신 것이다.

여자는 치유를 깨닫고 예수님은 능력이 나간 곳을 아신다. 누가 손을 대었느냐 물으실 때 여러 사람들이 무슨 일인가 하여 놀랐을 것이다. 많은 사람들이 밀고 당기며 예수님과 접촉했을 것이다. 가장 두려워 떤 것은 그 여자였다. 예수님 앞에 엎드려 사실을 고한다. 예수님은 그녀의 믿음을 칭찬하시며 "네 믿음이 너를 구원하였다"고 하신다. 예수님은 그녀에게 어떤 요구도 하지 않는다. 단지 열두 해나 고통 받은 그녀에게 축하하고 축복한다. "평안히 가라. 건강할지어다." 집으로 가서 가족과 함께 건강하게 사는 것이 그녀에게 가장 좋은 일인 줄 주님은 아신다.

다시 야이로로 장면이 옮겨진다. 예수님을 모시고 가는 야이로가 혈루증 앓던 여자의 치유를 눈으로 보았으니 얼마나 희망으로 가득 찼겠는가. 아! 집에서 놀라운 소식이 도착한다. "당신의 딸이 죽었나이다. 선생을 더 괴롭게 할 필요 없습니다." 무너지는 아버지, 곁에 계신 예수님이 야이로를 위로한다. "두려워하지 말고 믿기만 하라." 먼저 "두려워 말라"며 위로하시고 "믿기만 하라"며 그의 믿음을 붙들어 주시며 강화시키신다.

베드로 야고보 요한 세 사람만 데리고 가신 것은 유족들을 생각했기 때문이다. 그곳에는 떠드는 사람들과 통곡하는 사람들이 있었다. 당시의 관습대로 문상객이 올 때마다 전문 대곡인이 큰 소리로 울었을 것이다. 예수님은 "어찌하여 떠들며 우느냐" 하시며 아이가 잔다 하셨다. 문상객들은 아이가 죽은 것을 확인했으므로 예수님을 돌팔이 의사나 되듯 비웃었다. 예수님은 그곳에 있던 사람들을 "다 내보내신다." 그들은 잡다한 구경꾼에 불과하다. 예수님을 존경하는 마음도 없고 예수님이 행하신 기적을 듣고도 믿지 않는 사람들이다. "내보내시다"로 번역된 〈에크발로〉는 '내보내다(행 9:40)' 외에 '강제로 쫓아내다'를 뜻하기도 한다(마 9:34; 21:39; 25:30; 눅 9:40; 11:20). 예수께서 잡상인을 성전에서 내쫓을 때 이 단어가 사용되었다(마 21:12; 요 2:15).

이제 그 유명한 〈달리타굼〉이란 말이 나온다. 예수님은 아이의 손을 잡고 "소녀야 일어나야지"라고 말씀하셨고 아이는 언제 그런 일이 있었나 하며 곧 일어나서 걸었다. 사람들은 "크게 놀라고 놀랐다." 예수님이 죽은 아이를 살린 것을 아무도 알지 못하게 하라 하신다. 자신이 하나님 같은 분인 것이 알려지면 지상 사역에 어려움이 생기게 되기 때문이다.

예수님은 죽은 아이를 말씀으로 잠 깨우듯 살리시고, 혈루증 여자를 순간적으로 깨끗하게 치유하셨다. 예수님은 하나님이시다. 예수님은 자비와 사랑의 하나님이시다. 그분은 우리를 죄악에서 구하신 분이며 우리를 위해 자신의 생명을 주신 분이며 지금도 여전히 곁에 계신 분이시다. "저 장미꽃 위에 이슬" 찬송을 묵상한다. 장미꽃 위 이슬 맺힌 새벽, 내 귀에 은은히 들리는 주님 음성 듣는다. 주님이 나를 친구 삼으시고 함께 계시니 그 기쁨 누가 알랴. 밤 깊도록 주와 함께 있으려 하나 주님 세상으로 날 가라 명하신다. 나를 친구 삼으시고 일군 삼으셨으니 주님과 내가 나누는 그 기쁨 누가 알랴.

두려워 말고 믿기만 하라

본문말씀 마가복음 5:21-43

21 예수께서 배를 타시고 다시 맞은편으로 건너가시니 큰 무리가 그에게로 모이거 늘 이에 바닷가에 계시더니

22 회당장 중의 하나인 야이로라 하는 이가 와서 예수를 보고 발 아래 엎드리어

23 간곡히 구하여 이르되 내 어린 딸이 죽게 되었사오니 오셔서 그 위에 손을 얹으 사 그로 구원을 받아 살게 하소서 하거늘

24 이에 그와 함께 가실새 큰 무리가 따라가며 에워싸 밀더라

25 열두 해를 혈루증으로 앓아 온 한 여자가 있어

26 많은 의사에게 많은 괴로움을 받았고 가진 것도 다 허비하였으되 아무 효험이 없 고 도리어 더 중하여졌던 차에

27 예수의 소문을 듣고 무리 가운데 끼어 뒤로 와서 그의 옷에 손을 대니

28 이는 내가 그의 옷에만 손을 대어도 구원을 받으리라 생각함일러라

29 이에 그의 혈루 근원이 곧 마르매 병이 나은 줄을 몸에 깨달으니라

30 예수께서 그 능력이 자기에게서 나간 줄을 곧 스스로 아시고 무리 가운데서 돌이 켜 말씀하시되 누가 내 옷에 손을 대었느냐 하시니

31 제자들이 여짜오되 무리가 에워싸 미는 것을 보시며 누가 내게 손을 대었느냐 물 으시나이까 하되

32 예수께서 이 일 행한 여자를 보려고 둘러 보시니

33 여자가 자기에게 이루어진 일을 알고 두려워하여 떨며 와서 그 앞에 엎드려 모든 사실을 여쭈니

34 예수께서 이르시되 딸아 네 믿음이 너를 구원하였으니 평안히 가라 네 병에서 놓 여 건강할지어다

35 아직 예수께서 말씀하실 때에 회당장의 집에서 사람들이 와서 회당장에게 이르

되 당신의 딸이 죽었나이다 어찌하여 선생을 더 괴롭게 하나이까

36 예수께서 그 하는 말을 곁에서 들으시고 회당장에게 이르시되 두려워하지 말고 믿기만 하라 하시고

37 베드로와 야고보와 야고보의 형제 요한 외에 아무도 따라옴을 허락하지 아니하시고

38 회당장의 집에 함께 가사 떠드는 것과 사람들이 울며 심히 통곡함을 보시고

39 들어가서 그들에게 이르시되 너희가 어찌하여 떠들며 우느냐 이 아이가 죽은 것이 아니라 잔다 하시니

40 그들이 비웃더라 예수께서 그들을 다 내보내신 후에 아이의 부모와 또 자기와 함께 한 자들을 데리시고 아이 있는 곳에 들어가사

41 그 아이의 손을 잡고 이르시되 달리다굼 하시니 번역하면 곧 내가 네게 말하노니 소녀야 일어나라 하심이라

42 소녀가 곧 일어나서 걸으니 나이가 열두 살이라 사람들이 곧 크게 놀라고 놀라거늘

43 예수께서 이 일을 아무도 알지 못하게 하라고 그들을 많이 경계하시고 이에 소녀에게 먹을 것을 주라 하시니라

기도요점

예수님을 더 알아가게 하소서. 예수님의 사랑과 긍휼히 여기심을 배우게 하소서. 우는 자와 함께 울고 기뻐하는 자와 함께 기뻐하게 하소서. 주님을 따라가며 늘 준비하신 기적을 체험하게 하소서. 그리고 주님의 베푸신 은혜를 알고 헤아리고 감사하게 하소서.

도움의 말

본문에는 두 가지 기적이 나온다. 혈루증 여자의 치유와 야이로 딸의 회생이다. 야이로 딸의 기적 사건 혹은 야이로 믿음의 기적 사건이 전개되는 중간에 혈루증 여인의 기적 사건이 들어있다. 이 두 사건 모두 예수님의 신적인 능력을 증거 하며, 잃어버린 하나님의 백성을 구원하고자 하는 하나님의 구원 역사의 일부분이다. 야이로 딸의 나이는 열두 살, 혈루증의 여인은 열두 해 병을 앓고 있다. "열둘"이라는 수는 완전수로 이스라엘 열두 지파를 상징하고, 넓게는 하나님의 백성을 상징한다(계 21:12).

두 기적 사건의 인물들은 대조적이다. 야이로는 회당장으로서 그 지역에서 널리 알려진 사람이다. 혈루증 여인은 이름이 나오지 않고 그 질병으로만 알려진다. 야이로의 딸은 어리고 혈루증 여인은 나이가 많다. 야이로의 딸은 짧은 시간 내에 죽었고 여자는 12년이나 힘든 병을 앓아왔다. 예수님에게는 어떤 사람들인가? 둘 다 예수님을 필요로 하는 사람일 뿐이며, 예수님은 그 어떤 형편이나 부류의 사람을 가리지 않고 치유하신다. 하나님 사랑이 담긴 예수님 복음은 앞으로도 성과 신분과 민족과 지역을 가리지 않고 퍼져 나갈 것이다.

12년 혈루병 앓던 여자는 즉시 치유되었고 예수님은 "네 믿음이 너를 구원하였다" 말씀하셨다. "여자의 믿음이 낫게"라는 말은 신앙인을 억죄는 올무가 되기도 한다. 나는 왜 못 고치는가? 믿음이 부족해서 기도가 부족해서 그렇다고 자타가 처방을 내밀고, 믿음과 기도가 부족하니 기도 더하라고 자타가 요구한다. 이 사건이 주님의 하나님 되심을 드러내는 특수한 사람에게 행하신 특수한 상황임을 잊지 말아야 한다. 특별한 은사를 받은 사람이나 그렇지 않은 사람이나 믿음을 가져야 하고 기도해야 하는 것은 당연하지만, 결과는 주님이 만드는 것임을 잊지 말아야 한다. 자신의 무능을 책하거나 누군가를 믿음 없다 기도가 부족하다 하며 몰아치는 것은 주님이 사랑하시는 그에게 무거운 짐을 지우는 것이다. 당연히 우리는 치병과 관계없이 주님에 대한 신뢰를 키우고 우리 자신과 이웃과 사역을 위해 하나님께 간절히 기도해야 한다. 우리는 하나님의 자녀들이기 때문이다.

예수님은 열두 살 소녀를 살리셨다. 그때 소녀에게 하신 말은 아람어인 '달리다굼'이다. 성경이 헬라어로 기록되었고 예수님 당시 팔레스타인에서는 헬라어와 아람어가 널리 사용되었다. 〈탈리타 쿰〉 혹은 〈탈리타 쿠미〉(참고. 킹제임스 성경)는 아람어이다. 〈탈리타〉는 '소녀'란 뜻이고 〈쿰〉은 '일어나라'는 명령형이다. 예수님은 "달리다굼"하며 크게 외쳤을까? 현장에 있지 않았으니 그 답은 알 수 없다. 달리다굼은 일상적으로 사용되는 언어이다. 아침에 부모가 아이를 깨울 때, "예야, 일어나야지"라는 뜻이다. 예수님의 능력은 정신 집중이나 큰 소리에 있지 않다. 죽은 자는 큰 소리 작은 소리를 구별할 수도 없다. 부드러운 소리, 다정한 음성, 자비로운 하나님의 마음으로 아이의 손을 잡고 조용히 부드럽게 말씀 하셨을 것이다. 마치 자는 자녀를 깨우듯.

예수님의 말씀을 비웃는 사람은 그때나 지금이나 예수님의 능력을 믿지 않는 사람은 그때나 지금이나 존재한다. 아버지 야이로는 딸을 위해 자신이 예수께로 갔고 혈루증 앓던 여자는 자기가 예수님께로 갔다. 직접 가든지 누구를 통해서 가든지 예수님을 집으로 청하든지, 예수님은 그들의 간절함을 보시고 문제를 해결해 주셨다. 간절함은 겸비로 나타나며 간절함은 절대 신뢰로 나타나며 간절함은 장애물을 돌파한다. 예수님은 간절함이 있는 믿음의 사람들에게 은혜를 베푸셨다.

묵상 나누기
위에서 묵상한 내용을 간략히 기록하고 함께 나눈다.

찬송
"저 장미꽃 위에 이슬" (442장)

27. 과부의 아들을 살리시다(눅 7 : 11-17)

주제와 연관된 질문 _

1. 성경에서는 왜 과부와 고아를 돌보라고 했을까?
2. 나오미가 모압에서 얼마나 어렵게 살았을지 상상해 보라(룻 1:1-5).
3. 성도의 신앙생활과 불쌍히 여기는 마음은 얼마나 깊이 연관되어 있는가?
4. 예수께서 병을 고치고 죽은 사람을 살리는 것은 그분의 어떤 본성과 관련 있는가?

주제 내용 _

"마왕(Erlkönig, 魔王)"은 슈베르트(Franz Schubert, 1797-1828)의 가장 유명한 가곡으로 그가 열여덟 살 때인 1815년, 괴테(Johann W. Goethe, 1749-1832)의 가장 유명한 동명의 시에 곡을 붙인 곡이다. 세상에서 가장 무섭고 가장 긴박한 음악으로 알려져 있다. 바리톤 한 사람이 피아노 반주에 맞춰 해설자, 아버지, 아들, 마왕의 목소리를 다르게 하며 노래한다. 깊은 밤, 아버지가 아들을 품에 안고서 말을 달린다. 마왕이 나타나고 아들에게 죽음의 손을 뻗친다. 아버지는 마왕(죽음)을 무서워하는 아들을 위로하며 필사적으로 달리지만 결국 아들이 아버지 품에서 숨을 거두게 된다는 내용이다. 마왕의 환상을 보며 죽어가는 아들과 두려워하는 아들을 달래주는 아버지 이야기이다. 다음은 가사의 일부이다.

[해설] 이렇게 늦게 어둠과 바람을 뚫고 말을 달리는 자는 누구일까? 그것은 자식을 데리고 있는 아버지이다. 자식을 포근히 따뜻하게 안고 있다.

[아버지] 아가야, 너는 무엇이 그렇게 무서워서 얼굴을 가리고 있느냐?

[아들] 아버지, 아버지는 마왕이 안 보여요? 관을 쓰고 긴 옷을 입은 마왕이...

[아버지] 아가야, 그것은 길게 널려 있는 안개다.

[아들] 아버지, 아버지, 마왕이 나에게 속삭이고 있는데, 안 들리나요? [중략]

[아버지] 아가야, 진정해라. 마른 나뭇잎이 바람에 부딪히는 소리란다.

[마왕] 귀여운 아가야, 나하고 함께 가자. 우리 딸들이 너를 즐겁게 해 줄 것이다 [중략].

[아들] 아버지, 아버지, 안 보이나요? 저기 어두운 곳에 있는 마왕의 딸들이.

[아버지] 아가야, 아가야, 잘 보인다. 저것은 잿빛의 늙은 버드나무이다.

[마왕] 너를 좋아한다. [중략] 만약에 싫다면 억지로라도 너를 데리고 갈 것이다.

[아들] 아버지, 아버지, 지금 마왕이 나를 붙잡아요. 마왕이 나를 괴롭혀요.

[해설] 아버지는 공포에 질려 말을 달리게 한다. 숨을 몰아쉬는 아이를 팔에 안고 지쳐서 집에 왔을 때 품속에 아이는 이미 숨져 있었다(출처: 두산백과 두피디아, 두산백과)

아들을 살리려 애쓰는 아버지, 점점 약해가는 아들, 결국 아버지는 최선을 다했으나 (말을 타고 달리는 것이 상징하듯) 품에서 아들의 죽음을 만나게 된다.

예수님은 가버나움에서 한 로마 백부장 종의 중병을 고쳐주시고 나인성으로 들어가셨다. 제자들과 많은 무리가 예수님을 따랐다. 성문 가까운 곳에서 무거운 발걸음 장례행렬을 만나신다. 해지기 전에 장례를 마치는 관습을 고려할 때, 아마 그날 죽은 사람의 장례였을 것이다. 죽은 사람은 과부의 외아들이다. 무리의 중심에는 아들의 시신과 통곡하는 어머니와 그것을 바라보시는 예수님이 계신다. 과부도 그녀와 함께 한 사람들도 예수님께 아무것도 부탁하지 않는다. 예수님에 대해 잘 알지 못해서 그럴 수도 있고 예수님의 능력을 들었다고 해도 아들이 이미 죽었기 때문이다. 무엇보다 어머니에게는 그런 것을 생각할 여유조차 없었을 것이다. 그녀는 '외아들'의 어머니,

'과부'였다.

통곡하는 어머니에게 예수께서 다가가신다. 예수님은 울지 말라 하시며 가까이 가서 관에 손을 대셨다. 여기까지는 우는 모친을 위로할 때 보통 사람이 할 수 있는 일이다. 예수님은 깜짝 놀랄 말씀을 하신다. "청년아 내가 네게 말하노니 일어나라." 청년은 죽었는데 어떻게 명령의 소리를 듣겠으며 또 수의를 박차고 일어날 수 있겠는가. 또한 예수가 누구기에 죽은 사람에게 "내가 네게 말하노니"라고 감히 말할 수 있는가?

기적이 일어났다. 죽었던 자가 일어나고 자리에 앉고 말을 했다. 예수께서 그를 살려 우는 어머니에게 돌려주셨다. 모든 사람이 경악을 넘어 두려움에 휩싸였다. 그들은 "하나님"을 언급하며 하나님께 영광을 돌린다. 예수님께 무슨 말을 했는지는 나오지 않는다. 아마 너무 놀랍고 위대한 일을 한 분이 바로 앞에 계시므로 입을 열 수 없었을 것이다. 그들은 스스로 "큰 선지자가 우리 가운데 일어나셨다"고 한다. "큰 선지자"라고 한 것은 그들의 지식 한계 내에서 할 수 있는 최대 찬사이다. 구약성서에서 가장 위대한 기적 선지자인 엘리야에 버금가는 선지자라는 것이다(참고. 왕하 4:18-37). 그들은 아직 하나님이신 하나님의 아들 예수에 대해서는 모르고 있다. 그들은 "하나님"께 감사드린다. "하나님께서 자기 백성을 돌보셨다"며, 예수께서 죽은 청년을 일으키신 것은 새로운 창조와 다름 아니다. 오직 창조주 하나님만이 하실 수 있는 일이다. "예수께 대한 이 소문이 온 유대와 사방에 두루 퍼지니라"는 설명이 필요하다. 나인성은 갈릴리 지역에 속하기 때문이다. 그러나 "유대와 사방"이라는 팔레스타인 지역 전체를 가리키는 말로 사용되기도 한다(6:17; 7:17). 우리가 믿는 예수님은 사랑이신 하나님의 근본 본체이시다(빌 2:6).

주제와 연관된 성경공부와 말씀묵상 _

불쌍히 여기사 울지 말라 하시고

본문말씀 누가복음 7:11-17

11 그 후에 예수께서 나인이란 성으로 가실새 제자와 많은 무리가 동행하더니

12 성문에 가까이 이르실 때에 사람들이 한 죽은 자를 메고 나오니 이는 한 어머니
   의 독자요 그의 어머니는 과부라 그 성의 많은 사람도 그와 함께 나오거늘

13 주께서 과부를 보시고 불쌍히 여기사 울지 말라 하시고

14 가까이 가서 그 관에 손을 대시니 멘 자들이 서는지라 예수께서 이르시되 청년아
   내가 네게 말하노니 일어나라 하시매

15 죽었던 자가 일어나 앉고 말도 하거늘 예수께서 그를 어머니에게 주시니

16 모든 사람이 두려워하며 하나님께 영광을 돌려 이르되 큰 선지자가 우리 가운데
   일어나셨다 하고 또 하나님께서 자기 백성을 돌보셨다 하더라

17 예수께 대한 이 소문이 온 유대와 사방에 두루 퍼지니라

기도요점

우리가 무엇인데 불쌍히 여기십니까? 가엾은 형편을 그냥 넘어가지 않는 하나님, 감
사합니다. 울지 말라하시며 도우시는 은혜에 감사합니다. 주님을 닮아 불쌍히 여기는
마음을 갖게 하소서. 우는 자와 함께 울 수 있는 신앙적 공감능력을 갖게 하소서.

도움의 말

본문은 "그 후에"라는 단어로 시작한다. 백부장을 고친 후에 과부의 아들을 고치셨
다. 예수께서 들어가신 곳은 '나인성'이다. 가버나움과는 하루 정도 걷는 거리이다. 갈
릴리 바다 서쪽 엔돌과 수넴 사이에 위치하며 엘리사가 과부의 아들을 살렸던 곳이다
(왕하 4:18-37). 나인성에서 엔돌을 향해 10분간 걸어가면 바위 묘지가 있다(바클레
이, 「누가복음」, 128). 장례 행렬은 아마 그곳을 향하고 있었을 것이다. 해 지기 전에 장
례를 마치는 것이 관례이므로 아들은 그 날 죽었을 것이다. 예수께서 손을 대신 '관'은
목재 관이 아니다. 팔레스타인에서는 오늘 우리가 보는 튼튼하고 세련된 관을 사용하
지 않았다. 시신은 굴이나 바위를 파낸 곳에 안치되므로 장지까지 시신을 운반하는
바구니처럼 엮은 '들 것'이다. 보통은 긴 버들가지로 만들었다고 한다(바클레이 「누가복
음」, 130). 시신은 수의로 싸는 것이 관례였으며 일 년 동안 부패하도록 무덤에 그대로
놓아두고 나중에 친족이 뼈를 상자에 담아 그 무덤에 안치했다.
본문은 슬픈 인간의 한 단편을 보여준다. "한 어머니의 독자요 그의 어머니는 과부라"

는 정말 가슴 아픈 말씀이다. 구약시대와 예수님 당시에 과부의 삶은 정말 어려웠다. 그래서 하나님은 율법과 예언자를 통해 고아와 나그네와 과부를 돌보라 한 것이다(신 10:18; 24:19; 시 146:9; 렘 7:6; 약 1:27). 그 여자가 어쩌다 언제 과부가 되었는지 알 수 없지만, 과부는 그 아들 하나 바라보고 살았을 것이다. 홀로 그 아들을 키우면서 얼마나 많은 고생을 했겠는가. 이제 외아들이 죽었으니 과부는 남은 생애를 무슨 낙 으로 살겠는가. 예수님께서는 불쌍한 마음이 동해 그냥 지나갈 수 없으셨다.

우리가 믿은 하나님은 아파하시고 불쌍히 여기시는 사랑과 통각을 가지신 하나님이 다. 그리하여 그 분은 모진 세상을 내버려두지 않고, 그 (악한) 세상을 이처럼 사랑하 여 그 외아들마저 내어주신 것이다. "불쌍히 여기사"는 〈스플랑니조마이〉의 번역이 다. '애끓는 마음'을 뜻한다. 사랑은 예민한 통각을 포함한다. 아담은 하와더러 "내 살 과 내 뼈"라 하였다. 당신의 아픔과 기쁨은 나의 아픔과 기쁨이 되는 공통감각인 것이 다. 사랑하는 것은 이렇게 상대의 모든 것을 느끼는 것으로부터 시작된다.

우리도 하나님 믿고 예수님 닮아 살아가고 있으니 사랑의 통각을 회복하면 좋겠다. 죽은 자를 살릴 수는 없어도 그 어머니의 아픔과 슬픔을 나의 아픔과 슬픔으로 느끼 는 그 감각 말이다.

예수님은 "울지 말라"하신다. 우리가 늘 하는 말이긴 하지만 울지 말라고 해서 울지 않겠는가. 또한 왜 슬퍼 우는 사람에게 울지 말라 하겠는가. 예수님이 울지 말라 한 것은 그 아들을 살리실 것이기 때문이다. 우리는 울지 말라 못하지만, 같은 마음에 함 께 우는 예수님의 사람들이다.

묵상 나누기
위에서 묵상한 내용을 간략히 기록하고 함께 나눈다.

찬송
"구주와 함께 나 죽었으니" (465장)

28. 죽은 나사로를 살리시다(요 11 : 1-44)

주제와 연관된 질문 _

1. 세상에서 가장 안타까운 일은 무엇이라 생각하는가?
2. 안타까운 일을 당한 가까운 사람들이나 시민들을 볼 때 나는 무엇을 생각하는가?
3. 예수님의 궁극적인 사역은 무엇인가?
4. 신앙인들은 죽음을 보며 어떤 믿음과 소망을 갖는가?

주제 내용 _

사랑하는 가족 구성원의 죽음은 남은 가족들에겐 말할 수 없는 아픔이다. 이별의 눈물이 앞을 가리고, 아이의 죽음이라면 더욱 가슴을 찢는다. 가정을 책임진 사람이 죽은 경우 남은 가족은 앞일을 생각하며 절망한다. 죽음을 많이 보지만 결국은 누구나 가게 되는 운명이다. 그러나 사망과 슬픔의 운명을 가진 우리에게 하나님은 아들의 생명을 주셨다. 나사로의 죽음과 부활은 세상을 향한 하나님 구원 계획의 한 표징이다. 존 칼뱅(John Calvin)은 "그리스도는 나사로를 일으키심에서 자신의 신적 능력을 확연히 증명하였을 뿐 아니라, 미래 우리의 부활을 생생히 보여주는 이미지로 우리 눈앞에 놓은 것이다"라고 말한 바 있다(주석, 요 11장).
'나사로의 일으키심'이란 주제는 많은 화가의 관심 대상이었다. 먼저는 주후 2 세기

로마의 카타콤(지하무덤) 벽화로 남아있다(C. D. Lamberton, Themes from St. John's gospel in early Roman catacomb painting [Princeton: Princeton University Press, 1905], 58). 핍박과 죽음의 두려움 가운데서 카타콤에 숨어 사는 신앙인들의 고통스런 현실과 승리의 부활 염원을 표현한 것일 수 있다는 생각이 든다. 2세기의 한 부조는 사자 굴에 들어간 다니엘과 나사로의 무덤을 함께 보여준다(Lazarus of Bethany, 위키피디아). 부활 신앙으로 모진 박해를 견디며 신앙을 지킨 선조 신앙인들의 삶이 담겨있다.

예수님께서 베다니에 자주 간 것은 나사로의 집이 있었기 때문이다. 예수님은 나사로, 마르다, 마리아를 사랑했으며 그 가족들도 예수님을 잘 대접하고 존경했다(참고. 눅 10:38-42). 나병환자 시몬의 집도 베다니에 있었고(마 26:6; 막 14:3) 마리아가 예수님께 향유를 부은 것도 이곳이었다(요 11:1; 마 26:6-13; 막 14:3).

나사로는 병자였다. 마르다와 마리아가 사람을 보내어 예수님을 청한다. 그러나 예수님은 계시던 곳에 이틀을 더 유하신다. 그 사이에 나사로는 세상을 떠난다. 예수님의 의도는 하나님의 영광과 하나님의 아들인 자신이 영광을 받고 제자들에게 믿음을 주기 위한 것이었다(4, 15절). 예수님은 나사로의 집으로 가자하고 제자들은 유대인들이 돌로 친 일을 언급하며 제지한다(8, 16절). 나사로가 죽자 베다니가 가까운 예루살렘에서 많은 문상객들이 왔다. 렘브란트는 자신의 그림 "The Raising of Lazarus(나사로를 일으킴)"에 상상력을 덧붙여 나사로가 묻힌 동굴 벽에 황금 빛 장식을 가진 화려한 칼과 화살 통을 그려 넣었다. 나사로를 신분 높은 사람으로 본 것이다. 그러나 성경에 나사로가 특별한 사람이었다는 증거는 없다. 오히려 당시의 다른 사람들처럼 어렵게 살았을 가능성이 더 높다.

17절에서는 "나사로가 무덤에 있은 지 나흘," 39절에서는 "죽은 지가 나흘"이라 한다. 이는 나사로가 죽자마자 장사되었다는 뜻이다. 팔레스타인 날씨에서 부패가 빨리 시작되었으므로 죽은 날 해 떨어지기까지 장사하는 것이 관행이었다. 시신의 수족은 베로 동이고 얼굴은 수건으로 싼다(44절). 시신은 자연 동굴이나 바위를 파낸 굴 안에 안치하고 입구는 큰 돌로 막았다. 이는 예수님의 매장 광경과 그리 다르지 않다(마 27:60). 장사한지 사흘 동안은 가족이 매일 무덤을 찾아가고 나흘이 되었을 때 완전히 사망한 것으로 간주한다.

마르다와 마리아는 예수님을 만나자 각각 "주께서 여기 계셨더라면(21, 32절)"이라고 말한다. 원망의 표현이 아니라 주님에 대한 신뢰, 즉 늦게 도착하셨다는 아쉬움이 들어있다. 그들은 예수님이 죽을병에 걸린 사람을 고치는 분이신 것을 알고 있지만, 예수께서 죽은 자도 살리는 권세를 갖고 있다는 것은 아직은 믿지 못했다. 예수님의 "나는 부활이요 생명이니"라 하신다. 놀라운 선언이다. 예수님의 사역을 말하는 것을 넘어 예수님의 존재를 말하는 것이다. 예수님은 아무도 피할 수 없는 죽음과 지울 수 없는 과거를 무효화하고, 새로운 생명과 삶을 부여해 주시는 분이며 생명 자체이시다. "만물이 그로 말미암아 지은 바 되었으니 지은 것이 하나도 그가 없이는 된 것이 없느니라 그 안에 생명이 있었으니 이 생명은 사람들의 빛이라(요 1:3-4)"는 말씀의 되울림이다. 마르다가 한 "마지막 부활 때는"이라는 단서를 처음에는 붙이긴 했지만, 이내 놀라운 고백을 한다. "주는 그리스도시오 세상에 오시는 하나님의 아들인 줄 내가 믿나이다." 베드로의 고백과 다름 아니다(마 16:16). 예수님의 신성에 대한 믿음이며 종말에 오실 대망의 메시아라는 것을 고백한 것이다.

예수님은 마르다와 마리아와 함께 무덤으로 간다. 그곳에는 울음이 넘쳐났다. 예수님의 정서가 표현된다. "심령에 비통히 여기셨다며(33, 38절)." "불쌍히 여기셨다"의 원어 〈타라소〉에는 '속상해하다'는 뜻도 있다(참고. KJV와 NIV의 "troubled," 가톨릭 성경의 "마음이 북받치고 산란해졌다"). 부활과 생명인 자신이 앞에 있음에도 슬픔으로 우는 사람들에 대한 안타까움이나 분노로 이해할 수도 있고, 슬픔에 잠긴 사람들에 대한 정서적 괴로움을 말한 것일 수 있다. 예수님은 "눈물을 흘리셨다." 하나님이신 그분은 인간이시고 나사로의 친구이시고 마르다와 마리아를 사랑하는 분이다. 신의 울음은 하나님이 어떤 분이시지를 말해준다. 공감하시고 불쌍함의 통각을 가지신 분, 사랑으로 인해 아파하시는 분이시다.

예수님은 나사로의 무덤 앞에서 이 돌을 옮기라 하신다(39절). 나흘이 지나 매우 역한 냄새가 나는 시체를 또 다시 본다는 것이 가족에게도 힘든 일이다. 마르다는 아직 예수님이 누구신지에 대해 부분적으로만 알고 있기 때문에 나흘이나 되고 냄새 난다며 예수님을 절제시키려 했다(39절). 예수님은 자신을 믿는다면 하나님의 영광을 보게 될 것이라 말씀하자(40절), 마르다는 순종하고 드디어 무덤 입구가 열린다. 나사로가 걸어 나오고 사람들은 나사로를 둘러 싼 베를 벗긴다. 그 장면을 상상해 본다. 어떤 사람은 놀라 소리치고 어떤 사람은 기뻐 어찌할 바를 몰랐을 것이다. 슬픔의 눈물은 기쁨의 눈물이 되고 이전의 통곡은 환희와 함께 감사의 통곡이 된다. 그 가정에 부활과 생명이 임한 것이다.

주제와 연관된 성경공부와 말씀묵상 _

주님은 부활이요 생명

본문말씀 요한복음 11:1-44

1 어떤 병자가 있으니 이는 마리아와 그 자매 마르다의 마을 베다니에 사는 나사로라

2 이 마리아는 향유를 주께 붓고 머리털로 주의 발을 닦던 자요 병든 나사로는 그의 오라버니더라

3 이에 그 누이들이 예수께 사람을 보내어 이르되 주여 보시옵소서 사랑하시는 자가 병들었나이다 하니

4 예수께서 들으시고 이르시되 이 병은 죽을 병이 아니라 하나님의 영광을 위함이요 하나님의 아들이 이로 말미암아 영광을 받게 하려 함이라 하시더라

5 예수께서 본래 마르다와 그 동생과 나사로를 사랑하시더니

6 나사로가 병들었다 함을 들으시고 그 계시던 곳에 이틀을 더 유하시고

7 그 후에 제자들에게 이르시되 유대로 다시 가자 하시니

8 제자들이 말하되 랍비여 방금도 유대인들이 돌로 치려 하였는데 또 그리로 가시려 하나이까

9 예수께서 대답하시되 낮이 열두 시간이 아니냐 사람이 낮에 다니면 이 세상의 빛을 보므로 실족하지 아니하고

10 밤에 다니면 빛이 그 사람 안에 없는 고로 실족하느니라

11 이 말씀을 하신 후에 또 이르시되 우리 친구 나사로가 잠들었도다 그러나 내가 깨우러 가노라

12 제자들이 이르되 주여 잠들었으면 낫겠나이다 하더라

13 예수는 그의 죽음을 가리켜 말씀하신 것이나 그들은 잠들어 쉬는 것을 가리켜 말씀하심인 줄 생각하는지라

14 이에 예수께서 밝히 이르시되 나사로가 죽었느니라

15 내가 거기 있지 아니한 것을 너희를 위하여 기뻐하노니 이는 너희로 믿게 하려 함이라 그러나 그에게로 가자 하시니

16 디두모라고도 하는 도마가 다른 제자들에게 말하되 우리도 주와 함께 죽으러 가자 하니라

17 예수께서 와서 보시니 나사로가 무덤에 있은 지 이미 나흘이라

18 베다니는 예루살렘에서 가깝기가 한 오 리쯤 되매

19 많은 유대인이 마르다와 마리아에게 그 오라비의 일로 위문하러 왔더니

20 마르다는 예수께서 오신다는 말을 듣고 곧 나가 맞이하되 마리아는 집에 앉았더라

21 마르다가 예수께 여짜오되 주께서 여기 계셨더라면 내 오라버니가 죽지 아니하였겠나이다

22 그러나 나는 이제라도 주께서 무엇이든지 하나님께 구하시는 것을 하나님이 주실 줄을 아나이다

23 예수께서 이르시되 네 오라비가 다시 살아나리라

24 마르다가 이르되 마지막 날 부활 때에는 다시 살아날 줄을 내가 아나이다

25 예수께서 이르시되 나는 부활이요 생명이니 나를 믿는 자는 죽어도 살겠고

26 무릇 살아서 나를 믿는 자는 영원히 죽지 아니하리니 이것을 네가 믿느냐

27 이르되 주여 그러하외다 주는 그리스도시요 세상에 오시는 하나님의 아들이신 줄 내가 믿나이다

28 이 말을 하고 돌아가서 가만히 그 자매 마리아를 불러 말하되 선생님이 오셔서 너를 부르신다 하니

29 마리아가 이 말을 듣고 급히 일어나 예수께 나아가매

30 예수는 아직 마을로 들어오지 아니하시고 마르다가 맞이했던 곳에 그대로 계시더라

31 마리아와 함께 집에 있어 위로하던 유대인들은 그가 급히 일어나 나가는 것을 보고 곡하러 무덤에 가는 줄로 생각하고 따라가더니

32 마리아가 예수 계신 곳에 가서 뵈옵고 그 발 앞에 엎드리어 이르되 주께서 여기 계셨더라면 내 오라버니가 죽지 아니하였겠나이다 하더라

33 예수께서 그가 우는 것과 또 함께 온 유대인들이 우는 것을 보시고 심령에 비통히 여기시고 불쌍히 여기사

34 이르시되 그를 어디 두었느냐 이르되 주여 와서 보옵소서 하니

35 예수께서 눈물을 흘리시더라

36 이에 유대인들이 말하되 보라 그를 얼마나 사랑하셨는가 하며

37 그 중 어떤 이는 말하되 맹인의 눈을 뜨게 한 이 사람이 그 사람은 죽지 않게 할 수 없었더냐 하더라

38 이에 예수께서 다시 속으로 비통히 여기시며 무덤에 가시니 무덤이 굴이라 돌로 막았거늘

39 예수께서 이르시되 돌을 옮겨 놓으라 하시니 그 죽은 자의 누이 마르다가 이르되 주여 죽은 지가 나흘이 되었으매 벌써 냄새가 나나이다

40 예수께서 이르시되 내 말이 네가 믿으면 하나님의 영광을 보리라 하지 아니하였느냐 하시니

41 돌을 옮겨 놓으니 예수께서 눈을 들어 우러러 보시고 이르시되 아버지여 내 말을 들으신 것을 감사하나이다

42 항상 내 말을 들으시는 줄을 내가 알았나이다 그러나 이 말씀 하옵는 것은 둘러선 무리를 위함이니 곧 아버지께서 나를 보내신 것을 그들로 믿게 하려 함이니이다

43 이 말씀을 하시고 큰 소리로 나사로야 나오라 부르시니

44 죽은 자가 수족을 베로 동인 채로 나오는데 그 얼굴은 수건에 싸였더라 예수께서 이르시되 풀어 놓아 다니게 하라 하시니라

기도요점

예수님은 내가 울 때 함께 울고 어느새 등 뒤에서 위로해 주시는 주님임을 알게 하소서. 기도할 때 주님께서 현재의 문제를 해결해 주심을 믿게 하소서. 긴박한 요청에 대한 응답이 지연될 때라도 주님을 신뢰하게 하소서, 내 기도가 하나님의 영광을 드러

내기 원하는 기도이게 하소서.

도움의 말

나사로(라자루스)는 히브리 이름으로는 엘르아자르(엘르아살)이다. 나사로를 일으키신 표적은 요한복음에만 나온다. 요한복음에는 일곱 개의 표적이 나오는데 나사로를 일으키신 표적은 요한복음의 일곱 표적 중 마지막 표적으로 절정이다. 이후 예수님을 십자가과 부활을 향해 나아간다. 베다니는 헬라어로는 〈베타니아〉, 히브리어로는 〈벧트-아니〉이다. 무화과의 집, 가난한 자의 집 등으로 해석된다. 베다니라 불리는 곳은 두 곳이다. 한 곳은 세례 요한이 세례를 베푼 곳으로 요단강 어딘 가에 있다(요 1:28). 나사로가 살던 베다니는 예루살렘에서 동쪽으로 감람산을 지나 남동쪽으로 조금 가면 나온다. 예루살렘에서 베다니까지는 3킬로미터 거리이다. 이곳을 지나 황량한 산 아래로 한참 내려가면 여리고에 이른다.

나사로를 일으키심은 예수님이 어떤 분이신지 드러내는 표징이다. 첫째, 예수님은 부활이요 생명이시다. 죄의 용서와 영원한 생명이 오직 그를 통해서 온다. 나사로의 부활은 한시적 예표이다. 둘째, 예수님은 애통하는 자와 함께 애통하는 분이다. 가까운 사람의 죽음에 대한 슬픔과 눈물은 우리 인생이 늘 겪는 일이다. 예수님은 마리아와 다른 사람들이 우는 것을 보시고 비통히 여기시고 불쌍히 여기셨다(33절). 친구의 시신이 누워 있는 무덤 가까이에서도 예수님은 눈물을 흘리셨다(35절). 예수님은 냉정한 능력자가 아니다. 예수님은 모든 것을 초월해 버리는 고고한 명상가도 아니다. 예수님은 우리가 말하기 전에 먼저 우리 형편에 아파하시고, 우리 기도에 응답하기 전에 먼저 우리와 함께 고통 받는 분이시다. 셋째, 예수님은 우리 인생의 문제를 해결해 주시는 분이다. 예수님은 마르다와 마리아가 맞은 불행을 해결해 주실 유일한 분이시다. 넷째, 예수님은 우리를 사랑하시지만 우리의 생각과 우리가 정한 스케줄에 따라 움직이시는 분은 아니다. 마르다에게 늦게 오신 것이 그것을 말한다. 또한 그분은 우리의 기도의 내용과 분량에만 답하는 분도 아니다. 마르다는 나사로의 병을 고치기 원했으나 예수님을 죽은 나사로를 살리셨다. 내가 원한대로 되지 않을 때, 즉각 응답받지 못할 때도, 그 분은 우리를 사랑하고 계획을 가지고 계신다.

웸블리 축구(럭비) 경기장에서 한 찬송곡이 울린다. 런던 올림픽(2012) 개회식에서도 같은 찬송이 연주되었다. 어떤 경기에서는 1927년 이래 지금까지 매년 그 찬송이 울려 퍼진다. 확인하기 어려우나 타이타닉 침몰 마지막 순간에도 이 곡이 연주 되었다고 한다. 2009년 항공기 사고 때 네덜란드 공항에서도 울려 퍼졌다. 마하트마 간디가 사랑했던 찬송이며 인도의 독립을 축하하기 위해 1950년 엘리자벳 여왕이 인도를 방문했을 때도 연주되었다. 매년 힌두교 국교의 인도 '공화국 국경일', 행사 마지막 시간 광장 곁 첨탑에서 종이 울리면 육해공군경찰 연합악대가 파이프(관악기)로 이 곡을 연주한다. 엄숙하고 경건한 분위기가 광장을 가득 채운다. 이 찬송가는 라이트(H. F. Lyte)의 찬송시에 몽크(W. H Monk,)가 곡을 붙인 "때 저물어서 날이 어두니(Abide with Me)"이다.

1. 때 저물어 날 이미 어두니 구주여 나와 함께 하소서
   내 친구 나를 위로 못할 때 날 돕는 주여 함께 하소서
2. 내 사는 날이 속히 지나고 이 세상 영광 빨리 지나네
   이 천지 만물 모두 변하나 변찮는 주여 함께 하소서
3. 주 홀로 마귀 물리치시니 언제나 나와 함께 하소서
   주같이 누가 보호하리까 사랑의 주여 함께 하소서
4. 이 육신 쇠해 눈을 감을 때 십자가 밝히 보여 주소서
   내 모든 슬픔 위로 하시고 생명의 주여 함께 하소서

오늘 우리는 부활과 생명으로 다시 만날 그 분을 그리워하며, 부활과 생명을 이미 우리에게 베푸신 주님의 사랑에 감격하며 살아간다.

묵상 나누기
위에서 묵상한 내용을 간략히 기록하고 함께 나눈다.

찬송
"때 저물어서 날이 어두니" (481장)

Ⅳ. 귀신 들린 사람을 고치시다

29. 귀신 들린 두 사람을 고치시다(마 8 : 28-34)

주제와 연관된 질문 _

1. 유대 사회에서 돼지와 돼지 치는 사람은 어떤 이미지를 갖는가?
2. 온 시내 사람이 예수를 만나러 가서 떠나기를 간구한 이유가 무엇인가?
3. 하나님의 아들은 나와 무슨 상관이 있는가?
4. 예수님의 사역이 하나님 나라 확장이라면 우리의 생업은 무엇을 위한 것이어야 하는가?

주제 내용 _

본문은 예수님이 누구신지 증언한다. 앞 구절에서는 풍랑을 다스리시는 주님이셨고 여기서는 귀신/영적 존재를 다스리시는 주님이시다. 예수님은 배를 이용하여 갈릴리 호수 건너편에 도착했다. 그곳에는 귀신 들린 사람 두 명이 있었다. 오늘 의학으로는 사람을 직접 보아야 정확한 진단을 내릴 수 있겠으나 당시의 세계에서는 미친 것과 귀신 들린 것이 동의어였다. 그들은 무덤 사이에서 살고 있었다. 무덤은 땅 속을 말하는 것이 아니라 굴이나 바위를 파낸 공간으로 시신을 안치한 곳이다.

이 두 사람의 광기는 매우 심하여 "아무도 그 길을 지나갈 수 없을 지경"이었다. 그 두 사람은 예수께 스스로 나와서 "우리가 당신과 무슨 상관이 있나이까 때가 이르기 전에 우리를 괴롭게 하려고 왔나"고 말한다. 그들은 예수께서 귀신을 파괴할 수 있고 다스릴 수 있는 분임을 알고 있다. 예수로 인한 자신들의 운명이 어떻게 될지 아는 귀신들은 멀리 있는 돼지 떼를 보고 쫓아내시려거든 돼지 떼로 들여보내 달라고 요청한다. 예수께서 명하시자 그들은 사람에게서 나와 돼지에게로 들어간다. 돼지는 바다에 들어가 몰사한다. 당연히 그 두 사람은 정상을 찾게 되었다.

돼지 사업하는 자들은 큰 손해를 입게 되고 예수께 떠나라고 요청한다. 예수께서 예루살렘 성전의 종교인들 꾸짖자 예수를 적대시 한 사람들이 떠오른다(마 21:12-17). 그들이 만일 돼지 떼가 죽은 것이 예수님이 탓이라고 생각한다면 그들은 예수를 믿어야 한다. 왜냐하면 물에 들어간 것은 돼지의 결정이 아니라 귀신이 움직인 것이며, 이를 통해 예수께서는 영적 존재마저 명령하고 쫓아내고 파괴하는 분임이 드러났기 때문이다. 그러나 그들은 예수님의 능력을 보았으면서도 일부로 눈감고, 재산 손실에만 관심을 둔다. 자신들의 숨겨진 문제를 해결할 수 있는 예수님을 배척하는 행동이 안쓰럽다. 예수님 능력을 보았으면서도 재산손실을 더 걱정하는 사람. 우리는 무엇을 중요하게 생각하는가? 지금도 하나님 나라가 임하고 있으며 장래에 하나님 나라가 완성될 줄 믿는가?(참고. 주기도문)

주제와 연관된 성경공부와 말씀묵상 _

하나님의 아들 예수님의 권세 능력

본문말씀 (마 8:28-34)

28 또 예수께서 건너편 가다라 지방에 가시매 귀신 들린 자 둘이 무덤 사이에서 나
　　와 예수를 만나니 그들은 몹시 사나워 아무도 그 길로 지나갈 수 없을 지경이더라

29 이에 그들이 소리 질러 이르되 하나님의 아들이여 우리가 당신과 무슨 상관이 있
　　나이까 때가 이르기 전에 우리를 괴롭게 하려고 여기 오셨나이까 하더니

30 마침 멀리서 많은 돼지 떼가 먹고 있는지라

31 귀신들이 예수께 간구하여 이르되 만일 우리를 쫓아 내시려면 돼지 떼에 들여 보
　　내 주소서 하니

32 그들에게 가라 하시니 귀신들이 나와서 돼지에게로 들어가는지라 온 떼가 비탈

로 내리달아 바다에 들어가서 물에서 몰사하거늘

33 치던 자들이 달아나 시내에 들어가 이 모든 일과 귀신 들린 자의 일을 고하니

34 온 시내가 예수를 만나려고 나가서 보고 그 지방에서 떠나시기를 간구하더라

기도요점

하나님의 아들이신 예수님과 나는 어떤 관계이며 무슨 상관이 있는지 묵상하고 기도한다. 예수님은 귀신들에게는 괴로움을 주기 위해, 우리를 위해서는 해방과 기쁨을 주시기 위해 오셨음을 묵상한다. 내가 하나님 나라의 확장을 위해 할 수 있는 일이 무엇인지 묵상하고 하나님께 헌신의 기도를 올린다.

도움의 말

군대귀신 들린 두 사람에게 관한 기록은 마가복음 5장 1-20절과 누가복음 8장 26-39절에도 나온다. 마태의 기록이 가장 짧다. 마가와 누가는 각각 가다라 지방과 거라사 지방이라 한다(막 5:1; 눅 8:26). 이런 차이는 고대 사본들이 약간 차이를 보이기 때문이다. 가다라는 헬라시대와 로마 시대에 가장 헬라화한 도시로 헬라 문명의 중심지였으며 정치 종교적 위상도 높았다. 가다라 지방의 행정구역은 갈릴리 바다 남단까지 이르렀으며 거라사는 그 지방에 속한 성읍이었을 것이다. 가다라는 데가볼리 도시 연맹의 하나인 헬라 도시가 있는 곳이었다. 해수면 380미터 고도, 갈릴리 바다 남단에서 10킬로미터 지점에 위치한다(위키피디어).

돼지가 물로 우르르 들어 간 것을 미루어 보건대, 가다라 지방에서 돼지가 방목된 것으로 보인다. 누가 그 많은 돼지를 길렀으며 누가 소비를 했을까? 율법에서 돼지를 부정한 짐승으로 정하고 먹지 말라 했으니 이방인, 특히 로마 군대를 위한 단백질 공급용이었을 것이다. 또한 가다라 지방은 로마 통치 지역으로 우상 숭배가 만연한 곳이었다. 수많은 신전들에서 제물로 쓰일 돼지가 필요했다. 돼지 목장 주인이나 치는 사람은 유대인인지, 유대인이 이방인을 고용해서 돼지를 기르고 공급했는지는 알 수 없다. 대규모 자본과 시장의 논리가 작용하고 있었던 것은 분명하다.

귀신들의 기원에 대해시는 다양한 의견이 있을 뿐 확정할 수 없다. 창세기 6:1 8의 하나님의 아들로부터 그 창세 이전부터 존재했다는 설이 있으나 설에 그친다. 고대에

는 발병이 귀신의 침입이나 활동에 의한 것으로 해석되곤 했다. 현재도 과도할 정도로 질병을 귀신의 탓으로 돌리는 종교인도 있다. 마태는 이 표적을 통해 영적 존재마저 예수님을 두려워하며 예수님은 영적 존재들을 말씀으로 축출하는 신적 권능을 가진 분임을 증언한다. 두 사람과 돼지 떼에 들어 간 것을 미루어 볼 때, 예수님은 귀신들이 아직은 이 땅에서 자기 집을 갖도록 허락하신다. 하나님 나라는 점점 확장되고 귀신의 세력은 점점 축소되어 마지막 심판 때에 하나님을 귀신과 마귀의 세력을 영영히 멸하실 것이다.

묵상 나누기
위에서 묵상한 내용을 간략히 기록하고 함께 나눈다.

찬송
"내 진정 사모하는" (88장)

30. 귀신 들려 말 못하는 사람을 고치시다
(마 9 : 32-34)

주제와 연관된 질문 _

1. 나는 남에겐 말할 순 없어도 주님이 내게 베푸신 놀라운 일을 겪은 적이 있는가?
2. 증인과 변호인의 차이는 무엇인가? 나는 주님의 증인인가 변호인인가?
3. 바리새인과 고침 받은 사람의 신앙관 차이는 어디서 온다고 생각하는가?

주제 내용 _

예수님이 두 맹인의 눈을 뜨게 하시자 그 일이 온 땅에 알려졌다. 두 맹인은 귀신 들어 말 못하는 사람을 예수께 데려왔다. 예수님은 귀신을 쫓아내었고 그는 말할 수 있게 되었다. 매우 간단하게 기록되어 있으나 예수님의 능력을 증언하기에는 충분하다. 예수님은 보지 못하는 것과 듣지 못하는 것을 순식간에 고치셨다. 예수님이 창조주와 같은 속성의 분임을 말해준다.

그일 후에 예수님은 말 못하는 사람을 고쳐주셨다. 바리새인의 반응은 한결같다. "그가 귀신의 왕을 의지하여 치유하였다"라고 말한다. 예수님을 귀신의 왕이라고 한 것도 아니다. "귀신의 왕을 의지하여"라고 했으니 예수님이 왕 귀신의 졸개라는 것이다. 참 말이 되지 않는다. 어찌 귀신의 왕이 자기가 임명하고 부리는 부하 귀신을 괴롭히고 쫓아내겠는가? 예수님의 능력과 이적을 보아도 모독의 말을 하는 이유는 그들의 신앙교육 때문이다. 예수님의 이적은 사람이 할 수 있는 일이 아니다. 그렇다면 자신들의 신앙에 근거해서 충분히 검토해야 한다. 아무리 전통과 성경에 능할지라도 그들은 엄청난 한계를 가진 인간에 불과하다. 그리하여 그들은 자신들도 베풀던 가난한 자에 대한 넉넉한 마음, 이웃 사랑마저 잃어버렸다. 듣지 못하는 사람이 예수님에게 고침 받자 축하하기는커녕 "귀신의 왕이 귀신을 쫓아내었다"고 하는 심한 말을 한다. 그런 말을 듣게 된 사람은 바리새인들의 말에 큰 충격을 받았을 것이다. 당연히 그 사람은 바리새인들의 가르침이 얼마나 무정한 것이며 취약한 것인지를 알게 되었을 것이다. 사랑이 없는 것은 아무것도 아님을 바리새인들이 잘 보여준다.

주제와 연관된 성경공부와 말씀묵상 _

이스라엘 가운데서 이런 일을 본 적이 없다.

본문말씀 마태복음 9:32-34

32 그들이 나갈 때에 귀신 들려 말 못하는 사람을 예수께 데려오니

33 귀신이 쫓겨나고 말 못하는 사람이 말하거늘 무리가 놀랍게 여겨 이르되 이스라엘 가운데서 이런 일을 본 적이 없다 하되

34 바리새인들은 이르되 그가 귀신의 왕을 의지하여 귀신을 쫓아낸다 하더라

기도요점

연약한 사람들을 살피며 주 앞으로 인도하게 하소서. 바른 신앙으로 삼위일체 하나님을 바로 알게 하소서. 시기와 욕심과 교만으로 바른 것을 제대로 판단하지 못하는 내 마음의 눈과 귀를 열어 주소서.

도움의 말

이 표적은 마태복음에만 나온다. 귀신 들려 말 못하는 사람은 누구인지 어디서 사는지 예수님에 대한 그들의 신앙 정도는 어떤지 전혀 언급되지 않는다. 이 사람은 예수님이 누구신지에 대한 논의의 배경이 될 뿐이다. 오히려 무리의 반응이 이 단락의 주

제라 할 수 있다. "이스라엘 가운데서 이런 일을 본 적이 없다(33절)." 예수님의 초월적 능력을 증언한다. 이스라엘의 전통 종교의 반응은 바리새인의 입을 통해 나타난다. "그가 귀신의 왕을 의지하여 귀신을 쫓아낸다." 하나님을 잘 믿는다고 자타가 인정하는 바리새인들은 이렇게도 오도되어 있는 것이 놀랍다. 창조주만이 할 수 있다는 그들의 성경지식도, 눈앞에서 일어난 일을 본 증인들의 보고도 그들에게는 아무런 소용이 없다. 단지 자신들의 마음속에 든 것을 변함없이 붙드는 교만하고 악한 모습을 보일 뿐이다. 영적 시각은 어떻게 교정될 수 있을까? 오직 하나님의 은혜만이 바르게 보고 바르게 생각하고 바르게 말할 수 있게 한다.

오히려 귀신 들려 말 못하는 사람을 데리고 온 사람들이 귀하다. 그들은 예수님의 증인의 활약을 한 것이다. 주님의 은혜를 입은 우리는, 우리의 증인됨을 생각해 본다. 성경은 "땅 끝까지 이르러 '내(예수님)' 증인"이 되라 하는가(참고. 행 1:8; 2:32; 3:15; 5:32; 10:39; 13:31; 벧전 5:1; 계 17:6), 아니면 '여호와'의 증인이 되라하는가? 주 예수 그리스도의 은혜를 아는 사람만이, 하나님의 사랑이 얼마나 큰지 알게 되고, 성령님의 힘을 입어 하나님의 백성으로 살아간다(축도의 순서를 생각해 보라). 우리에게 예수님은 누구인가? 우리는 예수님이 행하신 표적으로부터 무엇을 배우고 알게 되는가? 주님이 우리에게 명하시는 삶은 어떠해야 하는가?

묵상 나누기

위에서 묵상한 내용을 간략히 기록하고 함께 나눈다.

찬송

"어두 운 내 눈 밝히사" (366장)

31. 귀신 들려 눈 멀고 말 못하는 사람을 치유하시다(마 12 : 22-37)

주제와 연관된 질문 _

1. 나는 다른 이들을 주님께 인도하려고 얼마나 노력하는가?
2. 예수님은 나에게 어떤 영적 육적 복을 주셨는가?
3. 나는 예수님을 더 알기 원하는가?
4. 이 세상이 영적 전쟁터임을 인식하고 사는가? 나는 얼마나 주님을 의지하는가?

주제 내용 _

"귀신 들려 눈멀고 말 못하는 사람"을 누군가가 데리고 오자 예수께서 고쳐주셨다. 무리는 이일을 보고 예수님을 "다윗의 후손이 아닌가"라며 놀라움을 표했다. "다윗의 자손"이란 말은 단순히 족보를 말하거나 역사적 다윗과의 관계를 말하는 것이 아니다. 유대인들이 이방 강대국의 온갖 억압 속에서 기다린 메시아를 말한다. 메시아는 이스라엘을 회복시킬 왕이긴 하지만, 죄와 질병과 가난과 온갖 억압을 해결하실 분이었다(예. 사 61:1-3). 맹인이 보고, 듣지 못하는 사람이 듣는 놀라운 기적을 보고서는 무리들이 예수님을 "다윗의 자손이 아닌가"라고 자문한 것이다.

바리새인들이 보지 못하고 듣지 못하는 것이 귀신 탓이라고 직접 말하지는 않았지만 그들의 말 속에는 그런 인식이 들어있다. 그들은 율법의 선생들임에도 불구하고 무지

한 자들처럼 귀신의 왕만이 귀신을 쫓아낸다는 말을 한다. 바리새인들의 태도는 여전히 자기중심적이며 자기이익을 생각한다. 치유된 사람의 기쁨에 동참하지 않는 것은 물론, 예수님의 치유 사역에 대해 도 넘는 모독과 모함으로 일관한다. 예수님과 하나님을 향한 그들의 눈과 귀가 완전히 닫힌 상태이기 때문이다. 이들은 하나님의 능력을 실행한 "다윗의 자손"을 졸지에 "귀신의 왕 바알세불을 힘입는 자"로 만들어버렸다. 그들의 이론 자체도 말이 안 된다. 어찌 "귀신의 왕"이 자기 부하 "귀신"을 쫓아내겠는가? 귀신의 왕은 부하 귀신들이 자리를 잡도록 돕는 역할을 하지 않겠는가? 예수님의 치유가 하나님께로부터 온 것을 마음으로 거부한 결과, 조금만 생각해도 알 수 있는데도 말이 안 되는 설명을 하는 것이다.

예수께서는 그 해석의 문제점을 지적하신다. "만일 사탄이 사탄을 쫓아내면 스스로 분쟁하는 것이니 그리하고야 어떻게 그의 나라가 서겠느냐." 이어서 예수님은 반격의 질문을 던지신다. "내가 바알세불을 힘입어 귀신을 쫓아내면 너희의 아들들은 누구를 힘입어 쫓아내느냐." 바리새인들이 대답할 수 없는 질문이다. 그들은 아예 귀신을 쫓아낼 수도 없고 쫓아내 본적도 없다. 하나 남은 가능성으로 그들이 전능하신 하나님을 의지하여 귀신을 쫓아내는 것이다. 그러나 그것이 가능하지 않은 것은 하나님이 그들과 함께 하지 않으실 뿐 아니라 그들이 하나님을 의지하는 겸손한 인간이 아니기 때문이다. 하나님이 귀신을 쫓아낸다고 말을 하게 되면 예수님 사역을 인정하는 것이 된다.

귀신을 쫓아낸 치유가 성령님에 의해 이루어진 것이며 그것이 하나님 나라가 이미 임하신 표징, 즉 사탄의 권세가 무너지기 시작한 것을 보여주는 표징이라고 예수님은 선포하신다. 이어 예수님은 바리새인들을 향하여 용서받지 못할 죄에 대해 말씀하신다. "사람에 대한 모든 죄와 모독은 사하심을 얻되 성령을 모독하는 것을 사하심을 얻지 못한다(31절)." "누구든지 말로 인자를 거역하면 사하심을 얻되 누구든지 말로 성령을 거역하면 이 세상과 오는 세상에서도 사하심을 얻지 못한다." 바리새인들의 말과 태도가 얼마나 악한 것인지 가르쳐 주신 것이다. 다른 사람도 아니고 율법의 교사란 사람들이 어찌 하나님과 성령과 예수의 사역을 사탄이나 바알세불의 사역이라고 말하는가. 예수님은 바리새인들이 자신들 속에 든 것을 입으로 낸 것이라며 험하게 꾸짖는다. "독사의 자식들아 너희는 악하니 어떻게 선한 말을 할 수 있느냐 이는 마음에 가득한 것을 입으로 말했다."

우리는 본문에서 보지 못하고 말 못하는 사람의 치유를 보았으며, 또한 보지 못하고 듣지 못하고 제대로 된 말을 하지 못하는 바리새인들을 보았다. 예수님은 치유자이시며 예수님을 바로 아는 사람은 영적으로 치유 받은 사람이다. 예수님은 바리새인들의 말을 가지고 선한 말의 중요성을 가르치신다. "선한 사람은 그 쌓은 선에서 선한 것을 낸다." "네 말로 의롭다 함을 받고 네 말로 정죄함을 받는다." 선한 말은 선한 마음에서 나오므로 우리 모두는 선한 말을 하도록 노력하며 선한 마음을 갖도록 그리스도 안에서 늘 성장해야 한다.

주제와 연관된 성경공부와 말씀묵상 _

선한 사람은 그 쌓은 선에서 선한 것을, 악한 사람은 그 쌓은 악에서 악한 것을 낸다.

본문말씀 마태복음 12:22-37

22 그 때에 귀신 들려 눈 멀고 말 못하는 사람을 데리고 왔거늘 예수께서 고쳐 주시매 그 말 못하는 사람이 말하며 보게 된지라

23 무리가 다 놀라 이르되 이는 다윗의 자손이 아니냐 하니

24 바리새인들은 듣고 이르되 이가 귀신의 왕 바알세불을 힘입지 않고는 귀신을 쫓아내지 못하느니라 하거늘

25 예수께서 그들의 생각을 아시고 이르시되 스스로 분쟁하는 나라마다 황폐하여질 것이요 스스로 분쟁하는 동네나 집마다 서지 못하리라

26 만일 사탄이 사탄을 쫓아내면 스스로 분쟁하는 것이니 그리하고야 어떻게 그의 나라가 서겠느냐

27 또 내가 바알세불을 힘입어 귀신을 쫓아내면 너희의 아들들은 누구를 힘입어 쫓아내느냐 그러므로 그들이 너희의 재판관이 되리라

28 그러나 내가 하나님의 성령을 힘입어 귀신을 쫓아내는 것이면 하나님의 나라가

이미 너희에게 임하였느니라

29 사람이 먼저 강한 자를 결박하지 않고서야 어떻게 그 강한 자의 집에 들어가 그 세간을 강탈하겠느냐 결박한 후에야 그 집을 강탈하리라

30 나와 함께 아니하는 자는 나를 반대하는 자요 나와 함께 모으지 아니하는 자는 헤치는 자니라

31 그러므로 내가 너희에게 이르노니 사람에 대한 모든 죄와 모독은 사하심을 얻되 성령을 모독하는 것은 사하심을 얻지 못하겠고

32 또 누구든지 말로 인자를 거역하면 사하심을 얻되 누구든지 말로 성령을 거역하면 이 세상과 오는 세상에서도 사하심을 얻지 못하리라

33 나무도 좋고 열매도 좋다 하든지 나무도 좋지 않고 열매도 좋지 않다 하든지 하라 그 열매로 나무를 아느니라

34 독사의 자식들아 너희는 악하니 어떻게 선한 말을 할 수 있느냐 이는 마음에 가득한 것을 입으로 말함이라

35 선한 사람은 그 쌓은 선에서 선한 것을 내고 악한 사람은 그 쌓은 악에서 악한 것을 내느니라

36 내가 너희에게 이르노니 사람이 무슨 무익한 말을 하든지 심판 날에 이에 대하여 심문을 받으리니

37 네 말로 의롭다 함을 받고 네 말로 정죄함을 받으리라

기도요점

하나님의 자녀로 삼아주심에 감사합니다. 예수님을 사랑하며 성령님을 의지하고 살게 하시니 감사합니다. 예수님의 사랑을 본받아 하나님 나라의 확장을 위해 힘쓰는 사람이 되게 하소서. 악한 마음을 다스려 주시고 늘 선한 열매를 맺게 하소서. 생각하는 것이나 말하는 것이나 행하는 것에서 예수님 향기 나게 하소서.

도움의 말

바리새인들은 예수님이 바알세불을 힘입었다고 말한다. 바알세불은 구약성경의 '바알세붑'에서 나온 우상이름이다. 바알세붑은 '파리의 주(lord of flies)'로서 파리 모양의

우상이며 블레셋 땅 에그론에서 숭배되었다(왕하 1:2-18). 북이스라엘의 아하시야 왕(주전 853-852)은 자기 병이 회복될 것인지 바알세붑에게 물었다(왕하 1:2, 6, 16). 바알세불은 사탄과 동의어로도 쓰인다(눅 11:18). 구약성경에서 사탄은 보통 명사이기도 하고 고유명사이기도 하다. 사탄이 동사로 쓰이면 '대적하다'를 뜻한다. '일반 명사 사탄'은 이스라엘을 대적하는 나라의 왕의 대명사이다(왕상 5:4[18]; 11:14, 23). 욥기에서 사탄은 고유명사로서 영적 존재이지만 하나님 곁에 서 있으며 하나님이 부리는 영적 존재이다(욥 1:6). 민수기 22장 22절에서 하나님은 사탄을 보내 발람의 길을 가로막는다. 그러나 사탄은 '악한 영적 존재'로 묘사되기도 한다. 사탄은 다윗을 부추겨 인구조사를 하게 한다(대상 21:1). 구약성경에서는 그 행동과 역할을 보고 악한 영적 존재를 말씀하는 것인지 아닌지 구별해야 한다. 신약성경에서 사탄은 완전히 악한 영의 대명사이다. 우리 본문에서 바리새인들은 얼마나 악한지 귀신을 쫓아낸 예수님을 사탄의 졸개로 보았다. 바리새인들은 예수님이 귀신의 왕 바알세불에 힘입어 귀신을 쫓아낸다고 비난하였다.

예수님은 인자를 거역하면 사하심을 얻지만 성령을 모독 혹은 거역하면 사하심을 얻지 못한다 하신다(31, 32절)한다. 성령을 모독하는 죄는 어떤 죄일까? 우리는 단지 추정하고 유추할 수 있을 뿐이다. 당시 백성들의 신앙을 가르치는 바리새인들이 예수님의 축귀 이적을 귀신의 왕이 한 일로 정의했다. 예수님의 덧붙인 설명은 "나무도 좋고 열매도 좋다 하든지 나무도 좋지 않고 열매도 좋지 않다 하든지 하라 그 열매로 나무를 아느니라," "너희는 악하니 어떻게 선한 말을 할 수 있느냐 이는 마음에 가득한 것을 입으로 말함이라," "선한 사람은 그 쌓은 선에서 선한 것을 내고 악한 사람은 그 쌓은 악에서 악한 것을 내느니라"고 하셨다. 표출된 것은 마음에서 나온 것이라는 것이다. 예수님의 축귀 사역에 대한 바리새인들의 해석은 나쁜 나무의 열매, 악이 가득한 마음의 표출, 악한 사람이 하는 행동이라는 말씀이다. 본문으로부터 유추하면, 성령을 거역하고 모독하는 죄는 악한 마음과 생각과 성품에서 나오는 것으로서, 예수님의 하나님이심에 대한 고의적인 대적과 왜곡으로 자신들 뿐 아니라 복음을 들어야 하는 사람들을 듣지 못하게 하는 행위이다. 이는 하나님과 그 아들 예수님을 대적하는 것이며 또한 하나님 아들이시며 구원자인 예수님을 전파하기 위해 오신 성령님의 사역을 훼방하는 것이다. 또한 예수님의 표적에 함께 하신 성령님의 사역을 마귀의 사역이라고 무리 앞에서 평가를 내린 것은 성령님을 모욕하고 거역한 것이다. 이는 예수님이 누구신줄 알면서도 하나님의 사역을 방해하고 예수님을 죽이려한 사탄의 행동과 다름 아니다.

한 번 잘못하면 끝까지 회개가 불가능한 죄, 용서받을 수 없는 죄는 무엇일까? 만일 예수님을 바알세불이라고 한 바리새인이 회개하면 어떻게 되는가? 만일 성령께서 그들에게 회개할 마음을 주시면 그들은 성령님의 사람이 될 수 있을 것이다. 사도 바울은 믿기 전에 교회를 파괴하고 성도를 투옥하고 예수를 멸시한 사람이었지만 주님의 위대한 종으로 쓰임 받았다. 성경 본문 중에는 극단적인 말씀들이 나온다. 예수님의 제자가 되려면 아비나 어미를 미워하지 않으면 안 된다는 말씀을 문자적으로 받아들이지는 않는다. 아마 예수께서 말씀하신 것은 바울이 사울이었던 때처럼 알지 못해서 성령을 거부하고 모욕하는 것을 말하는 것이 아니라, 마치 사탄이 그러하듯 성령님을 알면서 고의로 대적하는 것을 말씀한 것으로 보인다. 그 외 성령을 훼방, 모독, 거역하는 죄가 무엇인지에 관해 남들도 다 어려워한다. 예수 믿지 않는 것, 하나님의 구원역사를 마귀의 역사라고 하는 것, 성령님께서 행하시는 각종의 능력과 기사를 마귀의 은사나 속임수라고 하는 것, 한번 비췸을 얻고 성령에 참예한바 되고 타락한 것(히 6:4-6), 하나님 아들을 밟고 성령을 욕되게 하는 것(히 10:26-29), 마지막까지 예수님과 성령님께 대적하는 것 등이 그 설명으로 제시된다.

양심이 화인 맞아 회개로 나아가는 것이 불가능한 사람도 분명 있다. 예수님 보다 자신이 높다는 사람, 예수님이 자기와 동격이라는 사람, 십자가도 지지 않으면서 자기가 제2의 예수라는 사람, 예수는 실패했다고 가르치는 사람들 말이다. 기독교 이단 창시자들 중 (한번 혹은 슬쩍) 예수교인으로 시작했으나(참고. 히 6:4), 나중에는 새로운 유사기독교를 만들거나 자신의 이름으로 된 종교를 만드는 사람들이 있다. 많은 사람의 인생을 파괴하고 자신은 육신의 정욕을 따라 살다 죽은 사람들을 우리는 안다. 실컷 누리다가 죽기 전에라도 회개하면 되지 않을까 생각할 수 있으나 그들은 양심이 화인 맞아 회개를 할 마음도 기회도 갖지 못한다. 그들이 망상가나 과대망상증 환자라면 회개 자체를 생각할 수도 없을 것이고, 사기꾼이라면 그러고 싶지 않을 것이다.

심각한 이단의 창시자 중에 자신의 고의적이며 사기적 죄를 하나님께는 물론 자기가 속인 사람들에게 철저히 회개하고, 책임을 지고, 예수님 앞에 눈물로 용서를 구하고, 자기가 만든 공동체를 자기 살아있을 동안 해산했다는 말을 들어 보지 못했다. 예수님 말씀이다. "선한 사람은 그 쌓은 선에서 선한 것을 내고 악한 사람은 그 쌓은 악에서 악한 것을 내느니라 내가 너희에게 이르노니 사람이 무슨 무익한 말을 하든지 심판 날에 이에 대하여 심문을 받으리니 네 말로 의롭다 함을 받고 네 말로 정죄함을 받으리라(35-37절)."

혹, 나도 성령님을 모독한 죄를 범한 것이 아닐까 '걱정하는 사람'이 있다면 그는 성령님의 사람일 가능성이 높다. 고의로 성령님을 거역하고 모독하는 사람은 그런 걱정을 하지 않는다. 성령님과는 원수인데 왜 걱정하겠는가? 더 모독하고 싶지. 우리는 우리를 영원토록 사랑하시고 자기 목숨까지 아끼지 않고 내어 주신 하나님의 자녀이다. 성령께서 내주하시며 우리를 지키시고 이끄신다.

묵상 나누기
위에서 묵상한 내용을 간략히 기록하고 함께 나눈다.

찬송
"성령이여 우리 찬송 부를 때"(175장)

---

32. 귀신 들린 딸을 둔 가나안 여자의 믿음
(마 15 : 21-28)

주제와 연관된 질문 _

1. 나의 자녀들을 위하여 하나님께 자주 그리고 간절히 기도하는가?
2. 내가 하나님 섬기는 일로 말미암아 무시를 당할 때 어떻게 극복하는가?
3. 나는 내가 속한 공동체에서 겸손히 섬기는가?
4. 귀신 들린 딸을 둔 가나안 여자에게서 어떤 신앙적 교훈을 얻는가?

주제 내용 _

예수님은 주로 갈릴리 지방이나 예루살렘에서 활동하셨다. 이방인들을 만나시고 그들에게 기적을 베푸시기도 했으나 그것은 팔레스타인 지역 안에서 일어난 일이었다. 팔레스타인 지역 밖으로 나가셔서 복음 사역한 것은 성경에 단 한 번 기록되어 있는데 두로와 시돈 지방에서 하신 일이다. 예수님이 왜 그곳으로 가셨는지는 정확히 알 수 없다. 수많은 군중들의 요구를 피해 잠시 쉬고 기도하기 위해, 바리새인이나 사두개인 등 종교지도자들의 어떤 행동 때문에, 우리가 모르는 어떤 이유가 있어 그리로 가셨을 수도 있다. 그러나 그곳에도 예수님의 소문을 아는 사람이 있었다. 가나안 여자는 예수님을 본 후 놀라운 반응을 보인다. 소리 지르며 말한 내용은 "주 다윗의 자손이여 나를 불쌍히 여기소서"이다. 이방 여자의 입에서 나온 말이라고 보기 어려울 정도이다. 이 여자는 예수님을 유대인들이 기다리는 신적 메시아라고 고백할 뿐 아니라 이방인인 자신을("나를") 불쌍히 여기옵소서라며 유대인의 전통적 구원에 대한 가르침을 넘어선다. 유대인을 구원할 "다윗의 자손"이 가나안 여인인 자신의 문제를 해결할 수 있는 "주"라는 것이다.

그녀의 딸이 귀신에게 붙잡혔다. 증상이 나와 있지는 않지만 제어할 수 없는 행동을 했을 것이다. 해결할 수 없는 딸의 문제를 짊어지고 사는 한 어머니의 육체적, 정신적, 가정적 고통이 얼마나 클지 짐작할 만하다. 아버지도 형제친척도 나오지 않고 단지 어머니가 나온다. 그녀는 필사적이다. 소리 지르며 요청하는데도 예수님은 반응하지 않고, 제자들은 여자가 뒤따라오면서 계속적으로 부르짖는 외침에 힘들었는지 "그를 보내소서"라고 말한다. 여자의 행동이 귀찮을 뿐 아니라 제자들 역시 예수님의 사역 영역이 유대인에 한정된 것으로 생각했기 때문이다. 예수님의 구원 사역의 범위에 대해서 제자들과 가나안 여인의 인식이 비교된다.

예수님은 그녀의 믿음을 시험하신다. 예수님이 내신 시험 문제는 당시 사람들의 전통적 사고를 배경으로 한다. 첫째 문제이다. "나는 이스라엘 집의 잃어버린 양 외에는 다른 데로 보내심을 받지 아니하였노라." 먼저는 예수께서 두로와 시돈 지방으로 오신 것이 복음 사역을 위해 오신 것이 아니라는 것이다. 그녀가 화를 내거나 그냥 가버린다면 예수님에 대한 그녀의 인식 역시 인종이나 종교의 한계에 갇혀있는 것이 될 것이다. 그녀는 예수님의 시험을 넉넉히 통과한다. 예수님의 배타와 배척의 말씀에 굴하지 않고 예수님 앞에 나와 절하고 도와달라고 간청한다. 예수님은 직접 대답하는 대신 두 번째 문제를 그녀 앞에 놓는다. "자녀의 떡을 취하여 개들에게 던짐이 마땅하지 않다." 이방인에 대한 유대인의 인식이 담긴 문제였다. 이번에도 그녀는 흔들리지 않으며 또 한 번 놀라운 신앙고백을 한다. "주여 옳소이다. 개들도 제 주인의 상에서 떨어지는 부스러기를 먹나이다." 예수님의 말씀을 인정하면서도, 자신을 한없이 낮추고 간절함을 보여주는 고백이다.

가나안 여인은 어려운 시험을 통과했다. 예수님은 마치 브니엘의 야곱에게 승리를 선물로 주신 깃처럼 가나인 여자에게도 승리를 인기신다. "네 소원대로 되리라." 딸이 치유되었다. 그녀와 딸과 그 가정에 임한 기쁨이 얼마나 컸을지 우리는 충분히 상상할 수 있다. 사랑은 장애물이 그 무엇이든 돌파하다는 사실을 가나안 여자로부터 배운다.

주제와 연관된 성경공부와 말씀묵상 _

그 때로부터 그의 딸이 나으니라

본문말씀 마태복음 15:21-28

21 예수께서 거기서 나가사 두로와 시돈 지방으로 들어가시니

22 가나안 여자 하나가 그 지경에서 나와서 소리 질러 이르되 주 다윗의 자손이여 나를 불쌍히 여기소서 내 딸이 흉악하게 귀신 들렸나이다 하되

23 예수는 한 말씀도 대답하지 아니하시니 제자들이 와서 청하여 말하되 그 여자가 우리 뒤에서 소리를 지르오니 그를 보내소서

24 예수께서 대답하여 이르시되 나는 이스라엘 집의 잃어버린 양 외에는 다른 데로 보내심을 받지 아니하였노라 하시니

25 여자가 와서 예수께 절하며 이르되 주여 저를 도우소서

26 대답하여 이르시되 자녀의 떡을 취하여 개들에게 던짐이 마땅하지 아니하니라

27 여자가 이르되 주여 옳소이다마는 개들도 제 주인의 상에서 떨어지는 부스러기를 먹나이다 하니

28 이에 예수께서 대답하여 이르시되 여자여 네 믿음이 크도다 네 소원대로 되리라 하시니 그 때로부터 그의 딸이 나으니라

기도요점

내 기도 목록에 하나님 원하는 것이 들어 있게 하소서. 하나님! 장애물을 돌파하는 믿음과 사랑을 키우게 하소서. "네 믿음이 크도다 네 소원대로 되라"는 말씀 나에게도 이루어지게 하소서. 사람들의 비난이나 인정보다 하나님의 칭찬에 더 귀 기울이게 하소서.

도움의 말

본문의 주인공은 가나안 여인이다. 가나안은 광범위한 개념이지만 유대인의 관점에서는 특별한 세부 구분 없이 옛 가나안족 혈통에 속한, 혹은 종교적으로 이스라엘의 하나님을 믿지 않는 지역의 여자라는 의미이다. 두로는 지중해 연한 항구 도시이며 지중해 무역의 중심지이다. 두로는 자주색 옷감의 생산지로 가나안이나 페니키아란 말이 '자주색'에서 나왔다. 시돈은 두로 북쪽 48킬로미터 지점에 위치한다. 두로와 마찬가지로 해상무역과 교통의 중심지이다. 특히 구약시대에 두로와 시돈은 가나안 사람들의 고향과 바알 종교의 본산이었다. 열왕기상 11장에는 솔로몬의 신앙 이탈이 나온다. 많은 여자를 취한 것은 그 이유(외교적 노력)가 무엇이든 아내를 많이 두지 말라는 신명기 17장 17절의 위반이다. 솔로몬이 혼인한 여자의 첫 자리는 애굽 공주가 차지한다(왕상 11:1). 그러나 우상 숭배의 첫 자리는 시돈 사람의 여신 아스다롯이다(왕상 11:5). 이는 열왕기하 23장 13절에서도 확인된다. 두로나 시돈의 종교가 큰 영향을 끼쳤다는 뜻이다. 아합의 아내 이세벨이 시돈 공주 출신이다. 그녀의 부친은 왕인 동시에 바알 제사장이다(왕상 16:31). 그녀가 여호와 신앙을 억압하고 바알 종교를 퍼뜨리려했다. 바알종교는 이스라엘 신앙을 왜곡하고 파괴하는데 큰 영향력을 미쳤다. 성경은 가나안 사람과 그 종교에 대해 계속해서 경고한다. 이스라엘 민족이 가나안 사람을 멸시하는 배경에는 이런 민족적 종교적 판단이나 혐오가 있다.

예수님께서 말씀하신 "개들에게 던짐"과 가나안 여인이 말한 "개들도 주인의 상에서 떨어지는 부스러기를 먹음"은 당시 가정에서 기르는 개의 생활 형태를 반영한 것이다. 보통의 개는 〈퀴온〉이다(출 22:30; 왕상 16:4). 이곳에서의 개는 〈쿠나리온〉으로 집에서 기르는 작은 애완견 혹은 반려견을 말한다(막 7:27). 예수님은 그 여인을 시험하시면서 "자녀의 떡과 개"에 대해 말씀하셨다. 예수님의 인식이 담긴 것이 아니라 그 사회의 인식으로 그녀를 시험한 것이다. 오늘 우리 사회에서와 마찬가지로 매우 심한 욕이다. 유대인들은 "이방인 개," "이단자 개," "기독교인 개"라는 말을 했다(바클레이, 마태복음 하 168). 예수님은 누가복음 4장에서 이방인의 믿음을 칭찬하신 적이 있다. 예수님은 안식일에 나사렛 회당에 가서 이사야 본문을 읽으셨고 실명했나. 나사렛 사람들은 예수님을 업신여기자 이방인의 신앙심을 들어 그들을 부끄럽게 하신다. 예수님은 엘리야 시대에 삼 년 육 개월 흉년이 들었을 때에 이스라엘에 많은 과부가 있었으되 시돈 땅 사렙다의 한 과부가 하나님의 은혜를 입었으며, 엘리사 때에 이스라엘에 많은 나병환자가 있었으되 오직 수리아 사람 나아만 한 명만 치유 받았음을 말한다. 하나님의 통치와 하나님 나라의 복음이 이방에게까지 미침을 말씀한 것이다.

가나안 여인의 믿음이 놀랍다. 그 믿음은 딸에 대한 사랑에서 나온 것이다. 예수님에 대한 믿음은 온갖 장애물을 돌파한다. 사랑은 자신이 부끄러워짐을 개의치 않는다. 히브리서 말씀이다. "믿음의 주요 또 온전하게 하시는 이인 예수를 바라보자 그는 그 앞에 있는 기쁨을 위하여 십자가를 참으사 부끄러움을 개의치 아니하시더니 하나님 보좌 우편에 앉으셨느니라." 우리를 향하신 예수님의 사랑은 십자가형을 참으시게 했으며 하나님이시면서 강도취급을 받는 부끄러움을 개의치 않게 하였다(히 12:2). 우리는 하나님의 말할 수 없이 크신 사랑을 전하기 위해 어떤 일을 하는가, 어떤 일도 할 수 있는가?

묵상 나누기

위에서 묵상한 내용을 간략히 기록하고 함께 나눈다.

찬송

"내가 깊은 곳에서" (363장)

33. 더러운 귀신 들린 사람을 고치시다
(막 1 : 21-28)

주제와 연관된 질문 _

1. 율법 선생의 가르침과 예수님의 가르침의 차이는 무엇인가?
2. 예수님은 단지 훌륭한 설교자요 능력 행하는 자인가?
3. 점을 치거나 귀신의 말에 귀 기울이는 것을 어떻게 생각하는가?
4. 예수님의 권세는 나의 삶과 어떻게 연관 되는가?

주제 내용 _

예수님은 안식일에 가버나움의 한 회당에 들어가서 가르치셨다. 예수님의 공생애 동안 사역은 세 가지로 요약된다. 설교(preaching), 가르침(teaching), 치유(healing)이다. 가버나움 회당에서도 이 세 가지를 연이어 하셨다. 예수님이 가버나움 회당에서 가르칠 수 있었던 것은 그들이 예수를 선생(랍비) 혹은 랍비에 준하는 사람으로 인정했기 때문이다. 유대의 종교 지도자들이 아직은 본격적으로 예수님을 적대시하지 않았고, 회당에 참석한 사람들도 설교자의 교육적 배경을 그리 문제 삼지 않았다.
예수님의 가르침을 들은 사람들은 놀라워한다. 그의 가르침이 지금까지 경험한 전문 율법학자나 서기관의 가르침과 달리 "권위〈엑수시아〉"가 있었기 때문이다. "서기관"은 교육배경과 교육 경험에서 지식을 터득하고 가르치지만, 예수님의 가르침에는 지금까지는 들을 수 없었던 내용과 강력함이 들어 있었다. 그리하여 "권위 있는 자"라고 표현한 것이다. 〈엑수시아〉는 능력, 권능, 권위 등을 뜻하며(마 9:8; 막 1:22; 눅 10:19; 행 8:19), 절대적 능력(마 21:23; 막 2:10; 행 26:12), 통치자의 통치력을 뜻하기도 한다. 누가복음 20장 20절의 말씀이다. "이에 그들이 엿보다가 예수를 총독의 다스림과 권세〈엑수시아〉 아래에 넘기려 하여(참고. 눅 7:8의 "수하"). 예수님의 권위는 귀신을 쫓아내는데서 확증된다.

회당에 "더러운 귀신 들린 사람"이 있었다. 귀신은 항상 "더러운" 존재임을 잊지 말아야 한다. 거짓말쟁이요, 파괴자요, 속이는 자이다. 각종 형태의 점치는 행위가 교회 다니는 사람의 삶 속에도 들어와 있다는 말이 들린다. 장난으로도 해서는 안 될 일이다. 귀신 들린 사람은 그는 자신을 통제하지 못하고 회당 예배를 심각하게 방해하고 있었다. 그가 예수를 보고서 냅다 소리를 지른다. "나사렛 예수여 우리가 당신과 무슨 상관이 있나이까." "우리를 멸하러 왔나이까." "나는 당신이 누구인줄 아노니 하나님의 거룩한 자이니이다." 귀신이 "우리가"와 "우리를"이라고 말한 것은 복수 귀신이 들어있었다기 보다는 대표성을 띠고 말한 것이다. 귀신은 이어 "'나'는 당신이 누구인줄 안다"라고 말한다. 그 사람 속의 귀신은 예수를 알고 있으며 그분의 나타나심에 귀신의 멸망과 축출을 두려워했다. 예수님은 나오라고 명하셨고 귀신은 그 사람에게 경련을 일으키며 나갔다. 회당 사람들은 "이는 어찜이냐 권위 있는 새 교훈이다, 더러운 귀신들도 순종한다"며 놀라워했다. 그들은 예수님의 '권위 있는 가르침(22절)'과 귀신을 명하여 축출하는 '권위(27절)'에 놀랐으며 예수님에 대한 이러한 소문이 갈릴리 사방에 퍼져나갔다. 그러나 그들이 예수님께로 왔다는 뜻은 아니다. 그들은 단지 능력에 놀랐을 뿐, 그 분이 오신 목적이나 사역의 의미나 본성을 이해하고 받아들인 것은 아니었다. 그들은 귀신이 말한 "나는 당신이 누구인 줄 아노니 하나님의 거룩한 자니이다"란 말도 깊이 새겨듣지 않았다.

우리에게 예수님은 누구신가? 나는 예수님에게서 늘 가르침을 받는가? 나는 그분의 말씀에 따라 행하려고 노력하는가? 나는 그분의 권세와 능력을 믿고 의지하는가? 가버나움 사람들은 많은 표적을 보고도 회개하지 않았다. 들어봤다는 것, 알고 있다는 것만으로는 부족하다. 우리는 이미 예수님을 믿고 따르는 사람들이다. 삶의 모든 방향에서 예수님을 따르고 기쁘게 하는 사람으로 자라나야 할 것이다.

주제와 연관된 성경공부와 말씀묵상 _

뭇 사람이 그의 교훈에 놀라니

본문말씀 마가복음 1:21-28

21 그들이 가버나움에 들어가니라 예수께서 곧 안식일에 회당에 들어가 가르치시매

22 뭇 사람이 그의 교훈에 놀라니 이는 그가 가르치시는 것이 권위 있는 자와 같고 서기관들과 같지 아니함일러라

23 마침 그들의 회당에 더러운 귀신 들린 사람이 있어 소리 질러 이르되

24 나사렛 예수여 우리가 당신과 무슨 상관이 있나이까 우리를 멸하러 왔나이까 나는 당신이 누구인 줄 아노니 하나님의 거룩한 자니이다

25 예수께서 꾸짖어 이르시되 잠잠하고 그 사람에게서 나오라 하시니

26 더러운 귀신이 그 사람에게 경련을 일으키고 큰 소리를 지르며 나오는지라

27 다 놀라 서로 물어 이르되 이는 어찜이냐 권위 있는 새 교훈이로다 더러운 귀신들에게 명한즉 순종하는도다 하더라

28 예수의 소문이 곧 온 갈릴리 사방에 퍼지더라

기도요점

주님이 나를 인도하고 있음을 잊지 않게 하소서. 점치는 것이나 유사한 행동에 미혹되지 않게 하소서. 예수님의 능력을 늘 경험하고 살게 하소서. 내 삶의 문제들을 아뢰오니 해결하여 주소서. 교우들과 함께 아름답고 능력 있는 신앙공동체를 이루게 하소서.

도움의 말

예수님과 제자들은 가버나움에 들어가셨다. 가버나움〈카페르나움〉은 히브리어 〈카파르〉와 〈나훔〉의 합성명 〈크파르 나훔〉(나훔의 마을)에서 딴 이름이다. 〈카파르〉는 성곽 없는 마을을 뜻한다(대상 27:25의 "마을"; 느 6:2의 "촌"). 그러나 구약성경에 이 이름으로 나오는 성읍은 없다. 가버나움은 갈릴리 호수 북서 해안에 위치하며 로마 군

대가 주둔하고 세관이 있는 큰 성읍이었다. 예수님의 제자 마태는 가버나움 세관의 세리였다(마 9:9-13).

예수께서 안식일에 회당에 들어가신 것은 당시 사람들이 매주 안식일에 모여 하나님께 예배를 드렸기 때문이다. 회당제도는 바벨론 포로기간 동안 본격적으로 발전했다. 잡혀온 유다 사람들이 신앙을 보존하기 위해 만든 신앙공동체이다. 유대인들은 소수의 가족들만 모여도 회당을 만들어 여호와께 예배를 드리고 말씀을 배웠다. 제사는 더 이상 실행될 수 없었으며 대신 회당 예배에서는 기도, 성경 낭독, 성경해설이 있었다. 포로귀환 후에는 팔레스타인에도 유대인 회당이 많이 들어섰다. 회당에는 회당장이 있었다. 회당의 책임자로서 관리와 업무와 예배와 기타 신앙적 행위를 주관하고 책임졌다. 회당에는 보조자가 있었다. 〈핫잔〉이라고 불리는 직임으로, 회당 청결유지, 예배 때 성경 두루마리를 꺼내고 넣는 일, 안식일을 알리는 은 나팔 불기, 아이들의 교육을 맡았다(바클레이, 「마가복음」, 53). 당시의 회당에는 상임 설교자와 교사가 없었다. 안식일에 회당을 찾아간 예수님과 바울이 성경을 읽고 말씀을 전할 수 있었던 것은 이런 배경에서였다. 가버나움은 예수님의 갈릴리 사역의 중심지라 할 수 있다. 이 성읍에서 많은 기적들을 행하셨다. 백부장의 중풍병 걸린 종(마 8:5-13), 베드로 장모(마 8:14-15), 들것에 실려 온 중풍병자(막 2:1-12), 왕의 신하의 아들(요 4:46-54)을 치유하셨다. 가버나움 회당에서 귀신을 쫓아내신 것도 그 중 하나이다. 많은 표적을 보였음에도 가버나움 사람들이 참마음으로 예수께 돌아오지 않았다. 예수님은 가버나움이 멸망하게 될 것이라 예언하셨다(마 11:21-24; 눅 10:15).

예수님의 복음이 전해지는 곳에는 지역과 시대를 점령하고 있는 악령의 축출과, 악령으로부터의 해방이 일어난다. 예수님은 전인적 회복과 새로운 생명을 주시며 새로운 영으로 충만케 하신다.

묵상 나누기
위에서 묵상한 내용을 간략히 기록하고 함께 나눈다.

찬송
"구주 예수 의지함이" (542장)

34. 귀신 들린 사람을 고치시다(막 5 : 1-20)

주제와 연관된 질문 _

1. 나는 예수님의 불쌍히 여김, 긍휼하심을 받고 살고 있는가?
2. 나에게 믿고 사는 일이 중요한가, 먹고 사는 것이 중요한가?
3. 이 세상 불쌍한 사람들을 위해 내가 할 수 있는 일은 무엇인가?
4. 내가 경험한 예수님의 능력과 사랑을 이웃에게 전하며 사는가?

주제 내용 _

바다의 풍랑을 잠재우신 후 예수님이 갈릴리 호수 남동 해안에 도착했다. 그곳은 거라사인 지방으로 이방인들이 많이 거주하는 곳이었다. 거라사는 가다라 지방 내에 있으며 갈릴리 호수 남동쪽으로 약 50킬로미터 떨어진 곳에 위치한다. 거라사는 데가볼리(데카 폴리스, 열 개의 로마도시)의 지역에 속하며 유대인과 이방인의 경계 지역이다. 그곳에는 군대 귀신 들린 광인이 있었다. 귀신이 한 인간을 사로잡아 폐인으로 만들고 폭력을 행하게 조종했다.

예수님이 배에서 내리자 귀신들이 더 야단이었다. 귀신들은 예수님이 누구신지 잘 알고 있었다. 예수님을 알아보았으며(1, 6절), 절하고(6절), "지극히 높으신 하나님의 아들 예수"라고 크게 소리쳤다(7절). 광인이 예수님을 알아본 것이 아니라 광인 속에 있는 영적 존재가 알아본 것이다.

예수님께 귀신들은 광인을 통해 "당신이 나와 무슨 상관이 있나이까," "나를 괴롭히지 마소서"라고 한다. 귀신들이 마치 단수인양, 광인의 요청인양 자신들을 감추고 있다. 자신(들)의 영역이 하나님의 아들에 의해 침범되는 것에 대해 심히 긴장한 모습이다. 예수님은 광인 속에 귀신들이 있음을 아시고 "네 이름이 무엇이냐"하신다. 귀신의 이름은 "군대," 즉 숫자가 많다는 말이다.

광인은 무덤 사이에 거주했다. 이곳의 무덤은 땅에 묻어 시신을 볼 수 없는 한국의 분봉 무덤이나 미국의 평장이 아니라, 자연적인 굴이나 인공적으로 파석하여 만든 공간이다. 시신, 뼈, 해골이 그곳에 있었다. 광인이 무덤 사이에 거주했다는 것은 시신이나 뼈가 있는 무덤 이곳저곳을 다니며 살았다는 뜻이다. 부패로 인해 냄새가 극심하고, 벌레와 세균이 들끓으며, 정상적인 정신을 가진 사람은 살 수 없는 처참한 곳이었다. 사탄에게 매여 죽음의 세계 속에 사는 인간의 실존과 같다.

광인은 귀신들로 말미암아 초인적 힘을 휘둘렀다. 고랑과 쇠사슬의 원어는 복수이므로 맬 때 마다("여러 번") 여러 개로 묶거나 여러 번 둘러서 묶은 것을 알 수 있다. 그러나 그는 고랑을 깨고 쇠사슬을 끊어버리는 초인적 힘을 발휘하고 있었다. 그는 자해하고, 밤에 자지 못하고, 돌아다니고, 소리를 질러대었다. 참으로 안타까운 한 인생의 모습이다. 귀신은 이렇게나 한 인간의 존재와 삶을 파괴하는 악한 존재이다. 광인이 예수님을 보고 달려와 절을 한다. 광인의 이성이 그렇게 한 것이 아니다. 그(속의 귀신)는 큰 소리로 "하나님의 아들 예수여 나와 당신이 무슨 상관이 있나이까"라고 부르짖는다. 예수님에 대한 인식은 있으나 존경은 전혀 없는 항의의 악다구니이다. 귀신은 예수님더러 "하나님께 맹세하라" 한다. 귀신의 이 말은 모순이다. 하나님을 존숭하지 않는 존재가 하나님 이름으로의 맹세를 들먹인다. 하나님이 심판자이므로 하나님이 자신을 파괴시킬 것을 알기 때문이다.

예수님은 "더러운 귀신아 그 사람에게서 나오라"라 하신다. 광인(귀신)과 예수님의 대화는 계속되므로(9절), 예수께서 나오라 하셨음에도 아직 나오지 않은 것을 알 수 있다. 그러나 예수님이 일차 축귀에 실패했다고 생각하면 안 된다. 나오라 하셨으나 대화를 허용한 것이다. 어떤 귀신이 예수님의 명령을 거역할 수 있으며 어떤 귀신이 예수님의 말씀에 저항할 수 있겠는가! 광인 속 귀신과 예수님의 대화가 계속된다. 축출될 것이 분명해지자 귀신은 이 지방에서 남게 해달라고 그리고 돼지에게 들어가게 해달라고 청한다(10, 12절). 그곳에는 마침 돼지의 큰 떼가 있었다(11절). 돼지와 돼지고기는 유대인에게 부정한 것이었으며 식용이 금지되었다. 아마 근처에 주둔하는(데가볼리) 로마 군대에게 식량으로 납품되었거나 데가볼리 지역의 이방 성소의 제물로 사용되었을 것이다.

예수님의 관심은 재산인 돼지가 아니라 생명인 광인에게 있었다. 예수님이 다시 명령할 것 없이 귀신의 요청을 허락하자마자 "더러운 귀신들이 나와서 돼지에게로 들어갔다." 돼지가 미쳐서 바다를 향해 돌진하여 몰사했다. 미친 돼지가 물로 뛰어드는 것을 본 돼지 치는 사람들은 혼비백산하여 도망을 가 버렸다. 수천의 돼지가 미쳐 날뛰는 것을 보고 얼마나 놀랐을까! 소문은 금방 퍼지고 사람들이 모여들어 광인이 옷을 입고 온전하여 진 것과 돼지 떼가 다 사라진 것을 보고 두려워했다.

광인이었던 사람과 돼지에게 일어난 것을 본 사람들이 자초지종을 말하자, 지역 사람들은 예수님에게 떠나달라고 요구했다. 한 지역 사업형 돼지 축산이 망해버렸고 예수님을 앞으로도 거라사 지방의 경제를 망칠 위험인물로 보았기 때문이다. 이천 마리가 죽었으니 돈으로 따지면 얼마나 될까? 어미와 새끼마저 다 죽었으니 새로 들어와야 할 돼지 비용과 고기를 생산하기 까지 상당기간 들여야 할 먹이 비용도 엄청났을 것이다.

귀신 들렸던 사람이 예수님과 동행하기를 청한다. 아마 여전히 귀신에 대한 두려움이 있었을 것이며 가족 및 사회와 단절된지 오래되었기 때문에 살아갈 자신이 없었을 것이다. 예수님은 그 사람이 있어야 할 곳이 가정임을 아신다. "집으로 돌아가" 주께서 행하신 것과 "불쌍히 여기신 것"을 가족에게 고하라 하신다. 그는 예수 증인의 사명을 받았고 말씀대로 가서 예수를 전파하니 데가볼리의 사람들이 모두 놀라워했다. "놀랍게 여기더라"는 문법적으로 과거의 계속적 동작이므로, 그가 이곳저곳 다니며 계속 증언했다는 뜻이다. 예수님은 파괴된 세상을 회복시키시고 사탄에게 붙잡힌 인간을 구출하신다. 예수님의 이러한 동인은 그분 본성과 마음속에 있는 인간을 향한 "불쌍히 여김"이다.

예수께서 자기에게 어떻게 큰 일 행하셨는지를 전파하니

본문말씀 마가복음 5:1-20

1   예수께서 바다 건너편 거라사인의 지방에 이르러

2   배에서 나오시매 곧 더러운 귀신 들린 사람이 무덤 사이에서 나와 예수를 만나니라

3   그 사람은 무덤 사이에 거처하는데 이제는 아무도 그를 쇠사슬로도 맬 수 없게 되었으니

4   이는 여러 번 고랑과 쇠사슬에 매였어도 쇠사슬을 끊고 고랑을 깨뜨렸음이러라 그리하여 아무도 그를 제어할 힘이 없는지라

5   밤낮 무덤 사이에서나 산에서나 늘 소리 지르며 돌로 자기의 몸을 해치고 있었더라

6   그가 멀리서 예수를 보고 달려와 절하며

7   큰 소리로 부르짖어 이르되 지극히 높으신 하나님의 아들 예수여 나와 당신이 무슨 상관이 있나이까 원하건대 하나님 앞에 맹세하고 나를 괴롭히지 마옵소서 하니

8   이는 예수께서 이미 그에게 이르시기를 더러운 귀신아 그 사람에게서 나오라 하셨음이라

9   이에 물으시되 네 이름이 무엇이냐 이르되 내 이름은 군대니 우리가 많음이니이다 하고

10   자기를 그 지방에서 내보내지 마시기를 간구하더니

11   마침 거기 돼지의 큰 떼가 산 곁에서 먹고 있는지라

12   이에 간구하여 이르되 우리를 돼지에게로 보내어 들어가게 하소서 하니

13   허락하신대 더러운 귀신들이 나와서 돼지에게로 들어가매 거의 이천 마리 되는 떼가 바다를 향하여 비탈로 내리달아 바다에서 몰사하거늘

14   치던 자들이 도망하여 읍내와 여러 마을에 말하니 사람들이 어떻게 되었는지를 보러 와서

15   예수께 이르러 그 귀신 들렸던 자 곧 군대 귀신 지폈던 자가 옷을 입고 정신이 온

전하여 앉은 것을 보고 두려워하더라

16 이에 귀신 들렸던 자가 당한 것과 돼지의 일을 본 자들이 그들에게 알리매

17 그들이 예수께 그 지방에서 떠나시기를 간구하더라

18 예수께서 배에 오르실 때에 귀신 들렸던 사람이 함께 있기를 간구하였으나

19 허락하지 아니하시고 그에게 이르시되 집으로 돌아가 주께서 네게 어떻게 큰 일을 행하사 너를 불쌍히 여기신 것을 네 가족에게 알리라 하시니

20 그가 가서 예수께서 자기에게 어떻게 큰 일 행하셨는지를 데가볼리에 전파하니 모든 사람이 놀랍게 여기더라

기도요점

잡다한 것에 붙들려 살지 않고 주님 붙들고 살게 하소서. 먹고 사는 것을 넘어 믿고 살게 하소서. 파괴된 인성과 가정의 사람들을 불쌍히 여기며 돕게 하소서. 귀신의 세력을 파하시고 하나님 나라를 확장하는데 쓰임 받게 하소서. 나에게 베푸신 하나님의 은혜를 이웃에게도 전파하게 하소서. 무엇보다 주님의 은혜를 잊지 않고 감사하며 살게 하소서.

도움의 말

이 사건은 마태복음 8장 28-34절과 누가복음 8:26-39에도 나온다. 마가복음의 기록이 가장 자세하다. 마가는 광인의 모습에 대해서도 자세히 기록한다. 여러 번 묶어도 쇠사슬과 발 고랑도 깨 버린다. 소리 지르고 자학한다. 그는 밤낮 장소를 가리지 않고 소리를 지른다. 이는 귀신의 세력이 얼마나 센지, 귀신으로 말미암아 한 인간의 삶이 얼마나 철저히 부서졌는지를 보여준다. 역으로 이는 예수께서 얼마나 능력이 많으신지, 예수님께서 인생을 얼마나 사랑하시고 불쌍히 여기시는 지를 말해준다.

데가볼리는 요단 계곡 동쪽 지대 남북으로 걸쳐서 로마 정부가 세우고 군대를 주둔시켜 식민통치를 하던 열 개의 도시를 말한다. 그 도시들은 다마스커스(다메섹), 라파나(Raphana), 디온(Dion), 아빌라(Abila), 히포(Hippos), 가다라(Gadara), 스키토폴리스(Scythopolis), 펠라(Pella), 거라사(Gerasa), 필아델피아(Philadelphia)이다. 특히 거라사에는 많은 군인이 주둔하고 있었다. 귀신은 자기 이름을 군대라 한다. 강력하다

는 뜻이 아니라 수가 많다는 뜻이다. "군대"는 군사용어로 로마 군대의 편성 단위인 〈레기온〉의 번역이다. 연대 병력규모로 보통은 병 6,000명, 기병 120명, 보조병력으로 이루어졌다. 가끔은 대대 병력규모인 약 2,000명으로 편성되기도 했다(Pheme Perkins, The Gospel of Mark, NIB VIII, Abingdon 1995, 584). 퍼킨스에 따르면 주후 6년부터 거라사에 주둔했던 로마 제10연대 문장이 돼지였다(Perkins 1995, 584).

광인은 귀신에 사로 잡혀 자신의 의지도 없고 구해주실 것을 요청할 수도 없었다. 귀신은 자신을 내 쫓지 말라 요구했다. 돼지사업하는 사람들은 예수님더러 떠나라 했다. 믿고 살기보다는 먹고 살아야겠다는 것이다. 그 결과는 예수님을 떠나보냄으로 자신들도 모르게 그 지역에서 하나님 나라의 확장을 막으려는 악마 세력의 도구가 된 것이다.

예수님은 스스로 광인을 불쌍히 여기시고 고쳐주신다. 예수님의 관심은 귀신이 아니라 "그 사람" 광인이다. 사람 아닌 것처럼 살지만 그 역시 사람이기 때문이다. 예수님의 사역은 귀신 들린 사람을 해방시킨 사건이다. 군대 귀신이니 숫자가 많지만 예수님에게는 전쟁이랄 것도 없다. 그들 모두는 마귀의 하찮은 졸개들일 뿐이다. 고침 받은 사람은 예수님의 능력과 사랑을 전하는 증인이 된다. 이 일은 이방 땅에서 일어난 일로 예수님 구원의 복음이 온 세상으로 퍼져나갈 것임을 말하며 동시에 하나님의 나라가 귀신의 세력을 파괴하고 있음을 보여준다.

묵상 나누기

위에서 묵상한 내용을 간략히 기록하고 함께 나눈다.

찬송

"내 주 예수 주신 은혜" (317장)

35. 귀신 들린 아이를 고치시다 (막 9 : 14-29)

주제와 연관된 질문 _

1. 나는 왜 늘 기도해야 하는가?
2. 나는 하나님께 기도하므로 어떤 것을 공급받는가?
3. 나는 하나님에 대한 믿음(신뢰) 없음을 언제 알게 되는가?
4. 부모가 아이를 위해 할 수 있는 가장 중요한 일은 무엇이라 생각하는가?

주제 내용 _

예수님께서 제자들에게 돌아오셨을 때, 다른 제자들은 무리가 둘러 싼 가운데 서기관들과 논쟁하고 있었다. 서기관들이 제자들의 무능을 예수의 무능과 연결시키려 한 것이다. 구체적으로 어떤 논쟁인지 알 수 없으나, 아마 예수께서 귀신을 쫓아낸 것이 귀신 두목의 힘을 의지한 것인지 하나님을 의지한 것인지에 관한 논쟁일 가능성이 높다. 제자들이 하나님을 의지하고서도 귀신을 쫓아내지 못하자 예수님과 제자들이 모두 귀신을 의지하는 것이 틀림없다고 서기관들이 몰아세웠을 것이다. 이제 그 변론이 왜 일어났는지 설명이 나온다. 한 아버지가 귀신 들린 아이를 제자들에게 데려오면서였다. "거꾸러져 거품을 흘리고 이를 갈고 파리해지는 증상"을 가진 아이였다. 아마 현대의학의 진단은 실신과 발작을 동반하는 소아뇌전증(간질)일 것이다. 당시에는 병

명이 세분화되어 진단되지 못하고 자주 포괄적으로 귀신 들린 것으로 이해되었다. 제자들이 축귀를 요청받았으나 실패했다.

예수님과 일행이 도착했고 아이의 아버지는 예수님께 상황을 설명한다. 예수님은 먼저 제자들을 꾸짖으시며 "믿음이 없는 세대"라 하신다. 예수님 앞에서도 아이는 경련을 일으키고 거품을 내고 땅에서 구른다. 아버지의 설명은 더욱 심각했다. "어릴 때부터" 있는 증상이며 "아이가 불과 물로 들어가려 한다"는 것이었다. 이는 단순히 신체의 문제에서 나오는 경련과 파리해짐과 실신과는 다른 증상이다. 아이를 죽이려는 어떤 강력한 힘이 아이의 육체와 정신을 조정하고 있었다.

아버지는 예수께 고쳐주실 것을 간곡히 부탁한다. 그러나 그 간곡한 부탁에는 예수님에 대한 불완전한 신뢰가 들어있다. "무엇을 하실 수 있거든 우리를 불쌍히 여기사 도우소서"라고 요청한다. 예수님은 "할 수 있거든이 무슨 말이냐" 하시고 "믿는 자에게는 능치 못할 일이 없다"며 그의 생각을 교정해 주신다. 예수님은 무리가 모인 가운데 귀신을 꾸짖으며 아이에게서 나가고 다시 들어가지 말라 하시자 귀신은 떠나갔다. 아이는 심한 경련을 일으키고 실신한 후에 건강하게 되었다.

이제 다시 예수님과 제자들의 시간이다. 집에 들어가서 제자들이 자신들은 왜 귀신을 쫓아내지 못했는지 조용히 묻는다. 예수님이 하시는 것처럼 했는데 왜 귀신이 나가지 않았는지, 어떻게 해야 하는지 여쭌 것이다. 예수님은 대답으로 기도의 힘을 말씀 하신다. "기도 외에 다른 것으로는 이런 종류가 나갈 수 없느니라." 능력은 우리의 힘찬 소리나 확신이나 어떤 방법에 있는 것이 아니라 하나님께로부터 오는 것이다. 그러므로 하나님을 의뢰해야 하며 또 일을 행할 때 그 결과는 하나님께 있음을 겸손한 마음으로 인정해야 한다. 아이 아버지의 기도가 우리 귀에 울린다. "내가 믿나이다 나의 믿음 없는 것을 도와주소서."

주제와 연관된 성경공부와 말씀묵상 _

내가 믿나이다 나의 믿음 없는 것을 도와 주소서

본문말씀 마가복음 9:14-29

14 저희가 이에 제자들에게 와서 보니 큰 무리가 둘렀고 서기관들이 더불어 변론하더니

15 온 무리가 곧 예수를 보고 심히 놀라며 달려와 문안하거늘

16 예수께서 물으시되 너희가 무엇을 저희와 변론하느냐

17 무리 중에 하나가 대답하되 선생님 벙어리 귀신 들린 내 아들을 선생님께 데려 왔나이다

18 귀신이 어디서든지 저를 잡으면 거꾸러져 거품을 흘리며 이를 갈며 그리고 파리하여 가는지라 내가 선생의 제자들에게 내어쫓아 달라 하였으나 저희가 능히 하지 못하더이다

19 대답하여 가라사대 믿음이 없는 세대여 내가 얼마나 너희와 함께 있으며 얼마나 너희를 참으리요 그를 내게로 데려오라 하시매

20 이에 데리고 오니 귀신이 예수를 보고 곧 그 아이로 심히 경련을 일으키게 하는지라 저가 땅에 엎드러져 굴며 거품을 흘리더라

21 예수께서 그 아비에게 물으시되 언제부터 이렇게 되었느냐 하시니 가로되 어릴 때부터니이다

22 귀신이 저를 죽이려고 불과 물에 자주 던졌나이다 그러나 무엇을 하실 수 있거든 우리를 불쌍히 여기사 도와 주옵소서

23 예수께서 이르시되 할 수 있거든이 무슨 말이냐 믿는 자에게는 능치 못할 일이 없느니라 하시니

24 곧 그 아이의 아비가 소리를 질러 가로되 내가 믿나이다 나의 믿음 없는 것을 도와 주소서 하더라

25 예수께서 무리의 달려 모이는 것을 보시고 그 더러운 귀신을 꾸짖어 가라사대 벙어리 되고 귀먹은 귀신아 내가 네게 명하노니 그 아이에게서 나오고 다시 들어가지 말라 하시매

26 귀신이 소리지르며 아이로 심히 경련을 일으키게 하고 나가니 그 아이가 죽은것 같이 되어 많은 사람이 말하기를 죽었다 하나

27 **예수께서 그 손을 잡이 일으기시니 이에 일이시니라**

28 집에 들어가시매 제자들이 종용히 묻자오되 우리는 어찌하여 능히 그 귀신을 쫓아

내지 못하였나이까

29 이르시되 기도 외에 다른 것으로는 이런 유가 나갈 수 없느니라 하시니라

기도요점

구원의 믿음을 선물로 주신 하나님, 이제 일상에서 주님을 믿고 따르게 하소서. 어려운 일이 가득한 이 세상, 주님을 믿고 평안하게 하소서. 주님의 인도를 믿고 기뻐하고 감사하고 기도하게 하소서. 자녀 부모 친지 교회 민족을 위해 기도하게 하소서. 날마다 기도로 능력얻고 무장하여 승리자가 되게 하소서.

도움의 말

이 단락은 가이사랴 빌립보 이야기(8:27)의 연속이다. 중간에 예수님은 베드로, 야고보, 요한을 데리고 높은 산에 오르셨다(9:2). 그동안 제자들은 남아서 맡겨진 사역을 수행했으며 본문은 남은 제자들의 활동 이야기로 시작된다. 이 단락은 두 부분으로 나누어 읽을 수 있다. 첫 부분은 제자들의 실패이야기이며 둘째 부분은 예수님의 축귀와 가르침이다.

제자들의 실패는 매순간 하나님을 의지하지 않은데 있다. 제자들은 이미 병을 고치고 귀신을 쫓아내는 경험을 했다(6:7, 13). 그 경험을 통해 자신들에게 상시적으로 주어진 능력이라 생각했다. 전에 했으니 지금도 되지 않을까? 예수님이 하는 방식으로 하면 되지 않을까? 공식과 순서를 알고 있으니 그대로 하면 되지 않을까? 예수님 이름이 위대하니 "예수 이름으로 명하노니"라고 하면 되지 않을까? 그러나 예수님은 먼저 해야 할 것이 기도이며 겸손히 하나님의 능력을 구하는 것이라 가르쳐 주신다. 예수님도 늘 하나님께 기도하는 분이셨다. 예수님께서 기도가 기적을 일으키기 위한 수단이나 전제조건이라 하신 것이 아니다. 기적은 하나님이 자신의 뜻에 따라 기도하는 사람에게 주시는 능력이다. 우리 신앙인들은 능력의 사람이 아니다. 능력은 하나님께로부터 오는 것이다. 능력을 행한 경험이 있다하더라도 그것이 상시적인 것도 아니다. 하나님의 허락 아래 일어나는 일이기 때문이다.

기도는 하나님과의 깊은 교제의 기회이다. 기도보다 성령보다 앞서지 말라는 지혜는 우리가 늘 하나님과 함께 있어야 함을 말하는 것이다. 제자들의 실패는 하나님의 뜻

을 묻지 않고 자신의 한계를 돌아보지 않았으며 하나님과 깊은 만남 없이 예수님 흉내에서 나온 것이다. 기도는 하나님과 함께 그리고 하나님의 힘으로 살아간다는 고백이기도 하다.

표적의 의미를 생각해 본다. 예수님은 병든 사람의 치유를 통해 하나님을 높이셨고 하나님 나라의 도래를 알리셨다. 단순히 희한한 현상만 일으킨다면 그것은 신기한 일 외에는 아무것도 아니다. 옛날 사회 비판을 한 예언자의 역할을 오늘날 상당부분 언론이 수행하는 것처럼, 치유 사역도 하나님이 주신 인간의 지혜의 산물인 현대 의학이 담당하고 있다. 그때나 지금이나 우리 기독교인들이 할 일은 하나님께 기도하는 일이다. 하나님은 지금도 인간을 불쌍히 여기시며 기적을 행하시는 분이시다. 특별한 은사를 받았거나 귀중한 헌신을 하는 사람들은 참되고 겸손한 마음으로 하나님께 영광을 돌릴 수 있어야 한다. 입으로는 "하나님께 영광을"이라 말하면서 자신이 박수와 영광과 유명세와 이익을 가져가는 것은 하나님이 결코 기뻐하는 일이 아니다.

믿음의 고백에 대해서 본문은 가르쳐 준다. 아이의 아버지는 "내가 믿나이다, 나의 믿음 없음을 도와 주소서"라고 구했다. 아들을 살리기 위해서 급하게 외친 고백이다(24절). 그는 먼저 "나는 믿습니다"라고 고백하고 또 "나의 믿음을 도와 주소서"라고 고백한다. 우리는 주님을 신뢰한다. 그러나 우리는 우리의 신뢰가 얼마나 약하고 순간적인지 안다. 그리하여 우리는 믿음 없음을 도와달라는 기도를 늘 드리게 된다.

묵상 나누기
위에서 묵상한 내용을 간략히 기록하고 함께 나눈다.

찬송
"마음 속에 근심 있는 사람" (365장)

36. 우리를 위하는 사람(막 9 : 38-50)

주제와 연관된 질문 _

1. "냉수 한 그릇"은 어떤 사람에게 꼭 필요한 것일까?
2. 나는 "냉수 한 그릇"의 봉사를 하고 있는가?
3. 남을 실족케 하는 일의 심각성과 위험성에 대해서 들었거나 겪은 적이 있는가?
4. 화목케 하는 일에 꼭 필요한 것이 무엇이라 생각합니까?

주제 내용 _

예수님 당시에 사람들은 질병이나 육체적 장애나 정신 이상을 귀신과 관련시키곤 했다. 본문도 그런 생각의 배경에서 읽어야 한다. 예수님의 축귀와 치유 소식은 여러 지역으로 퍼져 나갔고 예수 이름을 자신의 치병 일이나 직업에 오용하는 사람도 생겼다. 요한이 그것을 알게 되자 예수님께 그 사실을 보고했다. "우리를 따르지 않는 어떤 자"가 예수 이름으로("내 이름을 의탁하여," 39절) 귀신을 쫓아내고 있다는 것이다. "귀신"은 복수 〈다이모니아〉이므로 귀신들을 내쫓고 있다는 뜻이다. 여러 차례, 계속적인 축귀 행위를 말하는 것이다. 예수님께 속하지 않은 사람이 예수 이름을 사용하는 데도 내 쫓긴 귀신들이 그 사람에게 속은 것인지 허약하고 형편없는 귀신이었는지 우리는 알 수 없다. 요한은 예수 이름을 도용하는 것을 금하였다고 예수님께 보고했고 예수님은 그대로 두라고 하신다. 예수 이름을 사용하는 그 사람이 예수님을 비방할리 없으며 또 예수님을 반대하지는 않으므로 그냥 두라 하신 것이다. 막으면 오히려 예수님의 반대자가 되어 사역을 방해할 가능성이 있다. 그러므로 지혜가 필요하다. 그 사람은 그 사람 일을 하면 되고, 예수님과 제자들은 하나님께서 맡기신 일을 하면 되는 것이다.

앞에서는 "예수께 속하지 않은 자"가 주제였지만, 41절에서 예수님은 "속한 자"에 관해 말씀 하신다. 그들은 "나(예수님)를 믿는 작은 자들"이기도 하다. 그들을 섬길 것을 말씀하며 또한 그들을 실족케 말아야 함을 말씀하신다. 예수님은 제자들에게 "물 한 그릇" 대접의 중요성을 말씀하신다. "물 한 그릇"이 별것 아닌 것 같지만, 태양 아래서 광야를 걷는 사람에게는 생명과 다름 아니다. "물 한 그릇"이라도 상대에 따라 그것은 금보다 귀한 것이 된다. 이웃을 생각하는 말씀이기도 하지만 제자들의 고단함을 생각해서 하신 말씀이기도 하다. 주님은 제자들이 궁핍과 위협과 노고 가운데 사역할 것을 아신다. 그들에게는 물 한 그릇도 큰 위로가 될 것이다. 작은 정성의 섬김이 우리 신앙인들에게도 요구된다.

예수님은 "실족 하게 하는 것"에 대해 가르치신다. 42절은 다른 사람을 실족케 하는 일이며, 43-48절은 자기 자신을 실족케 하는 일이다. 무슨 실족인지 모르나 그 실족은 대단히 심각한 것에 틀림없다. 그 결과나 벌이 무시무시하기 때문이다. "나를 믿은 이 작은 자들"은 제자들이며 예수 신앙인들이다. 두 가지 의미로 해석할 수 있다. 그들을 실족케 하는 사람에 대한 경고이기도 하고, 예수 믿는 사람들이나 제자들 스스로 자신을 실족하는 일에 대한 경고 말씀이기도 하다. 전자는 남을 실족케 하는 것이고, 후자는 생각이나 행위로 자신을 망가뜨리는 것이다. 팔레스타인에서 사용하는 맷돌에는 두 가지가 있다. 하나는 짐승이 돌리는 맷돌이고 다른 하나는 집에서 사용하는 손 맷돌이다. "연자 맷돌"은 소나 말이 돌리는 매우 큰 맷돌이다. 사람을 물에 던져 죽이는데 사용되기도 했다. 목에 큰 맷돌을 달아 바다에 던지면 아무도 살아나올 수 없다. 타인으로 하여금 죄를 짓게 하거나 타인이 가는 길을 왜곡시키는 것은 죽어야 할 죄보다 더 큰 죄라는 뜻이다. 섬기는 자에게는 "상"이(41절) 남을 실족케 하는 자에게는 "연자 맷돌"이 기다린다(42절).

예수님은 섬김과 실족케 함에 대해 말씀 하신 후 스스로 범죄 하지 말 것을 명하신다.

예화가 무시무시하다. 범죄에 동원되기 보다는 손이나 발을 찍어버리거나 눈을 빼버리는 것이 낫다 하신다. 영생과 불지옥행과 하나님 나라 입성 여부가 그 행위에 달려 있기 때문이다.

49-50절은 무슨 의미로 말씀하신 것인지 해석하기가 어렵다. "사람마다 불로써 소금 치듯 함을 받으리라"는 말씀이 제사를 배경으로 하는 것인지, 고난을 말씀하는 것인지 알기 어렵다. 소제물에는 반드시 소금을 쳐야했으며(레 2:13), 그 소금은 언약의 소금이라 불렸다(민 18:19; 대하 13:5). 하나님은 소금 친 제물을 받으시니 제자나 신앙인의 삶도 하나님께 용납될 수 있는 삶, 혹은 하나님께서 원하시는 것들이 들어있는 삶을 살아야 한다는 말씀으로 읽을 수 있다. 그런데 "불로써 소금 치듯 함"은 무슨 뜻일까? 소금이 부패를 막는 것이라면 불은 정결케 하는 것이며 연단을 의미한다. 또한 불은 성령의 역사를 말하기도 한다. 어쩌면 소금과 불 모두 쓰라림과 죽임과 관계있을지 모른다. 채소에 소금을 치면 풀이 죽는다. 자아의 깨뜨림을 말한 것일 수 있다. 불은 시련을 말하기도 한다. 제자들이 겪게 될 삶을 미리 말씀한 것인지 모른다.

이어서 "소금은 좋은 것"이라 하시니 제자의 고난을 말한 것 같지 않다. "소금이 그 맛을 잃으면"은 신앙인다운 삶을 요청할 때 하신 말씀이다. "너희 속에 소금을 두고 서로 화목하라"는 말씀은 화목함이 변하지 않도록 하라는 말씀이라 생각되기도 하고, 가장 귀중한 것이라도 나누며 화목하라는 말씀으로도, 화목을 위해서는 아픔이나 쓰라림을 참고 절제의 마음을 가져야 한다는 것으로 이해되기도 한다. 어떻든, 소금의 역할을 다하고, 서로 화목하라는 말씀이다.

주제와 연관된 성경공부와 말씀묵상 _

물 한 그릇이라도 주는 자가 받을 상

본문말씀 마가복음 9:38-50

38 요한이 예수께 여짜오되 선생님 우리를 따르지 않는 어떤 자가 주의 이름으로 귀신을 내쫓는 것을 우리가 보고 우리를 따르지 아니하므로 금하였나이다

39 예수께서 이르시되 금하지 말라 내 이름을 의탁하여 능한 일을 행하고 즉시로 나

를 비방할 자가 없느니라

40 우리를 반대하지 않는 자는 우리를 위하는 자니라

41 누구든지 너희가 그리스도에게 속한 자라 하여 물 한 그릇이라도 주면 내가 진실로 너희에게 이르노니 그가 결코 상을 잃지 않으리라

42 또 누구든지 나를 믿는 이 작은 자들 중 하나라도 실족하게 하면 차라리 연자맷돌이 그 목에 매여 바다에 던져지는 것이 나으리라

43 만일 네 손이 너를 범죄하게 하거든 찍어버리라 장애인으로 영생에 들어가는 것이 두 손을 가지고 지옥 곧 꺼지지 않는 불에 들어가는 것보다 나으니라

44 (없음)

45 만일 네 발이 너를 범죄하게 하거든 찍어버리라 다리 저는 자로 영생에 들어가는 것이 두 발을 가지고 지옥에 던져지는 것보다 나으니라

46 (없음)

47 만일 네 눈이 너를 범죄하게 하거든 빼버리라 한 눈으로 하나님의 나라에 들어가는 것이 두 눈을 가지고 지옥에 던져지는 것보다 나으니라

48 거기에서는 구더기도 죽지 않고 불도 꺼지지 아니하느니라

49 사람마다 불로써 소금 치듯 함을 받으리라

50 소금은 좋은 것이로되 만일 소금이 그 맛을 잃으면 무엇으로 이를 짜게 하리요 너희 속에 소금을 두고 서로 화목하라 하시니라

기도요점

사역자, 봉사자, 선교사들의 수고를 잊지 않게 하소서. 그들에게 시원한 한 그릇의 물이 되게 하소서. 죄와 실족케 하는 일의 심각성과 위험성을 깨닫고, 늘 바르게 생각하고 바르게 말하는 생활 및 신앙태도를 갖게 하소서. 할 수만 있다면 화목을 추구하는 언행심사가 되게 하소서.

도움의 말

이 단락에는 두 번의 "절 없음" 부분이 있다(44, 46절). 킹제임스 성경이 나올 당시(1611년)의 헬라어 성경과 오늘 우리가 주로 사용하는 헬라어 성경이 약간이긴 하지

만 차이가 있다. 킹제임스 성경은 당시의 공인본 헬라어 성경을 대본으로 했는데, 44,
46절에 48절에 나오는 "벌레가 죽지 않는 곳, 불이 꺼지지 않는 곳"이라는 말씀이 들
어있었다. 후에 보다 많은 사본 증거를 사용한 비평판 헬라어 성경이 편집되면서, 고
대 사본에 없는 부분을 삭제했다. 그리하여 이미 번역 되었던 구절이 없어지고 '절 표
시'만 남게 된 것이다. 최근에 번역된 대부분의 번역 성경들은 보다 많은 사본들을 비
교하여 만든 비평판 헬라어 성경을 대본으로 사용하므로 우리가 "절 없음"을 보게 되
는 것이다(참고. 마 6:13; 막 16:9-20). 44, 46절이 있든 없든, 우리 신앙과 말씀을 따
르는 우리의 삶에 전혀 변화를 주지 않는다.

예수님은 "우리를 따르지 않는 어떤 자가 주의 이름으로 귀신을 내쫓는 것을…금하지
말라" 하신다. 그 어떤 사람은 자신의 이익을 위해서 축귀에만 관심 있는 사람이다.
그의 행위가 잘못된 것임을 예수님도 알고 있다. 단지 벌집은 건드릴 필요가 없다는
것이다. 그런 사람을 막으면 반대자와 훼방자로 돌아설 것이 분명하다. 우리의 신앙
공동체를 생각해 본다. 신앙에서의 '바름'은 단지 남의 잘못을 지적하는 것이 아니라
그 결과까지 생각하는 것이다. 정의로운 일이라도 상대에 따라 파괴적인 반응으로 돌
아올 수 있다. 우리는 가끔 잘못을 지적받을 때 역공하는 사람들의 이야기를 듣곤 한
다. 지혜와 사랑을 겸비한 정의는 악한 세상에서 상황을 바로 이해하게 하고 자신을
지켜내며 그가 속한 공동체를 건강하고 안전하게 세울 것이다.

예수님은 지옥에 던져짐에 관해 말씀하신다(45, 47). 두 절 모두 "게헨나"가 불타는 곳
임을 말한다. "게헨나"는 〈게〉와 〈헨나〉가 붙은 명사로 예루살렘 성을 서쪽에서 남서
쪽으로 둘러싸고 있는 '게 [벤] 힌놈(힌놈의 [아들] 골짜기)(수 15:8)'을 헬라어로 음역한
것이다(다른 예. 아마겟돈은 결정적 전쟁이 일어나곤 했던 〈하르 므깃도〉[므깃도 산지]를 헬
라어로 음역하여 상징적으로 사용한 것이다). 힌놈의 골짜기에서 옛날 유다의 아하스 왕
과 므낫세 왕이 자신의 아이를 희생물로 바쳤다(대하 28:3; 33:6). 요시아 왕은 힌놈의
골짜기에 있던 우상들을 일소하고 자녀들을 희생제물로 불태우지 못하도록 했다(왕하
23:10). 게헨나는 늘 연기와 불이 그득한 곳이다(사 30:33). 예루살렘 성 밖 남쪽에 예
루살렘에서 나오는 폐기물 소각장이 있었다고도 한다. 힌놈의 골짜기에는 무덤들이
많았으며 로마 10군단이 화장터로 사용하였다고 한다(Valley of Hinnom[Gehenna], 위

키페디아). 어느 경우든 불타는 곳으로서의 게헨나는 지옥을 상징하는 곳이 되었다(참고. 사 66:24). "거기에서는 구더기도 죽지 않고 불도 꺼지지 않는다"는 말씀은 '구더기가 죽고 불이 꺼지곤 하는 소각장' 게헨나를 말씀하는 것이 아니라 지옥을 말씀하는 것임을 알 수 있다.

앞에서 설명한 것처럼 49-50절은 명확하게 설명하기 어렵다. 48절과 49절이 붙은 것으로 보면 실족과 범죄의 결과가 '연자 맷돌 매고 입수,' '손발 절단,' '지옥행,' '지옥에서의 불과 소금 같은 고통'을 말씀한 것이 된다(참고. 박수암 「마가복음」, 100주년 성서, 442). 49절부터 새로운 말씀으로 볼 때도 두 가지로 해석할 수 있다. 하나의 주제로 보고 소금의 기능을 생각해 볼 수 있고, 소금의 의미가 문맥에서 달라지는 각각의 가르침으로 보고 해석할 수 있다. 즉 예수님이 한 주제를 말씀한 것인지, 소금을 예화로 택해 여러 교훈을 하신 것인지에 따라 해석이 달라진다. 먼저 한 주제를 말씀하신 것이라면, "불로써 소금 치듯," "너희 속에 소금을 두고"는 제자들이 겪을 쓰라림, 혹은 연단을 말씀하는 것이 된다. 소금의 여러 기능으로 각각의 교훈을 한 것이면, "불로써 소금 치듯 함을 받으리라"는 '쓰라림이나 연단을,' "소금은 좋은 것이로되 그 맛을 잃으며 무엇으로 짜게"는 빛과 소금의 삶을 살아야 한다는 것을, "너희 속에 소금을 두고 서로 화목 하라"는 신앙공동체에서 소금의 역할을 해야 한다거나 쓰라림을 감내하면서 화목에 힘써야 한다는 말씀으로 받을 수 있다. 소금의 '흰색'에 집중하면, '깨끗한 마음' 혹은 '예수님의 마음'으로 화목 하라는 말씀이 된다.

예수님은 "우리를 반대하지 않는 자는 우리를 위하는 자니라"라 하시면서 불필요한 마찰을 피하셨다. 우리가 살아갈 때나 하나님의 일을 할 때, 바름과 함께 지혜를 추구해야 한다. 예수님은 또한 "그리스도에게 속한 자라 하여 물 한 그릇이라도 주면...상을 잃지 않을 것"이라 하셨다. 작은 봉사, 적절한 때에 드려지는 헌신, 베풀고 나누는 마음의 중요성을 일깨우는 말씀이다. 예수님은 또 "실족하게 하는 일," "죄를 짓게 하는 일"의 심각성에 대해 말씀하셨다. 상대가 큰 낭패를 당할 것이므로 상대로 하여금 그렇게 하도록 한 사람의 책임이 크다는 말씀이다. 늘 깨어 기도하고, 나의 성정이 하나님의 말씀을 이기지 못하도록 하며, 겸손한 마음으로 섬기는 자세가 필요하다. 만일 가르치는 자리에 있다면 하나님 말씀에 더욱 능숙하도록 애쓰며, 또 삶의 모범이 되어 신앙인들을 올바른 방향으로 인도해야 할 것이다.

묵상 나누기

위에서 묵상한 내용을 간략히 기록하고 함께 나눈다.

찬송

"주의 약속하신 말씀 위에서" (546장)

V. 맹인의 눈을 뜨게 하시다

37. 맹인들의 눈을 뜨게 하시다(마 9 : 27-31)

주제와 연관된 질문 _

1. 나의 믿음과 기도 생활에는 간절함이 있는가?
2. 나의 삶은 나의 믿음의 심도를 보여주는가?
3. "너희 믿음대로 되라"하실 때 그 믿음은 어떤 믿음이어야 하는가?
4. 말씀을 따르고자 하는 우리의 눈을 가리는 것은 어떤 것들인가?

주제 내용 _

고대에도 수많은 질병이 있었고 제대로 치료를 받지 못했고 올바른 진단과 치료를 시행할 능력이 없었다. 예수님 당시 팔레스타인도 예외는 아니다. 수많은 병자들이 방치되었고 맹인들도 많았다. 본분의 두 맹인은 그들의 일부일 뿐이다. 차이를 만든 것은 그들 가까운 곳에 예수가 계신 것과 그들이 예수님이 고칠 수 있는 분임을 믿는 믿음이다. 마태복음에는 예수님이 일으키신 표적과 가르침이 함께 나온다. 예수께서 표적을 행하실 때, 예수님의 인격과 능력에 대한 그 사람의 믿음의 필수성이 강조된다. '고쳐 주실 수 믿습니다'에는 '나는 주님이 하나님(같은 분)임을 믿습니다'가 전제되어야 한다.

맹인이 보이지 않지만 예수를 "따라오며" 소리를 질렀다. 맹인이 한 사람의 움직임을 계속 따라가는 것은 매우 힘든 일이다. 그러나 그들은 예수께 마지막 희망을 걸었기 때문에 조건이나 장애물 등 다른 것을 생각할 여유가 없었다. 그들은 계속 소리 지른다. 헬라어로는 현재 능동 분사형으로 '계속 소리를 질렀다 그리고 계속 말했다'이다. 살려달라는 절규이다. 그들이 한 말도 놀랍다. "다윗의 자손이여 우리를 불쌍히 여기소서." "다윗의 자손이여"는 들어달라고 할 때 주님을 부르는 외침으로 주로 사용 된다(참고, 마 15:22; 20:30, 31; 막 10:47, 12:35-37). "다윗의 자손"은 하나님의 메시아(그리스도, 기름부음 받은 자)를 생각하고 부르는 표현이다. 고난의 역사를 지나면서 이스라엘 백성은 자신들과 나라를 재건할 제2다윗의 출현을 기다렸다. 그러나 역사에 그런 인물이 나타나지 않자 이상적인 메시아 혹은 신적 메시아를 기다리게 된다. 두 맹인이 외친 "다윗의 자손"도 정치적 다윗을 넘어가는 신적 메시아를 말한다. 그리하여 그들은 그 메시아를 통해 하나님만이 하실 수 있는 기적을 체험하기 원했던 것이다.

그들은 "불쌍히 여기소서"라고 말한다. 정확한 요청이다. 구원은 하나님이 불쌍히 여기시는 본성에서 나오는 것이며 구체적으로는 특정 대상을 불쌍히 여길 때 오는 것이다. 예수님을 그들을 귀찮아하지 않는다. 그냥 지나치지도 않는다. 다른 곳에서와 달리, 곧 바로 고쳐주시지도 않는다. 집에 가자고 하신 것은 조용한 곳에서 그들의 믿음을 점검하기 위해서이다. 두 맹인은 예수님을 집으로 모신다. 이 역시 예수님을 향한 그들의 존경과 신뢰를 보여주는 행동이다. 예수님은 집에서 "내가 능히 이 일 할 줄을 믿느냐"고 확인질문을 하신다.

예수님은 그들의 고백을 듣고 눈을 만지시며 믿음대로 되라 하신다. 예수님은 아무에게도 알리지 말라 경고하셨으나 그 일은 세상에서 경험할 수 없는 기적이므로 두 사람의 입을 통해 온 땅에 퍼진다.

다윗의 자손이여 우리를 불쌍히 여기소서

본문말씀 마태복음 9:27-31

27 예수께서 거기에서 떠나가실새 두 맹인이 따라오며 소리 질러 이르되 다윗의 자

손이여 우리를 불쌍히 여기소서 하더니

28 예수께서 집에 들어가시매 맹인들이 그에게 나아오거늘 예수께서 이르시되 내가
능히 이 일 할 줄을 믿느냐 대답하되 주여 그러하오이다 하니

29 이에 예수께서 그들의 눈을 만지시며 이르시되 너희 믿음대로 되라 하시니

30 그 눈들이 밝아진지라 예수께서 엄히 경고하시되 삼가 아무에게도 알리지 말라
하셨으나

31 그들이 나가서 예수의 소문을 그 온 땅에 퍼뜨리니라

기도요점

하나님과 하나님 사랑을 더욱 깊이 알아가게 하소서. 위험과 장애를 마다않고 계속
쫓아가며 외치는 맹인을 닮게 하소서. "네 믿음대로 되라 하시니" 주님을 향한 내 믿
음을 더욱 키워가게 하소서. 늘 깨우치시고 이끄시고 도우시고 해결해 주시는 주님,
참 감사합니다.

도움의 말

이 본문에는 두 맹인과 예수님만 나온다. 보통 표적을 행하실 때, 예수님, 환자 또는
죽은 자, 무리들, 제자들이 등장한다. 무대도 특별히 언급되지 않는다. "거기에서 떠
나가실 새," "집," 그리고 "온 땅"이다. 두 맹인과 예수님에게 모든 것이 집중된다. 우
리의 경우도 크게 다르지 않을 것이다. 예수님과의 만남에 상황도 있고 연루된 사람
도 있고 특별한 장소도 있겠지만, 정말 중요한 것은 예수님과 나와의 대면이며 예수
님과 나와의 대화 그리고 예수님 앞에서의 신앙고백과 예수님의 인정하심이다. 그래
서 주님과 나만이 함께 하는 시간이 중요한 것이다.

예수님은 왜 이 일을 아무에게도 알리지 말라고 엄히 경고하셨을까? 몇 가지로 추정
해 본다. 사람들이 치병 사역자로 예수님을 잘못 이해할까 보아, 예수님의 남은 사역
이 이 일을 알게 된 종교지도자들에 의해 방해받을까 보아, 아직 하나님이 정하신 때
가 아니므로. 혹은 예수님 자신이 찬양받는 것을 피하기 위해 그 말씀을 하셨을 것이
다. 그러나 마태는 두 맹인이 넉넉히 예수님의 증인이 되었음을 기록한다.

이 본문을 통해서 우리는 다음의 교훈을 얻는다. 첫째, 예수님은 보지 못하는 사람,

그것도 두 사람 다를 고치시는 창조주의 능력을 가진 분 혹은 창조주와 다름 아닌 분이시다. 예수님은 "'내[예수님]가' 이 일을 할 수 있다고 믿느냐"고 물으셨고 그들은 "그렇다"고 대답했다. 우리는 예수님을 비책을 알려 주는 분이나 힘을 조금 보태주는 분으로 여겨서는 안 된다. 예수님 자신이 비책이고 유일한 방법이고 해결책이다. 우리는 사람이고 그분은 하나님이시기 때문이다. 둘째, 주님은 고쳐주시기를 원하는 마음을 알지만, 먼저 예수님이 누구이신지 바로 알기를 원하신다. 그래서 예수님의 능력을 믿느냐고 두 사람에게 확인 한 것이다. 두 맹인은 자신의 신념에 따라 무엇이나 믿는 이른바 '적극적인 믿음'의 사람이 아니다. 예수님에 대한 확실한 믿음으로부터 적극적으로 행동한 사람이다. 예수님께서 그들의 눈을 손으로 만지시며 "너희 믿음대로 되라" 하셨고 예수님을 향한 맹인들의 믿음 그리고 그분이 고쳐주실 것이라는 간절한 믿음대로 된 것이다. 셋째, 간절함이다. 앞을 못 보는 사람이 계속 따라오면서 (얼마나 위험한 행동인가) 소리를 계속 지른 것은 예수님에 대한 믿음과 자신들이 처한 간절함 때문이다. 우리가 믿는 하나님을 향하여 "우리를 불쌍히 여기소서"라고 간절히 그리고 계속적으로 외치는 기도에 주님이 움직이신다. 넷째, 예수께서 이전에 교류가 없던 그들의 집에 들어가신 것은 특별한 경우이다. 대중 앞에서 고치시기도 하지만 개별적 대화 후에 고쳐 주시기도 한다. 예수님과 내가 만나는 대면과 골방의 중요성을 말씀해 준다.

묵상 나누기
위에서 묵상한 내용을 간략히 기록하고 함께 나눈다.

찬송
"이 눈에 아무 증거 아니 뵈어도" (545장)

38. 맹인 두 사람을 고치시다(마 20 : 29-34)

주제와 연관된 질문 _

1. 인생의 어두운 길을 걸어 본 적이 있는가?
2. 어떻게 그곳에서 나오게 되었으며 나오고 있는가?
3. 맹인 두 사람은 왜 무명의 전도자에게 필사적으로 요청했는가?
4. 나에게도 필사적인 외침이 있는가?

주제 내용 _

예수께서 맹인 두 사람을 볼 수 있게 하신 것은 예루살렘에서의 사역 전날 있었던 일이다(참고. 마 21:1). 예수님이 예루살렘으로 가기 위해 여리고를 떠나고 있었다. 맹인두 사람이 길목에 자리를 틀고 있었다. 길거리 동냥 걸인으로 보인다. 예수님이 옆으로 지나가신다 하는 말을 듣고서 소리를 지르기 시작한다. 그들의 오랜 갈증은 세상을 눈으로 볼 수 있었으면 하는 것이었다. 그러나 그것은 헛된 바람일 뿐. 그들도 잘 안다. 예수님이 지나간다는 말에 생각이 달라졌다. 예수님께서 대단한 능력을 행사하신다는 말을 들었기 때문이다. 그들은 들을 수 있고 외칠 수 있었다. 앞을 보지 못해 예수님이 얼마나 떨어져 있는지 알 수 없어, 있는 힘을 다해 필사적으로 소리를 지른다.

그들의 간절함은 불퇴의 외침에서 드러난다. 그들은 소리를 질렀고 무리가(제자들이 아니라) 꾸짖고 잠잠하라고 방해한다. 그러나 이것은 마지막 기회. 맹인들로서도 포기할 수 없었다. 그리하여 "더욱 소리 지른다." "주여 우리를 불쌍히 여기소서 다윗의 자손이여." "소리 질러"가 두 번 기록되어있지만 그들의 부르짖음이 어찌 두 번 뿐 이었겠는가! 계속해서 소리 지르고 무리들은 계속해서 조용하라고 꾸짖었을 것이다. "주여 우리를 불쌍히 여기소서"도 두 번 기록되어있지만(30, 31), 계속 외쳤을 것이다. 맹인들은 "다윗의 자손이여"라고 소리 지른다. 그들이 예수님을 다윗의 후손이라고 한 것은 족보를 말한 것이 아니라 구약성경에서 약속된 신적 메시아를 부른 것이다. 예수님이 가던 길을 멈추시고 그들을 불러 소원이 무엇인지 물으신다. 대답은 당연히 "눈 뜨기를 원하나이다"였다. 예수님은 그들의 눈을 만져 고쳐 주셨다. 그들이 예수를 따랐다. 걸인으로서의 삶(그들은 앉아 있었다)을 집어던지고 예수님을 따라 새 출발한 것이다.

"무거운 짐을 나 홀로 지고 견디다 못해 쓰러질 때, 불쌍히 여겨 구원해 줄이 은혜의 주심 오직 예수"는 찬송가 337장 후렴이다. 우리는 무거운 짐을 나 홀로 져야 하는 힘든 상황을 맞는다. 누가 도와 줄 수도 없고 도와주지도 않는다. 그리하여 견디다, 견디다, 또 견디다 못해 결국 쓰러진다. 그러나 무너져 내려 일어나지 못하는 내 옆에 가만히 다가와 내 손잡는 분이 계신다. 나를 불쌍히 여기는 분 은혜의 주님 예수시다. "무거운 짐을" 그리고 "나홀로 지고"는 가장 높은 음과 이어 하강하는 음정으로 되어 있다. 너무 무겁고 혼자 지는 짐으로 인해 눌리는 모습이다. 얼마동안이나 견딜 수 있을지 염려된다. "쓰러질 때"는 셋 잇단음으로 규칙적으로 음이 내려가면서 계속 무너져 내리는 인생을 묘사한다. 그러나 "불쌍히 여겨"는 "쓰러짐"의 역방향으로 올라간다. "무거운" 그리고 "나 홀로"의 높은 음은 "은혜의" 높은 음으로 상쇄된다. 주님의 은혜가 고통을 대체한 것이다. 그리하여 성도는 어려운 상황에서 "주 예수 앞에 아뢰었고" 이제 구원해 주신 "은혜의 주님"을 찬양하고 "오직 예수"라며 감사를 드린다.

이 곡은 호프만(Elisha Albright Hoffman, 1839-1929)이 시를 짓고 곡을 붙인 찬송가이다. 원제목은 "I Must Tell Jesus(주 예수께 아뢰리다)"이다. 그는 259장(예수 십자가에 흘린 피로써)와 327장(주님 주실 화평)도 작사·작곡했다. 이 곡을 쓴 상황은 호프만이

가브리엘에게 쓴 편지 내용에 들어있다.

나는 펜실베니아주 레바논에서 목사로 있었다. 어느 날 한 교인의 집을 방문하니 그 여인이 몹시 괴로워하고 슬픔에 차 있었다. 그녀는 두 손을 꼬며 외쳤다. "어떻게 해야 하나요, 어떻게 해야 하나요?" 내가 대답했다. "모든 것 예수님께 가져가세요. 예수님께 아뢰세요." 그녀는 잠시 생각했다. 그녀의 얼굴이 빛나고 눈이 밝아지며 활기찬 음성으로 외쳤다. "맞아요, 예수님께 아뢸게요(I must tell Jesus), 예수님께 아뢸게요."

슬픔으로 가득 찬 그 집에서 나와 걷고 있을 때, 내 앞에 한 장면, 기쁨에 빛나는 얼굴, 어둠에서 빛으로 변한 영혼의 장면이 지나갔다. 나는 가는 길 내내 "I must tell Jesus"라고 울려 퍼지는 부드러운 음성을 들었다.

호프만은 그의 서재에 도착하자마자, 그 놀라운 찬송 "I must tell"의 가사와 곡을 썼다. 이 노래는 대대로 전해질 우리 시대 몇 안 되는 찬송가중 하나가 될 운명이다 (Charles H. Gabriel, The Singers and Their Songs: Sketches of Living Gospel Hymn Writers, Chicago: Rodeheaver, 1916, 79).

내 모든 시험 무거운 짐을 주 예수 앞에 아뢰이면 예수님은 날 돌아보시고 내 근심 모두 맡으신다. 무거운 짐을 나홀로 지고 견디다 못해 쓰러질 때 은혜의 주님이 오셔서 나를 구해주신다.

주제와 연관된 성경공부와 말씀묵상 _

주여 우리를 불쌍히 여기소서 다윗의 자손이여

본문말씀 마태복음 20:29-34

29 그들이 여리고에서 떠나 갈 때에 큰 무리가 예수를 따르더라

30 맹인 두 사람이 길 가에 앉았다가 예수께서 지나가신다 함을 듣고 소리 질러 이르되 주여 우리를 불쌍히 여기소서 다윗의 자손이여 하니

31 무리가 꾸짖어 잠잠하라 하되 더욱 소리 질러 이르되 주여 우리를 불쌍히 여기소서 다윗의 자손이여 하는지라

32 예수께서 머물러 서서 그들을 불러 이르시되 너희에게 무엇을 하여 주기를 원하

느냐

33 이르되 주여 우리의 눈 뜨기를 원하나이다

34 예수께서 불쌍히 여기사 그들의 눈을 만지시니 곧 보게 되어 그들이 예수를 따르
    니라

기도요점

우리를 불쌍히 여기시는 하나님 참 감사합니다. 우리의 연약함을 만져주시니 감사합
니다. 사람들은 잠잠하라 하지만 우리 작은 신음에도 반응하시는 주님 찬양합니다.
남이 알지 못하는 나의 연약함, 주여 소리 높여 외치오니 내 기도 들어주소서.

도움의 말

맹인 두 사람을 보게 한 기적은 마가복음 10장 46-52절과 누가복음 18장 35-43
절에도 나온다. 마가복음에서 예수님의 마지막 기적으로 배치되어 있다. 마태복
음 9:27-31의 두 맹인 이야기와 이곳의 이야기를 비교하면 약간의 차이를 보인다.
9:27-31에서는 두 맹인과 예수님의 대화만 나온다. 그리고 장소가 나오지 않으며 두
맹인이 예수님을 계속 따라가면서 소리 지른다. 치유는 그들의 '집에서' 일어났다. 이
곳 20:29-34에는 큰 무리가 역할을 맡는다. 장소도 명시되어 있다. 여리고에서 떠
나 갈 때 일어난 일이다. 9장에서와 달리 맹인은 길가에 앉아서 소리를 지른다. 이곳
의 두 맹인은 걸인이다. 그러나 그들이 진정 원한 것은 몇 푼의 돈이 아니라 눈을 뜨
는 것이며 제 손으로 일하여 밥을 먹는 것이었다. 얼마나 가족과 세상을 보고 싶었겠
는가!

예수님은 집에 들어가지 않고 '머물러 서서' 그들의 눈을 뜨게 한다. 9:27-31에서 보
게 된 맹인은 예수님과 헤어져 다른 사람들에게 일어난 일을 증언하지만, 20:29-34
에서는 예수님을 따라 움직인다. 예수님의 오심은 전인적 구원을 위해서다. 이사야
61장 1-3절 말씀이다: "주 여호와의 영이 내게 내리셨으니 이는 여호와께서 내게 기
름을 부으사 가난한 자에게 아름다운 소식을 전하게 하려 하심이라 나를 보내사 마음
이 상한 자를 고치며 포로된 자에게 자유를, 갇힌 자에게 놓임을 선포하며 여호와의
은혜의 해와 우리 하나님의 보복의 날을 선포하여 모든 슬픈 자를 위로하되 무릇 시

온에서 슬퍼하는 자에게 화관을 주어 그 재를 대신하며 기쁨의 기름으로 그 슬픔을 대신하며 찬송의 옷으로 그 근심을 대신하시고 그들이 의의 나무 곧 여호와께서 심으신 그 영광을 나타낼 자라 일컬음을 받게 하려 하심이라.”

예수님은 특정한 기간 동안 특정한 지역에 오셨다. 그러므로 갈릴리 지방을 중심으로 소수의 사람들을 고치셨다. 그러나 이 표적들은 예수님이 누구이신지를 알리는 표적이며, 제자들을 통해 전해질 예수님의 구원의 복음의 시작을 알리는 표적이다. 하나님께서는 정해진 그날, 슬픔과 가난과 질병에 처한 자신의 백성에게 기쁨과 화관과 찬송을 주시며 온 성도의 찬양을 받으실 것이다. 오늘 우리에게도 하나님은 우리의 형편과 처지를 불쌍히 여기시고 “너희에게 무엇을 하여 주시를 원하느냐” 물으신다. 우리는 무엇이라 대답할까? 형편에 따라 간구하면 주님이 들으실 것이다. 두 맹인은 걸인으로 살았다. 마음은 있으나 볼 가능성은 없었다. 예수께서 지나간다는 말을 듣고 목청 높여 외친다. “주님 우리를 불쌍히 여기소서.” 이것이 바로 오늘 우리의 기도이다.

묵상 나누기
위에서 묵상한 내용을 간략히 기록하고 함께 나눈다.

찬송
“내 모든 시험 무거운 짐을” (337장)

39. 벳새다에서 맹인을 고치시다(막 8 : 22-26)

주제와 연관된 질문 _

1. 표적의 목적은 무엇이라 생각하는가?
2. 나는 즉각적인 응답을 원하는 편인가, 방법을 하나님께 맡기는 편인가?
3. 기도에도 인내와 겸손과 수용이 필요하다고 생각하는가?

주제 내용 _

예수님 당시에는 환경이 좋지 않고 영양실조가 많아 질병도 만연했다. 실명한 사람도
많았다. 앞을 보지 못한다는 것은 생계를 꾸릴 수 없다는 것과 동의어이다. 오늘날과
달리 맹인에 대한 사회의 배려도 없었다. 피식민지 유대 백성은 대부분 가난했으므로
부잣집 사람이 아니면 돌봐줄 사람도 없었다.

맹인의 치유는 벳새다에서 일어났다. 이 이야기는 오직 마가복음에만 기록되어 있다.
맹인이 스스로 올 수 없으므로 사람들이 맹인 한 사람을 인도하여 왔다. 맹인이 고쳐
달라고 소리를 친 것도 아니고 데리고 온 사람들이 고쳐달라고 말한 것도 아니며 단
지 "손대시기를" 구했다. 표현은 달라도 예수님에 대한 그들의 믿음이 돋보인다.

예수님은 맹인의 손을 잡고 마을 밖으로 이끄신다. 왜 그 자리에서, 말씀으로 고치지

않고, 힘들게 맹인을 이끄셨는지 우리는 알 수 없다. 맹인은 걸어가면서 예수님의 손길과 체온을 느꼈을 것이다. 예수님은 그의 눈에 침을 뱉으셨다. 우리의 위생관념에서는 이해하기 어려운 일이지만 왜 그렇게 하셨는지 우리는 알지 못한다. 침이 치료효과를 냈을 리는 만무하다. 다른 곳에서는 진흙을 바르시기도 했다(요 9:30-33). 예수님은 그에게 안수하셨다. 원어로는 "손을 그 위에 놓으셨다"이다. 아마 눈에 손을 얹으신 것으로 보인다. 즉시 맹인은 눈을 떴다. 처음에는 "나무 같은 것이 걸어가는 것을 보았고" 예수께서 또 다시 안수하자 "모든 것을 밝히 보게 되었다." 두 번의 안수로 점진적으로 보게 된 것이다. 이점에서도 이 기적은 특이하다. 예수님의 말씀으로 단번에 치유 받는 것이 보통이다. 치유 방법은 예수님이 자유롭게 선택하신다. 예수님은 그 사람을 집으로 보내면서 마을에는 가지 말라하신다. 마을 사람들이 놀라 궁금해 하고 또 예수님의 사역이 퍼져나가 생각지 못한 일이 생길 수 있기 때문이다.

주제와 연관된 성경공부와 말씀묵상 _

모든 것을 밝히 보는지라

본문말씀 마가복음 8:22-26

22 벳새다에 이르매 사람들이 맹인 한 사람을 데리고 예수께 나아와 손 대시기를 구하거늘

23 예수께서 맹인의 손을 붙잡으시고 마을 밖으로 데리고 나가사 눈에 침을 뱉으시며 그에게 안수하시고 무엇이 보이느냐 물으시니

24 쳐다보며 이르되 사람들이 보이나이다 나무 같은 것들이 걸어 가는 것을 보나이다 하거늘

25 이에 그 눈에 다시 안수하시매 그가 주목하여 보더니 나아서 모든 것을 밝히 보는지라

26 예수께서 그 사람을 집으로 보내시며 이르시되 마을에는 들어가지 말라 하시니라

기도요점

하나님께 기도로 요청할 때 방법과 시기를 맡기는 겸손을 허락하소서. 내 마음과 신앙의 눈이 갈수록 밝아지게 하소서. 주변에 힘들어 하는 사람을 살펴볼 수 있는 눈을

허락하소서. 가족과 친구와 성도들을 볼 때 눈이 부드러워지게 하시고 주님의 심정으로 볼 수 있게 하소서.

도움의 말

맹인을 고친 일은 벳새다에서 행하신 표적이다. 벳새다는 갈릴리 바다 북단을 접하고, 요단 강물이 갈릴리 바다로 유입되는 입구에서 동쪽으로 1킬로미터 지점에 위치한다. 벳새다는 히브리어 또는 아람어 〈베트 차이다〉의 헬라어 음차이다. 〈차이드〉는 '사냥'과 관련된 단어이다. 벳새다가 갈릴리 해변 가까이 있으므로 고기잡이를 말한 것으로 보인다. '어부의 집' 혹은 '물고기 잡는 집'으로 해석되기도 한다. 로마 행정 구역 가울란티스(Gaulantis)에 속하며 분봉왕 헤롯 빌립 II세(주전 4-주후 33년 통치)가 다스렸다. 예수님 당시 벳새다는 '율리아스-벳세다'로 불리기도 했다. 분봉왕 빌립이 로마 황제 아우구스투스의 딸 율리아를 기념하여 붙인 이름이다. 벳새다는 배드로 안드레 빌립의 고향이다(요 1:44). 예수께서는 이곳에서 오병이어의 기적을 행하셨다(눅 9:10).

본문은 맹인의 치유 이야기이다. 그러다 보니 "보다"라는 단어가 여러 번 나온다. "무엇이 보이느냐〈블레포〉," "쳐다보며〈아나블레포〉 이르되," "사람들이 보이나이다〈블레포〉," "걸어가는 것을 보나이다〈호라오〉(집중해서 보다)," "그가 주목하여 보더니〈아나블레포〉," "모든 것을 밝히 보는지라〈유블레포〉"이다. 이로부터 본문의 핵심 주제를 '맹인이 보게 되다' 혹은 '예수께서 보게 하다'로 말할 수 있다. 예수님은 가는 곳마다 어려운 사람들을 만나 주시고 그들의 필요를 해결해 주셨다. 치유 대상, 치유 방법은 주님이 정하신다. 내 생각이나 병법을 고집하거나 요구할 필요는 없다. 구주를 생각만 해도 이렇게 좋은데 주 얼굴 뵈올 때에야 얼마나 좋을까!

묵상 나누기

위에서 묵상한 내용을 간략히 기록하고 함께 나눈다.

찬송

"구주를 생각만 해도" (85장)

40. 보게 된 맹인과 바리새인들(요 9 : 13-34)

주제와 연관된 질문 _

1. 바리새인들은 왜 번번이 예수님을 제대로 인식하지 못할까?
2. 나는 예수님의 증인인가 변호인인가?
3. 증인은 어떤 위험을 감수해야 하는가?
4. 나는 실생활에서 하나님의 영광을 가장 중요한 가치로 두는가?

주제 내용 _

예수님의 치유는 필연적으로 바리새인들을 화나게 했다. 그들의 관심은 환자에게 있는 것이 아니라 자신들의 권위 유지에 있었기 때문이다. 예수님께서 행하신 일은 맹인에게는 환희를 가져다 주었지만 율법학자들에게는 질투와 괴로움을 가져다 주었다. 바리새인들은 예수님을 책하고 무너뜨릴 증거를 찾는다. "눈을 뜨게 하신 날은 안식일이라." 이제 바리새인들이 기회를 잡은 것이다.

바리새인들은 안식일 이행여부는 일단 뒤로 미루고 맹인이었던 사람에게 확인한다. "어떻게 보게 되었는가?" 그 사람의 대답이다. "그 사람이 진흙을 내 눈에 바르매 내가 씻고 보나이다." 이 사실로부터 바리새인들은 서로 논쟁한다. 안식일을 범한 사람이 하나님의 사람일 수는 없다는 측과, 죄인으로서 어떻게 이러한 표적을 행하겠느냐는 측이다. 다시 안식일 여부에 대한 것은 뒤에 놓고, 맹인 되었던 사람에게 묻는다. "네 눈을 뜨게 한 사람은 어떠한 사람이라 생각하느냐?" 그 사람이 대답한다. "선지자니이다."

바리새인들은 맹인이었던 사람의 증언을 믿을 수 없어, 맹인이었던 사람의 부모를 불러 확인한다. 두 가지 질문이다. "맹인으로 난 사람이 너희 아들 맞는가?" "지금은 어떻게 보느냐?" 부모는 지혜로운 사람이다. 첫 질문에는 아들이 맞는다고 대답한다. 이웃 사람에게 확인해도 같은 답이 나올 것이다. 두 번째 질문에 대한 대답은 회피한다. 바리새인들이 예수를 그리스도 또는 메시아로 시인하는 자는 출교하기로 결의하였기 때문이다. 부모의 대답이다. "아들에게 직접 물어보라. 우리는 모른다."

바리새인들은 맹인이었던 사람을 다시 부른다. 이제는 그를 다그치고 겁주고 회유한다. "너는 하나님께 영광을 돌리라 '우리는' 이 사람이 죄인인 줄 아노라." 무서운 사람들이다. 자신들의 말을 따르는 것이 하나님께 영광을 돌리는 것이라 한다. 역으로 말하면 자신들의 말에 동의하지 않으면 하나님을 배반하는 자라는 뜻이다. "우리는…아노라"도 굉장한 압박이다. "우리(바리새인)"는 자타 공히 유대인의 종교 문제와 율법 이행여부를 결정하는 사람이라는 것을 강조하는 표현이다. 그러나 맹인도 지혜롭고 정직한 사람이다. "나는 그가 죄인인지 아닌지 모른다. 나는 맹인으로 있다가 지금은 본다." 죄인인지 아닌지는 당신들이 알아서 판단할 문제이고 내가 말할 수 있는 것은 보지 못하다가 지금은 본다는 것이다.

바리새인들은 이제 "그가 어떻게 눈을 뜨게 하였느냐"는 질문으로 예수의 잘못을 찾으려 한다. 이제 눈 뜨게 된 사람이 공격적으로 나온다. "내가 말했는데도 듣지 않고 어찌하여 다시 듣고자 하는가?" "그의 제자가 되려하는가"며 바리새인들을 비꼰다. 바리새인들이 욕을 한다. "너는 그의 제자, 우리는 모세의 제자." 매우 위협적인 말이다. 예수의 제자라는 것은 출교를 각오하라는 것이다. 모세의 제자라는 것은 자신들의 주장과 판단이 정통적이며 전통적이라는 것이다. 바리새인들은 예수님이 어디서 왔는지를 알지 못한다고 한 것은 예수님이 근본 없는 인간이라는 것이다. 당연하다. 예수님은 그들처럼 스승을 두지 않았고 학파에 속한 사람도 아니다. 그러나 바리새인들은 예수께서 하나님으로부터 오셨다는 가능성에 대해서는 귀를 미리 닫아놓고 있었다. 눈 뜨게 된 사람은 바리새인처럼 배운 것은 없지만 경험을 통해 터득한 자신의 신앙을 말한다. "하나님이 죄인의 말을 듣지 아니하시고 경건하여 그의 뜻대로 행하는 자의 말은 들으시는 줄 안다." 즉 하나님께 자신의 눈을 뜨게 하신 것은 예수님이 하나님의 뜻대로 행하시는 사람이라는 것이다. "창세 이후로 맹인으로 난 자의 눈을 뜨게 하였다 함을 듣지 하였으니 이는 하나님께로부터 온 사람만이 할 수 있는 일이다." 즉 예수님은 창조주 하나님께로부터 온 사람임에 틀림없다는 것이다.

이것이 증인의 힘이다. 바리새인들은 읽고 배워서 하나님에 관하여 알지만, 맹인 되었던 사람은 창조주 하나님만이 할 수 있는 일을 직접 경험하고 진실을 증거하고 있다. 바리새인들은 안식일을 어긴 것인지에 대한 논의도, 예수님에 대한 정죄도 하지 못하고, 증인 청취단계에서 막혀 화를 내고 증인을 쫓아 버린다. "네가 온전히 죄 가운데서 나서 우리를 가르치느냐?" 하는데, 이는 교만한 말이다. 자신들과 뜻이 다르면 죄인인가? 바리새인들의 말과 태도와 생각은 그들이 어떤 사람이며 누구의 편인지를 증언한다.

주제와 연관된 성경공부와 말씀묵상 _

너는 모세의 제자 나는 예수의 제자 (참고. 28절)

본문말씀 요한복음 9:13-34

13 그들이 전에 맹인이었던 사람을 데리고 바리새인들에게 갔더라

14 예수께서 진흙을 이겨 눈을 뜨게 하신 날은 안식일이라

15 그러므로 바리새인들도 그가 어떻게 보게 되었는지를 물으니 이르되 그 사람이 진흙을 내 눈에 바르매 내가 씻고 보나이다 하니

16 바리새인 중에 어떤 사람은 말하되 이 사람이 안식일을 지키지 아니하니 하나님께로부터 온 자가 아니라 하며 어떤 사람은 말하되 죄인으로서 어떻게 이러한 표적을 행하겠느냐 하여 그들 중에 분쟁이 있었더니

17 이에 맹인되었던 자에게 다시 묻되 그 사람이 네 눈을 뜨게 하였으니 너는 그를 어떠한 사람이라 하느냐 대답하되 선지자니이다 하니

18 유대인들이 그가 맹인으로 있다가 보게 된 것을 믿지 아니하고 그 부모를 불러 묻되

19 이는 너희 말에 맹인으로 났다 하는 너희 아들이냐 그러면 지금은 어떻게 해서 보느냐

20 그 부모가 대답하여 이르되 이 사람이 우리 아들인 것과 맹인으로 난 것을 아나이다

21 그러나 지금 어떻게 해서 보는지 또는 누가 그 눈을 뜨게 하였는지 우리는 알지 못하나이다 그에게 물어 보소서 그가 장성하였으니 자기 일을 말하리이다

22 그 부모가 이렇게 말한 것은 이미 유대인들이 누구든지 예수를 그리스도로 시인하는 자는 출교하기로 결의하였으므로 그들을 무서워함이러라

23 이러므로 그 부모가 말하기를 그가 장성하였으니 그에게 물어 보소서 하였더라

24 이에 그들이 맹인이었던 사람을 두 번째 불러 이르되 너는 하나님께 영광을 돌리라 우리는 이 사람이 죄인인 줄 아노라

25 대답하되 그가 죄인인지 내가 알지 못하나 한 가지 아는 것은 내가 맹인으로 있다가 지금 보는 그것이니이다

26 그들이 이르되 그 사람이 네게 무엇을 하였느냐 어떻게 네 눈을 뜨게 하였느냐

27 대답하되 내가 이미 일렀어도 듣지 아니하고 어찌하여 다시 듣고자 하나이까 당신들도 그의 제자가 되려 하나이까

28 그들이 욕하여 이르되 너는 그의 제자이나 우리는 모세의 제자라

29 하나님이 모세에게는 말씀하신 줄을 우리가 알거니와 이 사람은 어디서 왔는지 알지 못하노라

30 그 사람이 대답하여 이르되 이상하다 이 사람이 내 눈을 뜨게 하였으되 당신들은 그가 어디서 왔는지 알지 못하는도다

31 하나님이 죄인의 말을 듣지 아니하시고 경건하여 그의 뜻대로 행하는 자의 말은 들으시는 줄을 우리가 아나이다

32 창세 이후로 맹인으로 난 자의 눈을 뜨게 하였다 함을 듣지 못하였으니

33 이 사람이 하나님께로부터 오지 아니하였으면 아무 일도 할 수 없으리이다

34 그들이 대답하여 이르되 네가 온전히 죄 가운데서 나서 우리를 가르치느냐 하고 이에 쫓아내어 보내니라

기도요점

말씀을 통해 내 지식만 키우지 않고 하나님을 늘 만나게 하소서. 증인으로 정확하고 명확히 말할 수 있도록 준비되게 하소서. 겸손히 주를 섬길 때 괴로운 일이 무척 많으나 주님 붙들고 잘 감당하게 하옵소서. 늘 겸손한 마음과 태도로 주님과 성도를 섬기게 하소서. 온유한 언어 행실로 사람을 감화시키게 하소서. 믿음으로 말미암아 어려움을 당할 때 장래의 영광을 소망 삼고 평강 얻게 하소서.

도움의 말

예수님이 맹인을 보게 하자 바리새인들은 예수님의 흠을 잡고 그들의 관점에서 정죄하려한다. 그들은 안식일을 범한 사건으로 몰고 간다. 안식일에는 조그만 노동도 해서는 안 된다는 것이 바리새인들의 요구사항이었다. 안식일에는 생명이 위급한 경우를 제외하고 치유도 허락되지 않는다. 이렇게 보면 맹인은 위급환자가 아니기 때문에 안식일에 고친 것은 불법이 된다.

그러나 바리새인의 하나님은 자신들의 생각에 가두어 놓은 하나님이며, 자신의 판단과 결정에 따라야 하는 하나님이다. 그리하여 하나님만이 하실 수 있는 일을 행하신 예수님의 표적을 받아들일 수 없었던 것이다.

바리새인들은 맹인 되었던 자와 부모를 부른 것은 일차 증인 단계에서 예수에 대한 부정적 판단을 끌어내기 위해서였다. 출교의 위협과 자신들이 학자임을 은연중 내세우면서 그렇게 한다. 바클레이에 따르면 두 가지 종류의 출교가 있었다. 완전한 파문은 생을 마칠 때가지 회중에서 추방되는 것이고, 잠정적인 파문은 일정 기간 유효한 것이었다(바클레이 397-398). 부모는 위협을 감지하고 당사자에게 물어 보라 한다.

바리새인은 믿음을 가르치는 가장 믿음 없는 사람들이다. 그들의 논리는 현재 그 사람이 보고 있다면, 틀림없이 전에도 맹인이 아니었을 것이라는 논리이다. 하나님이 기적을 일으키신다는 성경을 알지만 지금 일어나고 있는 일을 그들은 믿지 못한다. 그리하여 사실 자체를 왜곡하려고 무척 노력한다. 불신의 배후에는 예수님에 대한 경쟁의식과 멸시가 있다. 배운 종교인들의 어리석은 자만이 그들의 눈을 가린다. 예수님을 만난 한 사람은 눈을 뜨고, 예수님을 미워하는 사람들은 뜬 눈도 고의로 감아버린다. 바리새인들에 대한 보게 된 사람의 평가다. "이상하다 이 사람이 내 눈을 뜨게 하였으되 당신들은 그가 어디서 왔는지 알지 못한다(30절)."

맹인 되었던 사람이나 부모는 학문이나 성경은 바리새인 보다 잘 몰라도 정직한 사람들이다. 그들은 사실을 짧고 정확하게 말한다. 증인의 한 모범이다. 예수님은 우리더러 자신을 위한 변호사나, 교묘한 말로 남들을 설득하는 수사학자나, 잘 짜인 언사로 논리적 승리자가 되라 하지 않았다. 설교도 마찬가지이다. 예수님은 "내 증인"이 되라 하셨다. 증인은 자신이 직접 체험한 것을 사실대로 말하면 된다. "내가 알지 못하나 한 가지 아는 것은 내가 맹인으로 있다가 지금 보는 그것이다(25절)." "이 사람이 하나님께로부터 오지 아니하였으면 아무 일도 할 수 없으리이다(33절)." 예수님은 하나님께로부터 온 사람이라는 것이 그의 결론이며 증언이다.

우리는 하나님과 예수님을 성경에서 배운다. 그리고 오늘 내 삶 속에서 하나님과 예수님 성령님을 만난다. 성경의 주인공들의 하나님이신 그분은 오늘 성경을 읽고 신앙생활하는 사람들의 하나님이시다. 하나님 앞에서 한 욥의 고백이 생각난다. "내가 주께 대하여 귀로 듣기만 하였사오나 이제는 눈으로 주를 뵈옵나이다(42:5)."

묵상 나누기
위에서 묵상한 내용을 간략히 기록하고 함께 나눈다.

찬송
"겸손히 주를 섬길 때" (212장)

Ⅵ. 열두 제자에게 모든 귀신을 제어하며 병 고치는 능력과 권위를 주시는 예수님

41. 제자들이 복음 전하며 병을 고치다(눅 9 : 1-6)

주제와 연관된 질문 _

1. 누구로부터 하나님의 나라에 관한 말씀을 처음 들었는가?
2. 예수께서 제자들에게 하나님의 나라를 전하라 명하시는데, 여기서 말하는 하나님의 나라의 의미는?
3. 예수께서 제자들에게 하나님의 나라를 전하며 병을 고치도록 파송하시기 전에 그들에게 하신 것은?

주제 내용 _

누가복음 6장 12-15절에 보면, 예수께서 기도하시러 산으로 가사 밤이 새도록 하나님께 기도하시고 밝으매 그 제자들을 부르신다. 그 중에서 열둘을 택하여 사도라 칭하셨으니 곧 베드로라고도 이름을 주신 시몬과 그의 동생 안드레와 야고보와 요한과 빌립과 바돌로매와 마태와 도마와 알패오의 아들 야고보와 셀롯이라는 시몬과 야고보의 아들 유다와 예수를 파는 자 될 가룟 유다이다.

예수께서 이 열두 제자를 부르시고 두 가지 권능을 주신다. 하나는 더러운 귀신을 쫓아내는 능력이다. 여기서 귀신이란 문자적으로 '더러운 영들' 혹은 '악한 영들'이라는 의미인데, 이러한 영들은 하나님을 대적하고 인간의 정신과 도덕생활과 육체에 해를 끼친다. 다른 하나는 모든 병과 모든 약한 것을 고치는 권능이다. 예수께서는 이 열두 제자들에게 귀신을 제어하며 병을 고치는 능력과 권위를 주신다.

이 같이 예수님으로부터 전권을 위임받은 열두 제자들을 하나님의 나라를 전파하며 앓는 자들을 고치게 하려고 내보내신다. 여기서 보면, 예수께서는 제자들에게 두 가지 임무를 주시며 선교지에 파송하신다. 하나는 하나님의 나라를 전파하는 것이다. 하나님의 나라는 하나님의 절대적인 통치와 초월적인 주권을 가리킨다. 예수님의 능력과 권위를 부여 받고 제자들이 전파하는 이같은 의미의 하나님의 나라는 예수께서 이 땅에 하나님의 아들로 오심으로 이미 하나님의 지배가 이 땅에 임하신 것이다. 이에 반해 예수님의 또 다른 가르침에서는 그 나라가 여전히 미래적인 것임을 보게 된다(마 8:11;20:21). 그러므로 예수께서 선포하신 하나님의 나라는 현재성과 미래성이 있다. 예수께서 갈릴리에서 하나님의 나라가 가까이 왔다 선포하시는데, 이는 하나님의 나라의 도래가 강조된 것이다. 즉 이는 하나님의 나라는 공간적으로 예수 안에서 또 시간적으로 하나님의 나라는 마지막 때의 사건들을 선포하는 것이다. 그렇기 때문에 하나님의 나라가 가까이 왔다는 것은 사람들이 예수 안에서 가까워진 하나님의 나라를 대면하고 있다는 것이다. 예수님으로부터 부여 받은 임무 중 다른 하나는 앓는 자들을 고치게 하는 데 있다.

제자들이 예수님으로부터 위임받은 하나님의 나라 전파와 앓는 자들을 치유하는 일은 사실 예수께서 친히 행하셨던 일이다. 그러므로 예수님으로부터 능력과 권위를 받고 하나님의 나라 전파와 앓는 사람들을 치유하는 사역은 예수님의 사역을 계승해야 할 사도로서 마땅히 수행해야 할 사역이다.

주제와 연관된 성경공부와 말씀묵상 _

모든 귀신 제어하고 병을 고치는 능력과 권의를
제자에게 주시다

본문말씀 (눅 9 : 1-6)

1 예수께서 열두 제자를 불러 모으사 모든 귀신을 제어하며 병을 고치는 능력과 권위를 주시고

2 하나님의 나라를 전파하며 앓는 자를 고치게 하려고 내보내시며

3 이르시되 여행을 위하여 아무 것도 가지지 말라 지팡이나 배낭이나 양식이나 돈이
나 두 벌 옷을 가지지 말며

4 어느 집에 들어가든지 거기서 머물다가 거기서 떠나라

5 누구든지 너희를 영접하지 아니하거든 그 성에서 떠날 때에 너희 발에서 먼지를
떨어 버려 그들에게 증거를 삼으라 하시니

6 제자들이 나가 각 마을에 두루 다니며 곳곳에 복음을 전하며 병을 고치더라

기도요점

예수께서 열두 제자를 불러 모으사 모든 귀신을 제어하며 병을 고치는 능력과 권위를
주시고 하나님의 나라를 전파하며 앓는 자를 고치게 하려고 내보내시며 이르신 말씀
은? 이르신 말씀 가운데 누구든지 너희를 영접하지 아니하거든 그 성에서 떠날 때에
너희 발에서 먼지를 떨어 버려 그들에게 증거를 삼으라 하시는데, 이 말씀의 의미는?

도움의 말

예수께서 제자들에게 하나님의 나라전파와 병을 고치는 능력과 권위를 주시고 파송하
시면서 세 가지를 당부하신다. 첫째는 전도여행을 위하여 아무 것도 가지지 말라 이
르신다. 구체적으로 지팡이나 배낭이나 양식이나 돈이나 두 벌 옷을 가지지 말라 명
하신다. 예수께서는 제자들에게 전도여행의 필수품을 갖고 가지 말라 명하시는데, 이
는 하나님의 보냄을 입고 하나님의 일을 하는데 있어서 현실적 여건이나 물질에 의지
하지 말고 오로지 주만 의지하라는 말씀이다. 둘째는 어느 집에 들어가든지 거기서
머물다가 거기서 떠나라 이르신다. 이는 일단 머무를 곳이 정해졌으면 떠날 때까지
옮기지 말라는 말씀이다. 셋째는 누구든지 너희를 영접하지 아니하거든 그 성에서 떠
날 때에 너희 발에서 먼지를 떨어 버려 그들에게 증거를 삼으라 하신다. 발에서 먼지
를 떨어 버리는 것은 유대인들이 이방지역을 지나 이스라엘의 지역으로 들어가기 전
에 부정한 것을 그들의 지역으로 묻혀 들어오지 않기 위하여 행하였던 의식이다. 그
런데 주께서 제자들에게 하나님의 나라를 전파하고 병을 치유하는 그들을 영접하지
아니하거든 그 성에서 떠날 때에 너희 발에서 먼지를 떨어 버려 증거를 삼으라는 것

은 하나님의 나라의 말씀을 거부하는 곳에 하나님의 심판이 임하리라는 선언이며 증거가 된다.

이 같은 모든 말씀을 예수님으로부터 들은 제자들이 나가 각 마을에 두루 다니며 곳곳에 복음을 계속적으로 그리고 반복적으로 전하며 병을 고친다. 여기서 제자들이 곳곳에 복음을 전하며 병을 고친다는 것은 그들이 가는 곳마다 어디에서나 즉 그들의 발길이 닿는 곳이면 어디에서나 계속하여 하나님의 나라를 전하고 병을 고친다는 것을 의미한다. 이는 예수님으로부터 권위와 능력을 받고 예수님으로부터 보내심을 받은 제자들이 예수님의 사역을 그들이 가는 곳이면 어디서나 대행한다는 의미이다. 이와 같이하여 주께서 택하시고 부르시고 파송하신 제자들이 예수님의 권위와 능력으로 하나님의 나라가 전파되고 병을 고치므로 하나님의 나라가 실현되어 가고 있다.

묵상 나누기
위에서 묵상한 내용을 간략히 기록하고 함께 나눈다.

찬송
"하나님의 독생자" (171 장)

42. 예수께서 칠십 인을 세우시고 치유하게 하시다
(눅 10 : 1-16)

주제와 연관된 질문 _

1. 교회에서 둘씩 짝지어 전도해 본 경험이 있는가?
2. 코로나시대에 전도방식이 이전과 다른 점은?
3. 예수께서 열두 제자들과 달리 칠십 인을 세우시고 각 동네와 각 지역으로 복음을 전파하고 치유하도록 보내신 까닭은?

주제 내용 _

주께서 따로 칠십 인을 세우사 친히 가시려는 각 동네와 각 지역으로 둘씩 앞서 보내신다. 칠십 인은 세계의 모든 민족을 가리키므로 예수께서 칠십 인을 선택하신 것은 앞으로 교회가 세계 모든 나라들에 복음을 전파하게 되는 것을 예견한 것으로 본다. 이같이 칠십 인을 공식적으로 예수께서 임명하고 선포하시는데, 칠십 인 제자 파송 역시 지난번의 열두제자 파송 시와 동일하게 능력과 권위를 덧입히시어 둘씩 보내어졌다.

칠십 인을 파송하시면서 주께서 이르시되 추수할 것은 많되 일꾼이 적으니 그러므로 추수하는 수인에게 정하여 주수할 일꾼들을 보내 주소서 하라 이르신다. 여기서 추수란 하나님의 은혜 가운데 복음전파하는 것을 말하며 일꾼이란 제자들을 가리키는데,

추수할 일꾼이 부족하므로 하나님께 청하여 추수할 일꾼을 보내 달라 하라 명하신다. 이같이 일꾼들은 복음을 전파하며 동시에 주인이신 하나님에게 일꾼을 증원해 주기를 요청한다. 여기서 일꾼을 보내는 권한은 하나님께만 있으며 그분이 보내주는 일꾼만 이 진정으로 하나님의 추수를 돕는 일꾼이 된다.

이 말씀 후, 예수께서 칠십 인에게 갈 지어다 내가 너희를 보냄이 어린 양을 이리 가운데로 보냄과 같다 말씀하신다. 제자들이 세상에 나가서 복음을 전파하도록 보냄을 받는 것은 어린 양이 이리 가운데로 가는 것과 같으므로 목자이신 예수님의 보호하심 아래에서만 그들은 복음전파의 임무를 감당할 수 있다. 그러나 그들이 각 동네와 지역으로 전도하려 나갈 때 예수께서 전대나 배낭이나 신발을 가지지 말며 길에서 아무에게도 문안하지 말라 이르신다. 그리고 어느 집에 들어가든지 먼저 말하되 이 집이 평안할 지어다 하라 그러나 만일 평안을 받을 사람이 거기 있으면 너희의 평안이 그에게 머물 것이요 그렇지 않으면 너희에게로 돌아오리라고 예수께서 이르신다.

이처럼 제자들이 흩어져 선교활동을 할 때 하게 될 '평안'이라는 인사는, 하나님의 구원이 도래함을 뜻하는 차원에서의 '평안'을 의미하며(요 14:27; 행 10:26), 하나님께 기원을 둔 하나의 선물이다. 그렇기 때문에 이 평안을 받을 사람이 거기 있으면 제자들이 그곳에 머물며, 그렇지 않으면 그들이 말한 평안이 그들에게로 돌아간다. 이와 같이하여 평안을 받을 만한 사람이 있는 그 집에 유하며 주는 것을 먹고 마시라 일꾼이 그 삯을 받는 것이 마땅하다 이르시면서 예수께서 이 집에서 저 집으로 옮기지 말라 이르신다.

주제와 연관된 성경공부와 말씀묵상 _

너희 말을 듣는 자는 곧 내 말을 듣는 것이라

본문말씀 (눅 10 : 1-16)

1 그 후에 주께서 따로 칠십 인을 세우사 친히 가시려는 각 동네와 각 지역으로 둘씩 앞서 보내시며

2 이르시되 추수할 것은 많되 일꾼이 적으니 그러므로 추수하는 주인에게 청하여

추수할 일꾼들을 보내 주소서 하라

3 갈지어다 내가 너희를 보냄이 어린 양을 이리 가운데로 보냄과 같도다

4 전대나 배낭이나 신발을 가지지 말며 길에서 아무에게도 문안하지 말며

5 어느 집에 들어가든지 먼저 말하되 이 집이 평안할지어다 하라

6 만일 평안을 받을 사람이 거기 있으면 너희의 평안이 그에게 머물 것이요 그렇지 않으면 너희에게로 돌아오리라

7 그 집에 유하며 주는 것을 먹고 마시라 일꾼이 그 삯을 받는 것이 마땅하니라 이 집에서 저 집으로 옮기지 말라

8 어느 동네에 들어가든지 너희를 영접하거든 너희 앞에 차려놓는 것을 먹고

9 거기 있는 병자들을 고치고 또 말하기를 하나님의 나라가 너희에게 가까이 왔다 하라

10 어느 동네에 들어가든지 너희를 영접하지 아니하거든 그 거리로 나와서 말하되

11 너희 동네에서 우리 발에 묻은 먼지도 너희에게 떨어버리노라 그러나 하나님의 나라가 가까이 온 줄을 알라 하라

12 내가 너희에게 말하노니 그 날에 소돔이 그 동네보다 견디기 쉬우리라

13 화 있을진저 고라신아, 화 있을진저 벳새다야, 너희에게 행한 모든 권능을 두로와 시돈에서 행하였더라면 그들이 벌써 베옷을 입고 재에 앉아 회개하였으리라

14 심판 때에 두로와 시돈이 너희보다 견디기 쉬우리라

15 가버나움아 네가 하늘에까지 높아지겠느냐 음부에까지 낮아지리라

16 너희 말을 듣는 자는 곧 내 말을 듣는 것이요 너희를 저버리는 자는 곧 나를 저버리는 것이요 나를 저버리는 자는 나 보내신 이를 저버리는 것이라 하시니라

기도요점

예수께서 칠십 인을 각 동네와 각 지역으로 둘씩 내보시면서 어느 동네에 들어가든지 너희를 영접하거든 너희 앞에 차려놓는 것을 먹으라 하시는데, 그 까닭은? 그리고 그들 앞에 차려 놓은 것을 먹은 후에 그들이 하는 일은? 어느 동네에 들어가든지 너희를 영접하지 아니하거든 그 거리로 나와서 말하되 너희 동네에서 우리 발에 묻은 먼지도 너희에게 떨어버리노라 그러나 하나님의 나라가 가까이 온 줄을 알라 하라 내가 너희

에게 말하노니 그 날에 소돔이 그 동네보다 견디기 쉬우리라 말씀하시는데, 이 말씀이 의미하는 바는? 예수께서 칠십 인에게 너희 말을 듣는 자는 곧 내 말을 듣는 것이요 너희를 저버리는 자는 곧 나를 저버리는 것이요 나를 저버리는 자는 나 보내신 이를 저버리는 것이라 하신다. 이 말씀이 의미하는 바는?

도움의 말

예수께서 칠십 인을 보내시면서 대부분이 유대인들인 그들에게 어느 동네에 들어가든지 너희를 영접하거든 너희 앞에 차려놓는 것을 먹으라 하신다. 유대인들의 관습에 따르면 먹어야 되는 음식과 먹지 않아야 될 음식에 대한 규정이 있다. 그런데 그들이 걱 동네와 각 지역에 가서 하나님의 나라 전파와 병자들을 고치는 사역을 할 때, 그들 앞에 차려 놓은 음식을 먹으라 이르신 것이다. 그리고 예수께서 제자들에게 거기 있는 병자들을 고치고 또 말하기를 하나님의 나라가 너희에게 가까이 왔다 하라 이르시는데, 여기서도 열 두 제자들에게 주어졌던 병을 치유하는 능력과 하나님의 나라를 선포하는 직무가 칠십 인에게도 주어진다. 예수님에게 있어서 질병들을 치유하는 사역은 예수님 자신이 메시아 이심을 증거 하는 것이며 이는 하나님의 나라가 그리스도 예수님을 통하여 임재 하는 것을 의미한다.

예수께서 칠십 인들에게 어느 동네에 들어가든지 너희를 영접하지 아니하거든 그 거리로 나오라 이르신다. 그 동네의 사람들이 하나님으로부터 위임받아 하나님의 말씀을 대언하는 칠십 인을 영접하지 않으면 그곳에서 거리로 나와서 그 영접하지 아니한 그 동네에서 발에 묻은 먼지도 그곳에 떨어버린다고 말하라 하신다. 이 행위는 하나님나라의 복음을 거부하는 사람에게 하는 행위로서 그 대상이 유대인이든 혹은 이방인이든 똑같다. 이와 동시에 예수께서 칠십 인을 거부하는 그들에게 하나님의 나라가 가까이 온 줄을 알라 하라 명하신다. 이어 예수께서 칠십 인에게 내가 너희에게 말하노니 그 날, 즉 심판의 날에 소돔이 그 동네보다 견디기 쉬우리라 하신다.

칠십 인의 복음 선포와 병 치유를 거부함으로 불행한 운명을 맞게 될 이들을 향하여 예수께서 이르시기를 화 있을진저 고라신아, 화 있을진저 벳새다야, 너희에게 행한 모든 권능을 두로와 시돈에서 행하였더라면 그들이 벌써 베옷을 입고 재에 앉아 회개하였으리라 이르신다. 여기서 고라신은 당시의 가버나움으로부터 북서쪽으로 약 4km정도 떨어진 곳에 위치한 성읍인데, 이 성읍을 예수께서 '두로'와 '시돈'에 비유하신다. 이로 보아 예수께서 고라신에 많은 관심과 애정을 기울이신 것으로 본다. 고라신 성읍과 갈릴리 호수 북동쪽 연안에 위치한 조용한 마을인 뱃새다 마을을 향하여 너희에게 행한 모든 권능을 갈릴리 북방에 있는 베니게의 항구도시인 두로와 시돈에서 행하였더라면 그들이 회개하였을 것이라 이르신다. 고라신과 뱃새다에게 예수께서 이르시기를 심판 때에 두로와 시돈이 너희보다 견디기 쉽다 하신다. 사실 두로 시돈은 번영과 쾌락과 이교도의 도시로서 하나님을 거역하고 하나님의 백성을 억압하였기에 하나님으로부터 심판을 받았다(사 23장;겔 26-28장). 그런데도 불구하고 심판 때에 두로와 시돈이 고라신과 뱃새다 보다 견디기 쉽다 하시니 고라신과 뱃새다에서 행하신 예수님의 이적과 하나님나라 선포를 그 지역의 사람들에게 충분히 보여주셨음에도 이 두 동네는 하나님을 거부하였던 것으로 본다.

또한 예수께서 이르시기를 예수님의 갈릴리 사역의 중심지이므로 많은 이적과 가르침을 행하셨던 가버나움을 향하여 가버나움아 네가 하늘에까지 높아지겠느냐 음부에까지 낮아지리라 하신다. 여기서 하늘의 영광과 음부의 파멸이 서로 대조가 되는데, 이는 매우 교만한 가버나움이 당할 파국의 비참함을 드러내는 말씀이다. 여기까지 말씀하신 예수께서 칠십 인에게 너희 말을 듣는 자는 곧 내 말을 듣는 것이요 너희를 저버리는 자는 곧 나를 저버리는 것이요 나를 저버리는 자는 나 보내신 이를 저버리는 것이라 하신다. 여기서 우리는 칠십 인 제자들의 권위는 하나님으로부터 위탁받은 것이므로 모든 사역을 수행함에 있어서 오직 예수 그리스도의 영광을 드러내는 것만이 바로 우리 제자들의 일임을 알 수 있다.

묵상 나누기
위에서 묵상한 내용을 간략히 기록하고 함께 나눈다.

찬송
"하나님의 말씀은" (203장)

43. 칠십 인이 돌아와 예수께 보고하다(눅 10 : 17-20)

주제와 연관된 질문 _

1. 예수님께 보고할 일을 한 적이 있는가? 있다면, 보고할 내용은? 없다면, 앞으로 예수께 보고할 일을 계획하고 있는가?
2. 하나님의 나라를 전파하고 병자를 고치는 일을 각 동네와 각 지역에서 하도록 열두 제자들을 보내실 때나 칠십 인 제자들을 보낼 때 이르신 말씀이 거의 같은데, 그 말씀은? 그리고 그 말씀의 의미는?
3. 칠십 인이 기뻐하며 돌아와 이르되 주여 주의 이름이면 귀신들도 우리에게 항복한다는 보고를 예수께 드리니 이에 대한 예수님의 대답은? 그리고 그 대답의 의미는?

주제 내용 _

칠십 인이 기뻐하며 돌아와 예수님께 이르되 주여 주의 이름이면 귀신들도 우리에게 항복한다 보고한다. 이 말씀을 통하여 칠십 인 제자들의 복음전도가 성공이었다는 것을 알 수 있다. 사실 그들은 예수께서 수행하였던 말씀선포의 일, 병 고치는 일과 주의 이름으로 귀신들이 항복하는 놀라운 경험을 하였기에 기뻐하며 돌아올 수 있었다. 특히 그들은 예수께서 능력과 권위를 주시고 예수님으로부터 각 동네와 각 지역에 보냄을 받아 예수께서 말씀하신대로 하나님의 나라를 전파하고 병을 고치는 일을 하였다. 그런데 이 일들을 통하여 그들이 경험했던 것은 바로 그들이 예수님의 사역 현장에서 예수께서 행하였던 것을 보았던 그대로 그들을 통하여서도 그 일들이 수행되는 것을 경험하였다. 이를 통하여 그들은 하나님의 나라가 임한 것을 예수께서 그들에게 하라고 보내신 바로 그곳에서도 임하였던 것을 경험하게 된 것이다. 그러니 그들이 얼마나 기뻤겠는가!

특히 제자들이 기뻐하며 주여 주의 이름이면 귀신들도 우리에게 항복한다고 말씀드리니 예수께서 이르시되 사탄이 하늘로부터 번개 같이 떨어지는 것을 내가 보았다 이르신다. 이 말씀의 의미는 세 가지로 볼 수 있겠다. 하나는 칠십 인의 제자들이 사역할 때 사단이 추방당했다는 것을 의미한다. 둘째는 예수께서 광야 시험을 이겨내셨을 때 사단이 하늘에서 추방되었다는 것을 의미한다. 셋째는 칠십 인 제자들뿐만 아니라 앞으로의 전도자들의 복음 전도를 통해서도 결국 사단의 세력이 완전히 패배하게 될 것을 의미한다. 이와 같은 의미로 칠십 인 제자들의 귀신 축사는 악의 세력의 패배를 명백하게 보여준다.

주제와 연관된 성경공부와 말씀묵상 _

너희 이름이 하늘에 기록된 것으로 기뻐하라

본문말씀 (눅 10 : 17-20)

17 칠십 인이 기뻐하며 돌아와 이르되 주여 주의 이름이면 귀신들도 우리에게 항복하더이다

18 예수께서 이르시되 사탄이 하늘로부터 번개 같이 떨어지는 것을 내가 보았노라

19 내가 너희에게 뱀과 전갈을 밟으며 원수의 모든 능력을 제어할 권능을 주었으니 너희를 해칠 자가 결코 없으리라

20 그러나 귀신들이 너희에게 항복하는 것으로 기뻐하지 말고 너희 이름이 하늘에 기록된 것으로 기뻐하라 하시니라

기도요점

칠십 인이 기뻐하며 돌아와 이르되 주여 주의 이름이면 귀신들도 우리에게 항복한 것을 예수께 보고하니 이에 예수께시 내가 니희에게 뱀과 진길을 밟으며 원수의 모든 능력을 제어할 권능을 주었으니 너희를 해칠 자가 결코 없으리라 하시는데, 이 말씀

이 의미하는 바는? 그리고 또한 예수께서 칠십 인 제자들에게 그러나 귀신들이 너희에게 항복하는 것으로 기뻐하지 말고 너희 이름이 하늘에 기록된 것으로 기뻐하라 하시는데, 이 말씀의 의미는?

도움의 말

성공적으로 각 동네와 각 지역에서 하나님의 나라의 전파와 병을 치유하며, 또한 주의 이름으로 귀신을 축출한 칠십 인들이 기뻐하며 이 일을 보고한다. 이에 예수께서 그들에게 두 가지 말씀을 하신다. 하나는 내가 너희에게 뱀과 전갈을 밟게 한다고 이르신다. 성경에서 뱀과 전갈은 대부분 사단의 세력을 의미한다. 그러므로 이 말씀은 칠십 인 제자들이 주의 이름으로 사단의 세력을 물리칠 수 있다는 의미이다. 다른 하나는 원수의 모든 능력을 제어할 권능을 주었으니 너희를 해칠 자가 결코 없으리라 하신다. 창세기 13장 15절에 여자의 후손이 뱀의 머리를 상하게 할 것이라는 약속이 처음 나오는데, 이제 이 약속은 그리스도를 통해 성취되었으므로 주께서 능력과 권위를 주신 그 제자들 또한 이러한 그리스도의 사역에 동참하게 된 것이다. 이같은 일은 오늘날도 주의 부르심을 입고, 주로부터 보내심을 입은 제자들이 있는 곳에서 일어난다.

이러한 말씀을 하신 후 예수께서 칠십 인 제자들에게 그러나 귀신들이 너희에게 항복하는 것으로 기뻐하지 말고 너희 이름이 하늘에 기록된 것으로 기뻐하라 하신다. 여기서 하늘에 그들의 이름이 기록된다는 것은 하나님의 백성의 이름이 기록되는 생명의 책을 가리킨다(출 32:32,33; 시 69:28; 단 12:1; 히 12:23; 계 13:8; 20:12). 그러므로 귀신들이 그들에게 항복하는 하였다 해서 그들이 하나님의 나라에 들어가는 것이 아니니 오로지 그들의 이름이 하나님의 주권적인 행위로 하늘에 기록된 것으로 기뻐하라 이르신 것이다. 이는 주의 제자들이 하나님의 나라를 전파하고 병을 치유할 뿐만 아니라 귀신을 축출한다고 하여 다 그들의 이름이 하늘에 기록되는 것은 아니라는 말씀이기도 하다.

묵상 나누기

위에서 묵상한 내용을 간략히 기록하고 함께 나눈다.

찬송

"흙암에 사는 백성들을 보라" (499장)

44. 베드로와 요한이 못 걷게 된 이를 고치다
(행 3 : 1-10)

주제와 연관된 질문 _

1. 나면서부터 걷지 못하는 사람을 본 경험이 있는가? 있다면, 그 장애를 입은 그 사람에 대하여 깊게 생각해 본 경험이 있는가?
2. 다른 사람의 도움이 없이 신체적으로 움직일 수 없었던 경험이 있는가? 있다면, 이에 관한 자신의 경험을 함께 나누자.
3. 정신적으로 혼자 자신의 삶을 지탱할 수 없기에 다른 사람의 보호와 돌봄을 받아 본 경험이 있는가? 역으로 이런 사람을 돌봐 본 경험이 있는가?

주제 내용 _

제 구 시 기도 시간에 베드로와 요한이 성전에 올라간다. 여기서 제 구 시 기도 시간은 오후 3시를 뜻한다. 당시 경건한 유대인들은 다니엘서에 의하면 하루에 세번 기도하는데, 이는 제 삼 시(오전 9시), 제 육 시(12시), 그리고 제 구 시이다. 제 구시 기도시간에 베드로와 요한이 성전에 올라가고 있었는데, 나면서 못 걷게 된 이를 사람들이 메고 온다. 이들은 성전에 들어가는 사람들에게 구걸하기 위하여 날마다 미문이라는 성전 문에 그를 놓아두는 사람들이다. 유대교에서는 남을 구제하는 일이 매우 큰 덕목으로 여겨졌으므로 성전에 올라오는 사람들은 그 걸인들에게 동전을 던져줌으로써 하나님의 상을 얻고자 했다. 이에 걸인들이 반복적으로 성전이나 전각 입구에 앉아 구걸하는 일이 많았다 한다.

나면서 못 걷게 된 그가 베드로와 요한이 성전에 들어가려 함을 보고 구걸한다. 이에 베드로가 요한과 더불어 주목하여 이르되 우리를 보라 한다. 이 두 사도 즉 베드로와 요한은 그들 안에서 역사하시는 성령의 인도하심에 따라 그를 주목하고 우리를 보라 이르자, 그가 그들에게서 무엇을 얻을까 하여 두 사도를 바라본다. 평상시 걸인이 구걸을 하면 지나가는 사람들이 동전을 던져 주고 가는 것이 상례였는데, 두 사도는 동전을 넣지도 않고 그를 주목하여 보면서 우리를 보라 하니 그는 동전 아닌 무엇을 그들에게서 얻기를 바라는 마음으로 간절히 바라보았으리라 본다.

주제와 연관된 성경공부와 말씀묵상 _

나사렛 예수 그리스도의 이름으로 명하노니 일어나 걸어라

본문말씀 (행 3 : 1-10)

1   제 구 시 기도 시간에 베드로와 요한이 성전에 올라갈새

2   나면서 못 걷게 된 이를 사람들이 메고 오니 이는 성전에 들어가는 사람들에게 구걸하기 위하여 날마다 미문이라는 성전 문에 두는 자라

3   그가 베드로와 요한이 성전에 들어가려 함을 보고 구걸하거늘

4   베드로가 요한과 더불어 주목하여 이르되 우리를 보라 하니

5   그가 그들에게서 무엇을 얻을까 하여 바라보거늘

6   베드로가 이르되 은과 금은 내게 없거니와 내게 있는 이것을 네게 주노니 나사렛 예수 그리스도의 이름으로 일어나 걸으라 하고

7   오른손을 잡아 일으키니 발과 발목이 곧 힘을 얻고

8   뛰어 서서 걸으며 그들과 함께 성전으로 들어가면서 걷기도 하고 뛰기도 하며 하나님을 찬송하니

9   모든 백성이 그 걷는 것과 하나님을 찬송함을 보고

10 그가 본래 성전 미문에 앉아 구걸하던 사람인 줄 알고 그에게 일어난 일로 인하여 심히 놀랍게 여기며 놀라니라

기도요점

사도행전 3장 1-10절 말씀 전체를 읽고 또 읽으면서 당시의 이 말씀의 상황 전체를 상상해 보자. 상상하는 가운데 자신과 일치되거나 혹은 가장 가깝게 다가온 것은?

도움의 말

나면서 못 걷는 그가 무엇을 얻을까 하여 베드로와 요한을 바라보니 베드로가 이르되 은과 금은 내게 없거니와 내게 있는 이것을 네게 주노니 나사렛 예수 그리스도의 이름으로 일어나 걸으라 한다. 베드로는 그가 바라는 금과 은은 없지만 베드로에게 있는 이것을 그에게 준다 이르는데, 이것은 바로 곧 나사렛 예수 그리스도의 이름으로 일어나 걸으라 하고 오른손을 잡아 일으키니 발과 발목이 곧 힘을 얻는다. 유대인들에게 있어서 여기 이름으로란 표현은 그 사람의 성격 및 본질 즉 그 사람의 존재를 대표해 주는 것으로서 이는 그 사람 인격 전체를 대표한다. 그렇기 때문에 베드로에게 있는 나사렛 예수 그리스도의 이름으로 일어나 걸어라 명한 것이다.

이 명령은 주님의 이름으로 선포하는 말씀이기에 이는 놀라운 권능을 동반하는 권위 있는 선언이다. 동시에 이는 그를 치유하신 기적은 베드로가 믿는 예수의 능력과 은혜에 의존하고 있다는 것을 선언하는 것이다. 다시 말해서 부활. 승천하셔서 하나님 우편에서 하늘과 땅의 모든 권세를 가지신 생명의 근원이 되신 예수께서 크신 능력을 베푸셔서 병자를 낫게 하신다는 것을 선언하고 있다. 이같이 주님의 뜻을 따라 베드로가 선포한 말씀대로 이루어질 것을 믿고 베드로는 확신에 차서 손수 그 병자의 손을 잡고 일으키니 그 걸인이 베드로의 명령을 믿고 순종하여 뛰어 서서 걸으며 그 두 사도와 함께 성전으로 들어가면서 걷기도 하고 뛰기도 하며 하나님을 찬송한다. 이는 자신의 치유가 바로 하나님의 은혜로 말미암은 것임을 고백하는 행위이다.

이와 같이하여 그는 나면서 못 걷는 병이 치유되었는데, 그는 아마도 이같은 기적이 그에게 있게 될 것을 한 번도 상상하지도 못하였지만 현재 하나님의 능력으로 치유함을 받게 되었으니 그가 어찌 하나님을 찬송하지 않겠는가! 이를 본 모든 백성이 그 걷는 것과 하나님을 찬송함을 보고 그가 본래 성전 미문에 앉아 구걸하던 사람인 줄 알고 그에게 일어난 일로 인하여 심히 놀랍게 여긴다. 그의 병의 치유는 그 자신에게만

엄청난 사건이 아니다. 이 사건은 오랜 세월 구걸하던 그를 보아왔던 주위의 모든 이들에게도 하나님의 능력으로 온전히 치유된 사실을 믿지 않을 수 없는 사건이니 그들도 이를 놀랍게 여기는 것이다.

묵상 나누기

위에서 묵상한 내용을 간략히 기록하고 함께 나눈다.

찬송

"너 시온아 이 소식 전파하라" (501장)

45. 사도들이 한 마음으로 거룩한 예수의 이름으로 치유역사와 표적과 기사가 이뤄지기를 간구하다(행 4 : 23-31)

주제와 연관된 질문 _

1. 예수님의 이름으로 치유역사와 표적과 기사가 이뤄지기를 기도하였던 때는?
2. 예수님 이름으로 치유역사와 표적과 기사가 일어나는 사건을 친히 본 경험이 있는가?
3. 예수께서 지상에서 친히 하나님의 나라 선포사역과 하나님나라의 가르침의 사역과, 또한 병든 자를 치유하는 사역을 하셨는데, 하나님으로부터 보내심을 입은 각 세대의 제자들도 이 사역들을 이어가고 있다. 이같은 제자들의 각 세대의 사역 속에서 하나님께서 전능 하신 능력과 권능으로 하나님의 손을 내밀 때 일어나는 치유사건과 표적과 기사가 이뤄지기 를 간절히 간구해 본 경험이 있는가?

주제 내용 _

나면서부터 못 걷게 된 이가 베드로와 요한으로부터 고침을 받고 그 두 사도를 붙잡으니 모든 백성이 크게 놀라며 달려 나아가 솔로몬의 행각이라 불리우는 행각에 모인다. 이에 베드로가 그들에게 설교를 한다. 사도들이 백성에게 말할 때에 제사장들과 성전 맡은 자와 사두개인들이 이르러 예수 안에 죽은 자의 부활이 있다고 백성을 가르치고 이를 전함을 싫어하여 그들을 잡으매 날이 이미 저물었으므로 이튿날까지 가둔다. 그러나 말씀을 들은 사람 중에 믿는 자가 많으니 남자의 수가 약 오천이나 되었다.
이튿날 베드로와 요한이 공회 앞에 서는데, 공회에서 공회원으로부터 너희가 무슨 권세와 누구의 이름으로 이 일, 즉 나면서 걷지 못하는 이를 치유했느냐 묻는다. 이에 베드로가 성령이 충만하여 백성의 관리들과 장로들과 이스라엘 백성들은 알라 너희가 십자가에 못 박고 하나님이 죽은 자 가운데서 살리신 나사렛 예수 그리스도의 이름으로 이 사람이 건강하게 되어 너희 앞에 섰다 대답한다. 베드로가 이같이 담대하게 대답할 뿐만 아니라 또 병 나은 사람이 그들과 함께 서 있는 것을 보고 비난할 말이 없게 되니 두 사도를 불러 경고하여 도무지 예수의 이름으로 말하지도 말고 가르치지도 말라 한다.

이와 같이하여 사도들이 놓이매 그 동료에게 가서 제사장들과 장로들의 말을 다 알리니 그들이 듣고 한마음으로 하나님께 소리를 높여 이르되 대 주재여 천지와 바다와 그 가운데 만물을 지은 이시요 또 주의 종 우리 조상 다윗의 입을 통하여 성령으로 말씀하시기를 어찌하여 열방이 분노하며 족속들이 허사를 경영하였는고 세상의 군왕들이 나서며 관리들이 함께 모여 주와 그의 그리스도를 대적하도다 하신 이로소이다 라는 감사와 찬양의 기도를 한다. 여기서 우리는 그 형제들이 믿는 하나님께서는 천지를 지으시고 만유를 다스리시는 통치자시라는 믿음을 가졌으며, 그렇기 때문에 하나님의 통치 아래 있는 교회를 세상이 해치지 못한다는 믿음으로 감사와 찬양과 기도하는 것을 볼 수 있다.

주제와 연관된 성경공부와 말씀묵상 _

빌기를 다하니 모인 곳이 진동하더라

본문말씀 (행 4 : 23-31)

23 사도들이 놓이매 그 동료에게 가서 제사장들과 장로들의 말을 다 알리니

24 그들이 듣고 한마음으로 하나님께 소리를 높여 이르되 대 주재여 천지와 바다와 그 가운데 만물을 지은 이시요

25 또 주의 종 우리 조상 다윗의 입을 통하여 성령으로 말씀하시기를 어찌하여 열방이 분노하며 족속들이 허사를 경영하였는고

26 세상의 군왕들이 나서며 관리들이 함께 모여 주와 그의 그리스도를 대적하도다 하신 이로소이다

27 과연 헤롯과 본디오 빌라도는 이방인과 이스라엘 백성과 합세하여 하나님께서

기름 부으신 거룩한 종 예수를 거슬러

28 하나님의 권능과 뜻대로 이루려고 예정하신 그것을 행하려고 이 성에 모였나이다

29 주여 이제도 그들의 위협함을 굽어보시옵고 또 종들로 하여금 담대히 하나님의
　　말씀을 전하게 하여 주시오며

30 손을 내밀어 병을 낫게 하시옵고 표적과 기사가 거룩한 종 예수의 이름으로 이루
　　어지게 하옵소서 하더라

31 빌기를 다하매 모인 곳이 진동하더니 무리가 다 성령이 충만하여 담대히 하나님
　　의 말씀을 전하니라

기도요점

사도들이 갇힌 데서 놓이니 그 동료에게 가서 제사장들과 장로들의 말을 다 알리는
데, 그들이 갇힌 까닭은? 그리고 사도들이 그 동료에게 이른 말은? 이 말을 듣고 그들
이 하나님께 소리 높여 이르기를 대 주재여 천지와 바다와 그 가운데 만물을 지은 이
시여 또 주의 종 우리 조상 다윗의 입을 통하여 성령으로 말씀하시기를 어찌하여 열
방이 분노하며 족속들이 허사를 경영하였는고 세상의 군왕들이 나서며 관리들이 함께
모여 주와 그의 그리스도를 대적하도다 하신 이로소이다 라고 기도하는데, 이 기도의
의미는? 과연 헤롯과 본디오 빌라도는 이방인과 이스라엘 백성과 합세하여 하나님께
서 기름 부으신 거룩한 종 예수를 거슬러 하나님의 권능과 뜻대로 이루려고 예정하신
그것을 행하려고 이 성에 모였나이다 주여 이제도 그들의 위협함을 굽어보시옵기를
기도하면서 하나님께 그들이 원하였던 기도는?

도움의 말

사도들이 놓이니 그 동료에게 가서 제사장들과 장로들의 말을 다 알리므로 그들이 듣
고 한 마음으로 하나님께 소리 높여 기도하기를 헤롯 즉 주전 4년부터 주후 39년까지
갈릴리와 베뢰아를 분봉왕으로 통치하던 그가 세례 요한을 목 베어 죽였고 또한 그는
빌라도와 함께 이방인과 이스라엘 백성과 합세하여 하나님께서 기름 부으신 거룩한
종 예수를 거슬러 하나님의 권능과 뜻대로 이루려고 예정하신 그것을 행하려고 이 성
에 모였음을 하나님께 아뢴다. 여기서 거룩한 종 예수는 하나님의 거룩하신 아들로서

신성을 가지고 있지만 종으로 낮아져서 하나님의 구원사역을 충실히 감당하기 위해 고난 받는 종으로서의 메시아이시다.

이어 그들은 두 가지 기도를 더 하는데, 하나는 주여 이제도 그들의 위협함을 굽어 보시옵고 또 종들로 하여금 담대히 하나님의 말씀을 전하게 하여 주시기를 간구한다. 위험한 상황 속에서도 그들은 계속하여 하나님의 말씀을 담대히 전할 수 있기를 간구하는데, 이는 대적들을 향하여 대처하는 일보다 더 우선적인 일이 하나님의 말씀을 용기 있게 계속하여 전하는 일임을 드러내는 기도이다. 다른 하나는 그들의 기도는 손을 내밀어 병을 낫게 하시옵고 인데, 이 말은 그들이 손을 내밀 때 하나님께서는 전능하신 능력과 권능으로 이적이 행해지기를 간구하는 기도이다. 이어 그들은 표적과 기사가 거룩한 종 예수의 이름으로 이루어지게 하옵기를 하나님께 간구한다. 이는 하나님의 능력(손)에 의해 나타나는 모든 이적을 뜻한다. 예수님의 이름으로 병이 치유되는 사건이나 예수님의 이름으로 나타나는 모든 표적과 기사는 하나님의 주권적인 역사로만 가능하다. 그렇기 때문에 병 고치는 사건이나 표적과 기사와 같은 사건을 통하여 중요한 것은 예수가 메시아이시며 예수께서 선포하신 하나님의 나라의 도래가 드러난다는 사실이다. 그리고 또한 사도들을 통하여 주 예수의 이름으로 일어나는 표적과 기사 또한 메시아 이신 예수께서 그들에게 주신 권위와 능력을 나타내시어 그들이 예수님으로부터 보냄을 입은 사람이라는 것을 드러내 주시는 표이다.

이 같이 그들이 빌기를 다하니 모인 곳이 진동한다. 이는 하나님의 현현에 대한 표징이며 또한 동시에 하나님께서 그들의 기도를 듣고 응답하신다는 것을 의미한다. 이에 기도하는 곳에 있는 무리가 다 성령이 충만하여 담대히 하나님의 말씀을 전한다. 이처럼 사도들과 형제들은 성령으로 충만하였기에 위기 속에서도 담대하게 하나님의 말씀을 증언할 수 있었던 것이다.

묵상 나누기
위에서 묵상한 내용을 간략히 기록하고 함께 나눈다.

찬송
"온 세상 위하여" (505장)

46. 빌립이 사마리아에서 복음을 전할 때 귀신이 나가고 중풍병자와 못 걷는 자가 치유되다
(행 8 : 4-13)

주제와 연관된 질문 _

1. 주님을 전심으로 따르는 것과 진심으로 따른 것의 차이가 무엇인가?
2. 내가 복음의 빚진 자라는 뜻은 어떤 함의를 갖는가?
3. 오늘 나의 믿음은 선진들의 어떤 수고의 결과인가?
4. 예루살렘에서 땅 끝까지 증인 됨은 누구에게 요청된 것인가?

주제 내용 _

사도행전 8:4 이하는 예수께서 1:8에서 말씀하신대로 복음이 본격적으로 만방으로 퍼져가는 모습을 보여준다. 스데반의 일과 연관되어 예루살렘 교회에 큰 박해가 있었으며 사도 외에는 "다 유대와 사마리아 모든 땅으로 흩어지게 되었다(8:1)." 그러나 그 흩어짐은 복음의 흩어짐이기도 했다. "그 흩어진 사람들이 두루 다니며 복음의 말씀"을 전했기 때문이다(4절). 이제 빌립의 사역이 소개된다. 빌립은 사마리아 성으로 내려갔다. 사마리아 성은 예루살렘에서 50킬로미터 북쪽에 있다. 빌립은 많은 사람들에게 말씀을 전했으며 많은 귀신들을 축출하고 중풍병자와 못 걷던 사람을 치유했다. 사도행전 1장 8절의 말씀대로 "성령의 권능을 받은" 결과이다.

시몬이란 사람이 주목된다. 그는 마술을 행하여 사마리아 사람들을 놀라게 했으며 자타가 '큰 자'로 여기는 사람이었다. 많은 사람들이 따랐으며 "하나님의 능력"이라 불리기까지 했다. 당시에는 유대인이나 이방인이나 마술과 점술의 힘을 믿는 어두운 시대였다. 그렇다보니 점술사, 마술사, 점성가, 축귀인 등이 도처에 있었다. 그들 중에는 사기꾼도 있고 과대망상가도 있으며 자신이 귀신에 매인 사람도 있었고, 또한 축적된 지식과 통계에 의존하는 그 시대 나름의 전문가도 있었다. 마술사 시몬이 어떤 부류에 속하는지는 나와 있지 않지만 그는 마술을 생계 수단 혹은 업으로 삼는 사람인 것으로 보인다. 그 시몬이 빌립을 통해 예수 그리스도를 믿게 되고 세례를 받는다. 다른 사람들처럼 빌립의 말도 듣고 행하는 표적도 보았기 때문이다. 빌립이 보인 표적과 능력은 질병 치유와 축귀였다. 그러나 시몬이 말씀에 감동되어 세례를 받게 된 것인지 표적과 능력에 관심이 있었던 것인지는 알 수 없다. 시몬의 마술은 빌립이 보인 표적에 비하면 거의 눈속임에 가까웠을 것이다. 그는 전심으로 빌립을 따랐다. "전심으로 따라다니다"는 〈프로스카르테레오〉의 번역으로 '꼭, 계속, 어디나 붙어 다녔다'는 뜻이다. 진실한 마음이나 믿음으로 보기 어렵다. 열심을 다해 따르지만 어떻게 하는 것인지 배워 자신의 이를 채우기 위해 그렇게 했을 수도 있다. 나중에 다시 나오지만, 시몬은 성령의 능력을 돈으로 사려고 한다.

박해와 복음의 확장은 역설이다. 기독교를 없애고자 핍박했는데 그 핍박으로 복음이 사방으로 전파된 것이다. 그 흩어진 사람들이 두루 다니며 복음의 말씀을 전했고(4절), 그 성에 큰 기쁨이 있게 되었다(8절). 복음은 복된 소식이며 기쁨을 가져다 준다. "오직 성령이 임하시면 너희가 권능을 받고 예루살렘과 온 유대와 사마리아와 땅 끝까지 이르러 내 증인이 되리라"는 예수님의 지상명령이 이루어져 가고 있다. 물론 땅 끝까지 증인됨이 영광의 자리가 아니라 고난과 수고의 자리라는 것을 예수님의 사람들은 복음 사역을 통해 점점 알아 가게 된다.

주제와 연관된 성경공부와 말씀묵상 _

복음의 말씀을 전할새 그 성에 큰 기쁨이 있더라

본문말씀 사도행전 8:4-13

4 그 흩어진 사람들이 두루 다니며 복음의 말씀을 전할새

5 빌립이 사마리아 성에 내려가 그리스도를 백성에게 전파하니

6 무리가 빌립의 말도 듣고 행하는 표적도 보고 한마음으로 그가 하는 말을 따르더라

7 많은 사람에게 붙었던 더러운 귀신들이 크게 소리를 지르며 나가고 또 많은 중풍 병자와 못 걷는 사람이 나으니

8 그 성에 큰 기쁨이 있더라

9 그 성에 시몬이라 하는 사람이 전부터 있어 마술을 행하여 사마리아 백성을 놀라게 하며 자칭 큰 자라 하니

10 낮은 사람부터 높은 사람까지 다 따르며 이르되 이 사람은 크다 일컫는 하나님의 능력이라 하더라

11 오랫동안 그 마술에 놀랐으므로 그들이 따르더니

12 빌립이 하나님 나라와 및 예수 그리스도의 이름에 관하여 전도함을 그들이 믿고 남녀가 다 세례를 받으니

13 시몬도 믿고 세례를 받은 후에 전심으로 빌립을 따라다니며 그 나타나는 표적과 큰 능력을 보고 놀라니라

기도요점

박해를 마다하지 않는 선진들의 수고를 기억합니다. 성령의 권능을 받아 증인이 된다는 것이 수고와 고통을 감내한다는 것을 예루살렘 성도들의 삶을 통해 배웁니다. 나도 증인되어 만방에 기쁨을 전달하는 사람되게 하소서. 이익을 위해 따르지 않고 예수님의 사람으로 따르게 하소서. 전심을 넘어 진심으로 따르는 사람이 되게 하소서

도움의 말

우리는 이 이야기에서 박해로 인해 흩어진 사람들의 삶의 모습을 본다. 그들은 복음 전파를 가장 귀중하게 여겼다. 어디서나 어떤 형편에서든지 하나님 나라와 예수 그리스도의 구원자 되심을 전했다. 왜 그랬을까? 그들은 예수 그리스도를 매우 잘 알고 있었다. 예수 그리스도는 하나님의 아들이며 세상을 구원하기 위해 하나님이 보내신 분이다. 예수 그리스도 안에 영원한 생명이 있으므로 박해와 죽음을 무릅쓰고 전한 것

이다. 빌립도 그 중 한 사람이다. 그가 가는 곳마다 복음이 퍼져나갔다.

성경에는 여러 사람의 빌립이 나온다. 복음전파와 관계있는 사람들은 예수님 제자 빌립과 집사 빌립이다. 이곳의 빌립은 일곱 집사 중 한 사람인 빌립이다. 예루살렘 교회에서 봉사와 구제를 위해 스데반과 함께 선발되었다. 스데반의 순교와 함께 기독교인에 대한 대대적인 박해가 일어나자(행 8:1) 사마리아로 가서 복음을 전파했다(행 8:5). 예루살렘에서 가사로 가는 도중 에디오피아 여왕 간다게의 내시에게 복음을 전했다(행 8:26-40). 집사 빌립은 지중해 연안 지역을 무대로 사역을 계속했다(행 8:40). 말년에는 예언하는 네 딸과 함께 지중해 연안 가이사랴에 거주하였으며 선교여행을 마치고 귀향하는 바울 일행을 자기 집에 머물게 했다(행 21:8-9).

예수님 당시에는 '사마리아 지역' 안에 '사마리아 성'이 있었다. 사마리아는 도시 이름으로 시작되었다. 솔로몬 사후 왕국이 분열되었고 북왕국의 수도는 세겜, 브누엘, 디르사를 거쳐(왕상 15:33) 오므리 시대의 사마리아였다(왕상 16:24). 나중에 사마리아는 지역 이름도 된다. 주전 722년 앗시리아는 이스라엘을 점령한 후 이스라엘 옛 땅을 사마리아(사메리나)라 불렀다. 사마리아 지역 안에 사마리아 도시가 있게 된 것이다. 이후 바벨론, 페르샤, 헬라가 통치권을 행사했다. 주전 113년 유대 지역을 다스리던 하스몬 왕조의 요한 힐카누스가 사마리아를 침공한다. 그는 사마리아 지역을 유린하고 세겜의 그리심 산에 있던 사마리아 사람의 성전을 파괴한다. 이후 유대와 사마리아 사람들은 서로 원수처럼 여겼다. 주전 37년 유대 하스몬 왕조가 멸망하고 이두메(옛 에돔) 사람 (大)헤롯의 지배를 받는다. 그의 사후 사마리아는 유대에 편입되며 주후 44년에 로마의 직할 지역이 된다. 빌립이 전도한 곳은 '사마리아 성'이었다.

시몬의 이야기는 14절 이후에도 계속된다. 시몬은 예루살렘에서 베드로와 요한이 사마리아 신도에게 안수하자 성령을 받는 것을 본다. 빌립이 보인 표적과는 또 다른 표적과 능력을 보았음에 틀림없다. 특히 방언하는 것에 놀랐을 것이다. 시몬은 예수 그리스도에 대해서는 초신자이며 성령에 대해서는 알지 못하므로 그 능력이 어떻게 나타나는지도 알지 못했다. 그는 해서는 안 될 일을 하고 만다. 베드로와 요한에게 돈을 주면서 권능을 자신에게 주어 자신이 안수하는 사람은 성령을 받게 해 달라는 것이었다. 뇌물의 의미인지 판매의 의미인지는 성경에 나와 있지 않다. 그는 자신도 능력을 언어 이름을 얻고 돈을 벌려 했던 것이다. 베드로는 그에게 하나님 앞에서 마음이 바르지 못하고, 그리스도 신앙과 무관하며, 악독이 가득하고 불의에 매인 자라고 책망한다. 베드로는 회개를 요청하고 시몬은 자신을 위하여 기도해 주어 망하지 않게 해 달라한다.

박해로 인한 흩어짐과 흩어짐으로 인한 복음전파는 역설적이다. 기독교를 없애려고 핍박했는데 그 핍박으로 복음이 사방으로 전파된 것이다. 그 흩어진 사람들이 두루 다니며 복음의 말씀을 전했고(4절), 그 성에 큰 기쁨이 있게 되었다. 우리는 믿음의 선배들을 통해 복음을 받았고 이제 우리는 기쁨의 소식인 예수님 복음을 만방에 전하는 제자로 이어 달린다.

묵상 나누기
위에서 묵상한 내용을 간략히 기록하고 함께 나눈다.

찬송
"누가 주를 따라" (459장)

_____

_____

_____

_____

_____

47. 베드로가 중풍병자를 고치다(행 9 : 32-35)

주제와 연관된 질문 _

1. 나는 누구를 통해 예수님께로 오게 되었는가?
2. 예수님을 만난 후 내 생애에 일어난 일로는 어떤 것이 있는가?
3. 표적 행함은 선교에서 어떤 역할을 하는가?
4. 나는 어떤 은사로 하나님의 영광을 드러내는가?

주제 내용 _

앞장에서는 바울의 회심과 전도 활동이 소개되었다. 이제 다시 베드로의 활동이 나온다. 다른 제자들도 가는 곳 마다 주님의 이름을 드높였음에 틀림없다. 베드로의 활발한 선교활동은 "사방으로 두루 다니다가"로 표현된다. 그가 많은 지역을 바쁘게 다니며 복음 전했음을 알 수 있다. 베드로는 예수 그리스도의 사도로서 예수께서 명하시고 맡기신 대로 복음 선포와 각종 능력 베푸는 일을 행했다. 그 중 한 사건이 소개된다.

베드로는 룻다에 사는 성도들을 만나러 갔었다. 그곳에는 애니야란 사람이 있었다. 중풍을 앓고 있는데 8년간이나 누워있었다. 당사자와 그를 돌보는 가정은 육체적으로 경제적으로 말로 다 표현할 수 없는 고통을 8년간이나 겪었다. 베드로는 확신에 찬

말로 애니야에게 명령한다. 베드로는 성령님과 교통하고 있었고 자기 속에서 역사하시는 성령님의 능력을 잘 알고 있었다. 특별한 예배나 찬송이나 함께 한 사람들의 기도가 먼저 있었다는 말이 없다. 다음에 나오는 다비다를 살리려고 했을 때는 먼저 하나님께 간절히 기도했지만, 여기서는 단지 "애니야"라고 부르고 "예수 그리스도께서 낫게 하시니 일어나 네 자리를 정돈하라" 명한다. 8년간이나 누워있던 애니야는 즉시("곧") 일어났다. 결과는 룻다와 사론에 사는 사람들이 주께로 돌아왔다.

베드로는 '내가 명하노니 일어나라'고 하지 않는다. 베드로는 오직 예수님만이 치유와 각종 기적을 일으키는 것을 잘 안다. 베드로와 함께 하는 예수 그리스도께서 베드로를 통해 일으킨 것이다. 또한 성경은 이 일로 인해 베드로가 얻게 된 명예나 권위에 대해서 말하지 않는다. "주께로 돌아오니라"라가 다이다. 예수 그리스도의 사역자와 교회가 가져야 할 사역 목표가 무엇인지 짧지만 정확하게 가르쳐 주는 말씀이다. 우리를 통해 성령께서 일하시는 것이다. 예수님은 우리에게 동역 혹은 동업의 기회를 주셨고 우리는 주님의 영광을 위해 일한다.

주제와 연관된 성경공부와 말씀묵상 _

예수 그리스도께서 너를 낫게 하시니 일어나라

본문말씀 사도행전 9:32-35

32 그 때에 베드로가 사방으로 두루 다니다가 룻다에 사는 성도들에게도 내려갔더니

33 거기서 애니아라 하는 사람을 만나매 그는 중풍병으로 침상 위에 누운 지 여덟 해라

34 베드로가 이르되 애니아야 예수 그리스도께서 너를 낫게 하시니 일어나 네 자리를 정돈하라 한대 곧 일어나니

35 룻다와 사론에 사는 사람들이 다 그를 보고 주께로 돌아오니라

기도요점

내가 예수님의 일꾼인 것을 잊지 않게 하시고 모든 영광을 주님께 돌리는 자가 되게 하

소서. 내가 위하여 기도하는 사람들에게 온전한 회복과 치유를 허락하소서. 나를 통해 주의 능력이 나타나게 하시고 늘 베푸는 손길이 되게 하소서. 나를 통해 주께로 돌아오는 사람들이 많이 생기게 하소서.

도움의 말

베드로는 룻다(Lydda)에 사는 신앙인들을 만나러 갔다. 룻다는 예루살렘에서 욥바로 가는 길목에 있다. 예루살렘에서 북서쪽으로 40킬로미터 욥바 항구에서 동남쪽 18킬로미터 지점에 위치한다. 구약 시대에는 '로드(Lod)'라 불렸다(스 2:33; 느 7:37). 사론(히. 샤론)은 지중해 연안 도시 욥바에서부터 갈멜산까지 펼쳐져 있는 평지이다. 구약 성경에서는 비옥, 풍요, 영화로움의 대명사이다(아 2:1; 사 35:2; 65:10, 17). 사론은 또한 욥바에서 가이사랴로 가는 길목에 있는 성읍이기도 하다. 베드로가 룻다에 있는 애니아의 중풍병을 고쳤을 때 룻다 인근의 사론 주민도 주님께 나왔다. 갓 자손에게 분배된 요단 동편 '사론(대상 5:16)'과는 이름만 같지 다른 곳이다.

베드로가 만난 신자들은 "성도"라 불린다(32, 41; 참고. 9:13). "성도"는 〈하기오스〉의 번역으로 '거룩한 자'라는 뜻이다. 성경에서 '거룩〈카도쉬〉'의 일차적 의미는 '구별'과 '분리'이며, 또한 부정으로부터의 격리, 즉 정결함을 뜻한다. 반드시 윤리적 우월성을 뜻하는 것이 아니다. 예를 들어, 거룩한 안식일(출 16:23), 거룩한 백성(출 19:6), 거룩한 산(출 19:23), 거룩한 옷(출 28:2), 거룩한 떡(삼상 21:4), 거룩한 기구(왕상 8:4)가 그 예이다. 앞에서 말한 어떤 것도 자체가 우월하지는 않다. 특별한 목적을 위해 선택되고 구별되었을 뿐이다. 그러므로 "성도"는 윤리적으로나 인격적으로 뛰어난 사람을 말하는 것이 아니다. 하나님의 택함을 입었으며 그리하여 하나님의 영광을 위해 살아가는 사람이다.

원래 '거룩한 백성'은 이스라엘 백성에게 적용되었다. 그들은 하나님이 택하시고 만백성으로부터 구별해 내신 백성이다. 그러나 때가 이르러 하나님은 만백성 가운데서 예수 그리스도를 믿는 새로운 사람들을 택하시고 구별하시어 성도라 하신다. 하나님은 이 성도들과 함께 일하시며 또 그들과 함께 영원히 다스릴 것이다. "이 첫째 부활에 참여하는 자들은 복이 있고 '거룩하도다' 둘째 사망이 그들을 다스리는 권세가 없고 도리어 그들이 하나님과 그리스도의 제사장이 되어 천 년 동안 그리스도와 더불어 왕 노릇 하리라(계 20:6)." 하나님은 구별되어 불린 자들, 즉 성도들에게 구별된 삶을 살라 하신다. "오직 너희를 부르신 거룩한 이처럼 너희도 모든 행실에 '거룩한 자'가 되라 기록되었으되 '내가 거룩하니 너희도 거룩할지어다' 하셨느니라(벧전 1:15-16)." "너희 마음에 그리스도를 주로 삼아 거룩하게 하고 너희 속에 있는 소망에 관한 이유를 묻는 자에게는 대답할 것을 항상 준비하되 온유와 두려움으로 하고 선한 양심을 가지라 이는 그리스도 안에 있는 너희의 선행을 욕하는 자들로 그 비방하는 일에 부끄러움을 당하게 하려 함이라(벧전 3:15-16)."

룻다에서 애니야의 중풍을 낫게 함으로 룻다와 사론에 사는 사람들이 주께로 돌아왔다. 사역의 목표는 치유가 아니라 백성들로 하여금 주님께 돌아오게 하는 것이다.

묵상 나누기

위에서 묵상한 내용을 간략히 기록하고 함께 나눈다.

찬송

"어두운 내눈 밝히사" (366장)

48. 베드로가 도르가를 살리다(행 9 : 36-43)

주제와 연관된 질문 _

1. 나는 내 것을 나누어 주는 신앙인인가?
2. 나는 신앙인격의 성숙을 보이고 있는가?
3. 나는 범사에 성령님과 기도를 앞세우는가?
4. 나는 인자한 언어 행실로 사람을 대하는가?

주제 내용 _

베드로의 사역은 욥바에서도 이루어졌다. 그곳에는 다비다 혹은 도르가라 하는 성도가 있었다. 다비다는 아람어 이름이고 도르가는 헬라식 이름인데, 그 뜻은 '암사슴' 혹은 '영양'이다(레아는 '암소,' 라헬은 '암양'이란 뜻이다). 놀랍게도 그녀는 "여제자"라 지칭된다. 한 사람의 생애를 요약하는 것은 무척 어려울 터. 사람들은 일반적으로 가장 특징적인 일로 기억되는데, 그녀는 "선행과 구제를 심히 많이 한" 사람으로 기억된다(참고. 행 10:2의 고넬료). 그녀는 병들어 죽었고 장례를 위해 씻겨 다락에 안치되어 있었다. "그때"는 베드로가 룻다에 있던 때, 혹은 그곳에서 사역을 하고 있을 때를 말한다. 다비다를 사랑하는 사람들이 룻다에 베드로가 머물고 있는 것을 알게 된다. 베드로가 중풍으로 8년간 누워있던 애니야를 고친 이야기를 들었을 것이다. 욥바의 성도들은 두 사람을 베드로에게 보내어 속히 와 주시기를 간청한다. 사도행전에서는 자주 "두 사람"의 동행이 언급된다(행 1:10, 10:7; 19:22; 23:23; 참고. 암 3:3). 그들은 "지체 말고 와 달라고 간청한다." 다비다의 상태로 인한 긴급함과 베드로를 향한 정중함이 함께 묶여있다. 그들은 왜 죽은 사람을 위해 베드로의 왕림을 요청하는가? 그들이 하나님의 능력을 믿었기 때문이다. 다비다가 얼마나 존경받는 성도였는지, 욥바 성도들이 하나님을 얼마나 신뢰했는지, 또 베드로가 하나님의 위대한 종임을 얼마나 확신했는지를 보여준다. 주님을 향한 사랑, 그리스도 안에서의 형제 사랑, 주님의 종을 향한 신뢰가 얽혀있다.

베드로 역시 어려운 일을 마다하지 않는다. 우리는 베드로에게서 슬픔을 당한 성도들을 위로하려는 목회자로서의 열정과 수고를 본다. 베드로가 다락방에 올라갔고 친구 과부들이 울며 도르가(다비다)가 지은 옷들을 보여 주었다. 에니야의 경우와는 달리 다비다의 행실이 자세히 설명된다. 속옷과 겉옷을 내 보인 것은 자신들의 삶 구석구석에 다비다의 사랑이 들어있음을 말하는 것이다. 로마 치하에서 누구나 팍팍한 삶을 살지만 다비다는 가난한 사람을 위해 물질과 마음을 나누어 준 넉넉한 사람이었다.

베드로가 사람을 다 내 보낸 이유는 알 수 없다. 예수님과 제자들은 많은 무리 앞에서 귀신을 내쫓고 병을 고치곤 했다. 베드로는 먼저 기도부터 한다. 무릎 끊는 기도는 하나님 앞에서 겸비와 간절함을 나타내는 모습이다. 베드로는 기도하는 가운데 하나님으로부터 오는 확신을 얻었을 것이다. 베드로는 시신을 향해 명령한다. "다비다야 일어나라." 크게 말했는지 조용히 깨었는지는 알 수 없다. 죽었던 다비다는 "눈을 뜨고" "베드로를 보고" 일어나 앉는다. 이 일의 결과는 역시 구원의 확장이다. 많은 사람이 주를 믿게 되었다. 베드로는 욥바에 좀 더 머물렀으며 무두장이 시몬의 집에 있었다. 여전히 말씀과 표적 사역을 행했을 것이다.

주제와 연관된 성경공부와 말씀묵상 _

도르가라 선행과 구제하는 일이 심히 많더니

본문말씀 사도행전 9:36-43

36 욥바에 다비다라 하는 여제자가 있으니 그 이름을 번역하면 도르가라 선행과 구제하는 일이 심히 많더니

37 그 때에 병들어 죽으매 시체를 씻어 다락에 누이니라

38 룻다가 욥바에서 가까운지라 제자들이 베드로가 거기 있음을 듣고 두 사람을 보내어 지체 말고 와 달라고 간청하여

39 베드로가 일어나 그들과 함께 가서 이르매 그들이 데리고 다락방에 올라가니 모든 과부가 베드로 곁에 서서 울며 도르가가 그들과 함께 있을 때에 지은 속옷과 겉옷을 다 내보이거늘

40 베드로가 사람을 다 내보내고 무릎을 꿇고 기도하고 돌이켜 시체를 향하여 이르되 다비다야 일어나라 하니 그가 눈을 떠 베드로를 보고 일어나 앉는지라

41 베드로가 손을 내밀어 일으키고 성도들과 과부들을 불러 들여 그가 살아난 것을 보이니

42 온 욥바 사람이 알고 많은 사람이 주를 믿더라

43 베드로가 욥바에 여러 날 있어 시몬이라 하는 무두장이의 집에서 머무니라

기도요점

날이 갈수록 주님 닮게 하소서. 선행과 베풂의 사람이 되게 하소서. 가는 곳마다 화목케 하고 어려움 당한 사람을 위로하는 사람이 되게 하소서. 신자되기 원합니다 진심으로.

도움의 말

베드로는 욥바에 여러 날 머물렀다. 욥바는 두로에서 남쪽으로 약 140킬로미터, 예루살렘에서 북서쪽으로 약 55킬로미터 지점에 있는 항구 도시이다. 이 항구를 통해 솔로몬 시대와 스룹바벨 시대에 예루살렘 성전을 짓기 위한 건재가 들어왔다(대하 2:16; 스 3:7). 선지자 요나가 다시스로 달아날 때 이곳에서 배를 탔다(욘 1:3). 베드로가 도르가를 다시 살린 곳이며, 또 고넬료의 집으로 가기 전 보자기에 담긴 짐승의 환상을 본 곳이기도 하다(행 11:5).

다비다는 존경받는 신앙인이었다. 그리스도인이라 할지라도 존경받기란 쉽지 않다. 다비다가 죽자 많은 사람들이 아쉬워하며 울었다. 어떤 사람은 공동체에 아픔과 슬픔

과 분열을 남긴다. 고집이 세거나 잘 다투거나 인색한 사람은 존경을 받지 못한다. 존경받는 것이 목표는 아니지만 하나님의 사람은 존경받을 수 있는 삶을 지향한다.

시몬은 욥바 지역의 신자였다. 그의 직업은 '무두장이(가죽 장인)'이다. 짐승의 날가죽에서 털과 기름을 제거하고 가죽을 만드는 직업이다. 베드로가 그 집에 머물렀다. 초대교회 당시 안전한 여관 시설은 드물었다. 여관을 이용하려면 비용이 들었다. 또한 여관은 깨끗한 곳이 아니었다. 여관은 자주 위험한 곳이기도 했다. 도둑과 강도의 위험이 있고 인신납치가 일어나기도 했다. 여행을 하는 사람이 머물기에 가장 안전한 곳은 개인, 특히 신자의 가정이었다(딤전 3:2; 5:10; 딛 1:8). 베드로는 신자 시몬의 배려로 안전하고 편안하게 지낼 수 있었다(행 10:6, 32). 시몬 역시 베풀기를 좋아하는 관대한 신앙이었다.

우리는 베드로의 모습에서 많은 것을 배운다. 참된 지도력은 지위나 배움 정도나 외적 힘에 있는 것이 아니라 성령 충만으로 인한 내적 성숙의 열매임을 보여준다. 베드로는 욥바 사람들에게 크게 존경받는 사람이었다. 베드로의 목회 활동의 진정성 때문일 것이다. 베드로는 성도들의 긴급한 요청을 받고 도르가 집을 심방한다. 그는 표적을 행하면서 자신을 광고하지 않는다. "사람을 다 보내고"는 하나님과의 단독 만남이 더 중요하기 때문이다. 많은 사람들이 보는데서 표적을 일으킬 수 있으나 이번에는 그렇게 하지 않았다. 베드로는 표적을 일으키기에 앞서 겸손히 기도한다. 아무도 보지 않지만 하나님을 향하여 "무릎을 꿇고 기도한다." "돌이켜"는 베드로가 처음에는 시신 방향으로 본 것이 아니라는 뜻이다. 이 본문에는 베드로에 대한 어떤 칭송이 나오지 않는다. 그런 것은 하나님의 사람에게 전혀 중요한 것이 아니다. 죽은 이가 살아나고, 성도들이 기뻐하고, 욥바 사람들이 주를 믿으면 된 것이다. 베드로, 다비다, 시몬은 모두 성령님의 인도를 받는 따뜻한 사람들이었다.

묵상 나누기

위에서 묵상한 내용을 간략히 기록하고 함께 나눈다.

찬송

"신자 되기 원합니다" (463장)

49. 바울이 구브로에서 마술사 엘루마를 얼마 동안 보지 못하게 하다(행 13 : 4-12)

주제와 연관된 질문 _

1. 그리스도인이란 이름은 언제 어디서 생긴 이름인가?
2. 섬김의 삶에서 방해를 받아 본 적이 있는가?
3. 나는 성령님의 선교에 어떤 모양으로 참여하고 있는가?

주제 내용 _

사도행전 13-14장은 바울(바울은 로마식, 사울은 히브리 이름) 사도의 제1차 선교여행 때 있었던 일을 증언한다. 바나바와 바울은 안디옥교회가 파송한 선교사이다. 성령님의 명을 따라 바나바와 바울을 따로 세우고 그들에게 안수하여 보냈다(행 13:2-3). 두 사람을 파송한 곳은 교회이지만 성령께서 하신 일임을 모두 잘 알고 있다. 성령님은 보내는 자들에게 간절한 마음을 주시고 기도하게 하시며, 보냄을 받는 자들을 택하시고 함께 하신다. 우리는 여기서 보내는 자와 보냄을 받는 자들이 성령 안에서 그리고 성령으로 묶여져 있는 선교의 모범을 본다.

바나바와 바울 일행은 안디옥에서 가까운 실루기아 항에서 배를 타고 구브로 섬 살라미에 이른다. 가는 곳마다 유대인 회당이 있었으며 그들은 회당에서 복음을 전한다.

마가 요한(마가는 로마식, 요한은 히브리 이름)도 복음 전도여행의 일원이었다. "온 섬 가운데로 지나서"는 구브로 섬 내륙을 관통했다는 뜻이다. 살라미는 구브로 섬 동단에 바보는 서단에 있다.

총독 서기오 바울이 두 사람을 청하여 하나님 말씀을 들으려 하자 바예수는 두 사도를 대적하고 믿지 못하게 하려고 애를 쓴다. 바울이 나선다. 지금까지 바울과 바나바가 함께 나올 때 "바나바와 사울(바울)"이라 했으나 앞으로는 주로 바울의 이름이 선행한다. 바울은 성령의 능력을 힘입고 바예수를 저주한다. 바예수란 사람은 유대인이다. 이 사람은 다른 유대 종교지도자들과 다르다. 모세 율법과 유대의 전통 신앙에서도 용납될 수 없는 사람이었다. 바예수는 오직 자신의 이익을 위하여 예언자인체 하고 그리하여 거짓으로 예언하고 이익을 취하는 악인이었다. 바울은 최상급 악인인 바예수의 모습을 적나라하게 드러낸다. "모든 거짓과 악행이 가득한 자요 마귀의 자식이요 모든 의의 원수"이다. 바울은 "네가 맹인이 되어 얼마 동안 해를 보지 못하리라"고 하자 엘루마(마술사) 바예수는 앞을 보지 못하게 되었다. 이 이야기의 결론부는 '총독이...보고 믿으며 주의 가르치심을 놀랍게 여기게 된 것'이다. "주의 가르침"은 교훈이나 말씀을 말하는 것이 아니라 예수의 도, 즉 그리스도교를 말하는 것이다.

우리는 안디옥 교회로부터 신앙인의 모범을 본다. 박해의 주도자인 바울을 신자로 받아들이고 그의 가르침을 받으며 교회의 선교사로 파송했다. 안디옥 교회는 성령의 지시를 받아 금식하고 기도하고 두 사람을 보냈다(행 13:2-3). 예수님 사랑을 갖고 있고 성령의 지시에 귀 기울이며 사명을 이행한 아름다운 교회이다. 용납하는 사랑, 성령 충만, 예수 복음을 전하려는 온 교우의 사명의식은 오늘 우리에게 교훈이 된다.

주제와 연관된 성경공부와 말씀묵상 _

두 사람이 성령의 보내심을 받아

본문말씀 사도행전 13:4-12

4 두 사람이 성령의 보내심을 받아 실루기아에 내려가 거기서 배 타고 구브로에 가서

5 살라미에 이르러 하나님의 말씀을 유대인의 여러 회당에서 전할새 요한을 수행원

으로 두었더라

6 온 섬 가운데로 지나서 바보에 이르러 바예수라 하는 유대인 거짓 선지자인 마술 사를 만나니

7 그가 총독 서기오 바울과 함께 있으니 서기오 바울은 지혜 있는 사람이라 바나바 와 사울을 불러 하나님의 말씀을 듣고자 하더라

8 이 마술사 엘루마는 (이 이름을 번역하면 마술사라) 그들을 대적하여 총독으로 믿지 못하게 힘쓰니

9 바울이라고 하는 사울이 성령이 충만하여 그를 주목하고

10 이르되 모든 거짓과 악행이 가득한 자요 마귀의 자식이요 모든 의의 원수여 주의 바른 길을 굽게 하기를 그치지 아니하겠느냐

11 보라 이제 주의 손이 네 위에 있으니 네가 맹인이 되어 얼마 동안 해를 보지 못하 리라 하니 즉시 안개와 어둠이 그를 덮어 인도할 사람을 두루 구하는지라

12 이에 총독이 그렇게 된 것을 보고 믿으며 주의 가르치심을 놀랍게 여기니라

기도요점

오늘 내가 주님을 믿기까지 수많은 선진들의 수고가 있었음을 기억합니다. 박해한 사 람마저 형제로 받아들인 안디옥 교회의 그 놀라운 사랑을 묵상합니다. 금식하고 기 도하고 그 교회의 가장 중요한 사람인 바나바와 바울을 파송한 안디옥 교회의 선교적 열정을 담게 하소서. 오늘도 세계 도처에서 헌신하는 주의 종들을 기억하소서.

도움의 말

당시에는 안디옥이란 이름을 가진 도시가 많았다. 알렉산드로스(알렉산더) 대왕 사후 나뉜 네 지역 중 한 지역을 차지한 그의 장군 셀류쿠스(Seleucus Nicator, 312-280)가 자신의 아버지 안티오쿠스를 기념하기 위해 16군데에 안디옥을 건설했다. 그중 하나 가 수리아의 안디옥이다. 오론테스강 상류 32킬로미터 지점에 있으며 실루기아 항구 를 끼고 있다. 비시디아 지방의 안디옥과는 다른 곳이다(참고. 행 13:14).

파송교회인 안디옥 교회는 예루살렘에서 일어난 박해로 흩어진 사람들이 세운 교회이 다(행 11:19). 이 교회가 위대한 것은 박해자 바울(사울)을 신자로 용납하고 그에게 가

르침을 받았다는 것이다(행 11:26; 13:1). 그리스도인이란 이름도 안디옥에서 처음 생겼다.

바울 일행이 출발한 실루기아는 안디옥에서 남쪽으로 25킬로미터 지점에 있는 항구 도시이다. 실루기아에서 남서쪽 약 100킬로미터 지점에 구브로 섬(구약의 깃딤, 창 10:4,; 사 23:1; 렘 2:10, 겔 27:6)이 있다. 박해로 인해 흩어진 신자들이 이곳에 살고 있었다(행 11:19-20; 21:16). 구브로 섬의 동단에는 살라미(혹은 살라미스)가 서단에 바보(파포스)가 있다. 그 거리는 직선으로 약 200킬로미터쯤 된다.

살라미는 특히 바나바와 인연이 깊다. 그의 고향이며 첫 선교지이다. 바나바가 이곳에서 돌에 맞아 순교한 것으로 전해지며 그를 기념하는 '사도 바나바 기념교회'와 바나바가 묻혔다고 알려진 곳이 있다. 바보(파포스)에는 바울이 사십에 한 대를 감한 채찍을 맞았다는 돌기둥이 있다. 그 돌기둥의 역사적 실체를 확인할 수 없으나, 바울의 전도가 박해 가운데 수행되었음은 충분히 예상된다(참고. 고후 11:24).

바나바와 바울을 불러 하나님의 말씀을 들으려한 한 서기오 바울(루시우스 세르기우스 파울루스)은 구브로 총독이다. 로마의 네 번째 황제인 클라우디우스 황제(티베리우스 클라우디우스, 주전 41-주후 54년 통치)가 지방총독(안튀파토스)으로 임명했다. 그곳에는 "바예수라 하는 유대인이 있었다. 바예수는 아람어 이름이다. 〈바르〉는 아람어로 '아들'이라는 뜻이다. 바디매오(바르-디매오), 바돌로매(바르-돌로매), 바요나(바르-요나)가 그 예이다. 바예수(바르-예수)는 엘루마라 불리는데 그 어원이 아랍어 〈알림〉(학식이 있는, 지혜 있는)이라고 추정되기도 한다. 점성술사, 마술사, 점술사, 지혜자가 같은 부류로 인정된 시대를 배경으로 한다. "그가 총독 서기오 바울과 함께 있으니"는 그가 궁정 예언자나 총독의 참모 술사였음을 말하는 것으로 보인다. 바울과 바나바는 바예수(바르예수)란 마술사의 훼방을 물리친다. "주의 손이 네 위에 있으니 네가 맹인이 되어 얼마 동안 해를 보지 못하리라" 하니 즉시 눈이 멀어버렸다. 표적은 치유하는 것이기도 하지만 징벌하는 것이기도 하다. 이 일로 말미암아 총독 서기오가 믿게 된다.

예수님의 도는 만방을 향해 퍼져나가고 있다. 복음을 전하기 위해 전력을 다하는 안디옥 교회와 오직 복음을 위하여 수고와 고통을 달게 받아들이는 믿음의 선진들을 본다. 성령께서 그들을 통해 오늘 우리에게까지 생명의 복음을 전해주셨다. 이제 우리는 성령의 지시를 받고 예수 사랑과 구원의 복음을 이웃과 다음 세대에 전한다.

묵상 나누기

위에서 묵상한 내용을 간략히 기록하고 함께 나눈다.

찬송

"부름 받아 나선 이 몸" (323장)

_____

_____

_____

_____

_____

50. 바울이 루스드라에서 나면서 걷지 못하는 자를 치유하다(행 14 : 8-28)

주제와 연관된 질문 _

1. 교회의 사명으로는 어떤 것이 있는가?
2. 하나님의 일을 많이 하는 사람이 특별히 조심해야할 일은 어떤 것들인가?
3. 기독교가 넓은 지역에 그렇게 빨리 전파된 요인은 무엇인가?
4. 나는 예수님 복음 확장을 위해 어떤 일을 하고 싶은가?

주제 내용 _

본문에 나오는 주요 인물들은 바나바, 바울, 나면서부터 걷지 못하는 사람, 치유를 보고 놀란 사람들, 바울을 뒤쫓는 박해자들이다. 지역적 배경은 루가오니아 지역(현제 터키의 일부)에 속하는 이고니온, 루스드라, 더베이다. 바울과 바나바는 이고니온에서 이방인과 유대인과 관리들의 모욕과 돌로 치려는 위협을 당했다. 바울과 바나바는 루스드라로 넘어와서 복음을 전하게 된다. 그들은 복음 전하러 특정 지역에 가고, 쫓겨나면 피신하는 길에서 전하고, 목적지에 이르면 거기서 복음을 전했다(14:6).

일행은 루스드라에서 한 장애인을 만났다. 나면서부터 발을 쓰지 못하여 한 번도 걸어본 적이 없는 사람이다. 그는 바울이 선포하는 복음에 귀를 기울였고 구원받을 만한 믿음이 생겼다. 바울이 그것을 알아보고 큰 소리로 명했다. "네 발로 바로 일어서라." 그 사람이 일어나 걷는 기적이 일어났다. 놀라운 일을 눈으로 본 주변 사람들이 소리쳤다. 소통을 위해서 헬라어를 쓰지만 너무 놀라서 루가오니아 방언(지역 언어)이 튀어 나왔다(11절). 그들은 돌발적으로 소리 질렀지만 이성적 결론은 '이것은 사람이 할 수 있는 일이 아니다'였다. 매우 정확한 판단이다. 그 판단은 자신들의 신관과 전통에 근거를 둔 것이었다. "신들이 사람의 '형상'으로 왔다"고 결론 내렸다. 당시 헬라나 로마 문명에 익숙한 사람들은 신들과 관계된 이야기를 잘 알고 있었다. 그러나 그들 역시 신화의 세계와 현실을 구분할 줄 알았다. 신들의 활동이 자신들의 눈앞에서 일어난 일은 한 번도 없었기 때문이다. 신이 아니고서는 할 수 없는 일이 눈앞에서 벌어진 것이다. 그리하여 그들은 자신들이 가진 신관과 눈앞의 현실을 이어 붙여 제우스와 헤르메스가 강림한 것으로 결론내렸다.

무리는 바나바를 제우스 바울은 허메(헤르메스)의 변신으로 보았다. 바나바를 최고신 제우스라고 한 것은 아마 바나바가 바울보다 외모나 옷차림새가 낫고, 바울을 언어를 지배하는 신 헤르메스라 한 것은 다중언어에 유창하고 또 메시지를 전했기 때문이다. 신이 현현했다면 그들이 취할 행동은 무엇이겠는가? 당연히 두 신들께(두 사람에게) 제사를 드리는 일이다. 그리하여 황당한 일이 벌어진다. 무리와 함께 제사하고자 시외에 있는 신당 제사장이 소와 화환들을 가지고 대문 앞에 온 것이다.

바나바와 바울은 그들의 행동의 깜짝 놀라 소리치며 중지시키고 옷을 찢는다. 오직 여호와 하나님을 유일신으로 섬기는 자신들이 예배의 대상이 되었기 때문이다. 바울 사도는 매우 지혜로운 사람이다. 이 어이없는 상황을 복음 전파의 기회로 삼는다. 먼저는 자신들이 성정이 같은 '사람(인간과 같은 성정)'임을 밝힘으로 무리를 진정시킨다. 다음으로, 예수님에 관해서는 뒤로 미뤄놓고, 서로 이해가 가능한 천지만물을 지으시고 살아 계신 신(하나님)에 대해 말한다. 루스드라 사람의 신 개념을 이용하여 그들의 심령에 접근하는 방식이다. 마지막으로, 바울은 모두가 하나님께 돌아와야 함을 전한다(15절). 유대인들 역시 유일신을 믿는 사람들인데 바울을 돌로 쳐 죽이려 한 것으로 볼 때 바울과 그 일행이 예수 그리스도를 하나님의 아들로 그리고 유일한 구원자로 전했음을 알 수 있나.

신으로 대접하던 사람들이 돌변하여 설교한 바울을 죽이려했다. 유대인 역시 대단한 논리로 무리를 설득하고 충동질했을 것이다. 바울과 바나바가 자신들을 신으로 보는 사람들 앞에서 놀라 옷을 찢은 것처럼, 유일신을 믿는 유대인들이 분노가 극에 달하여 안디옥(수리아 안디옥 아님)과 이고니온에서(14:5), 루스드라까지 와서 바울을 죽이려 한 것이다. 무리는 바울을 돌로 쳤고 죽은 줄 알고 내다버렸다. 바울이 스데반에게 한 행동이었다. 하나님은 아직은 바울의 순교의 피를 받지 않으셨다.

바울은 다시 일어났으며 그들을 피하여 다음날 더베로 가서 복음을 전하여 많은 신자들을 얻는다. 과연 바울은 불굴의 사도이다. 사나 죽으나 복음의 사람이다. 또 놀라운 것은 바울이 더베에서 다시 루스드라로 돌아간 일이다. 아마 그곳에서 바울과 바나바를 통해 예수님을 받아들인 사람들이 있었을 것이다. 그들에게 자신이 살아있음과 진리는 방해받을 수 없음을 알렸다. 바울의 담대함은 하나님 신뢰와 사명에서 나온 것이며 성령께서 주신 것이다. 바울은 온 것과 역방향으로 수리아의 안디옥을 향하여 이동한다. 루스드라와 이고니온과 안디옥(비시디아)으로 가서 제자들에게 믿음을 지키라고 권면한다. 자신들이 많은 환난을 겪게 될 것을 말한다. 각 교회에서 장로들을 택하고 금식기도 하며 그들은 주님께 위탁한다.

바울은 왔던 지역을 거슬러 수리아 안디옥에 도착한다. 교회를 모으고, "하나님이 함께 행하신 모든 일과 이방인들에게 믿음의 문을 여신 것을 보고한다." 바울과 바나바는 파송지역인 안디옥에서 성도들과 오래 함께 있었다.

우리는 바울 일행의 전도여행 행로를 따라가며 예수 그리스도의 복음이 확장되는 것을 보았다. 그들은 오직 예수 그리스도를 전하는 것을 삶의 목표로 삼는 사람들이다. 생명을 아끼지 않는다. 그들은 자신들이 영광 받는 것을 극도로 조심한다. 그들은 오직 하나님의 종이요 하나님의 영광을 위해 택함 받은 사람임을 잊지 않았다.

주제와 연관된 성경공부와 말씀묵상 _

이방인들에게 믿음의 문을 여신 것을 보고하고
제자들과 함께 오래 있으니라

본문말씀 사도행전 14:8-28

8 루스드라에 발을 쓰지 못하는 한 사람이 앉아 있는데 나면서 걷지 못하게 되어 걸어 본 적이 없는 자라

9 바울이 말하는 것을 듣거늘 바울이 주목하여 구원 받을 만한 믿음이 그에게 있는 것을 보고

10 큰 소리로 이르되 네 발로 바로 일어서라 하니 그 사람이 일어나 걷는지라

11 무리가 바울이 한 일을 보고 루가오니아 방언으로 소리 질러 이르되 신들이 사람의 형상으로 우리 가운데 내려오셨다 하여

12 바나바는 제우스라 하고 바울은 그 중에 말하는 자이므로 헤르메스라 하더라

13 시외 제우스 신당의 제사장이 소와 화환들을 가지고 대문 앞에 와서 무리와 함께 제사하고자 하니

14 두 사도 바나바와 바울이 듣고 옷을 찢고 무리 가운데 뛰어 들어가서 소리 질러

15 이르되 여러분이여 어찌하여 이러한 일을 하느냐 우리도 여러분과 같은 성정을 가진 사람이라 여러분에게 복음을 전하는 것은 이런 헛된 일을 버리고 천지와 바다와 그 가운데 만물을 지으시고 살아 계신 하나님께로 돌아오게 함이라

16 하나님이 지나간 세대에는 모든 민족으로 자기들의 길들을 가게 방임하셨으나

17 그러나 자기를 증언하지 아니하신 것이 아니니 곧 여러분에게 하늘로부터 비를 내리시며 결실기를 주시는 선한 일을 하사 음식과 기쁨으로 여러분의 마음에 만족하게 하셨느니라 하고

18 이렇게 말하여 겨우 무리를 말려 자기들에게 제사를 못하게 하니라

19 유대인들이 안디옥과 이고니온에서 와서 무리를 충동하니 그들이 돌로 바울을 쳐서 죽은 줄로 알고 시외로 끌어 내치니라

20 제자들이 둘러섰을 때에 바울이 일어나 그 성에 들어갔다가 이튿날 바나바와 함께 더베로 가서

21 복음을 그 성에서 전하여 많은 사람을 제자로 삼고 루스드라와 이고니온과 안디옥으로 돌아가서

22 제자들의 마음을 굳게 하여 이 믿음에 머물러 있으라 권하고 또 우리가 하나님의 나라에 들어가려면 많은 환난을 겪어야 할 것이라 하고

23 각 교회에서 장로들을 택하여 금식 기도 하며 그들이 믿는 주께 그들을 위탁하고

24 비시디아 가운데로 지나서 밤빌리아에 이르러

25 말씀을 버가에서 전하고 앗달리아로 내려가서

26 거기서 배 타고 안디옥에 이르니 이 곳은 두 사도가 이룬 그 일을 위하여 전에 하나님의 은혜에 부탁하던 곳이라

27 그들이 이르러 교회를 모아 하나님이 함께 행하신 모든 일과 이방인들에게 믿음의 문을 여신 것을 보고하고

28 제자들과 함께 오래 있으니라

기도요점

산을 넘고 바다를 건너 가는 곳마다 전도하는 바울과 바나바를 보며 내 자신의 신앙을 점검합니다. 오직 주님께만 영광을 돌리는 그들의 모습에서 신앙인의 원형을 봅니다. 예수님 복음 전파가 가장 중요한 명령인줄 알고 증인으로서의 삶을 살게 하소서. 선교하는 분들과 기관을 위해 기도하고 격려하는 삶이 되게 하소서.

도움의 말

본문은 몇 부분으로 나누어 읽을 수 있다. 8-18절은 루스드라에서 복음 전한 일, 19-20절은 루스드라에서 고난당한 일, 21-23절은 더베로 갔다가 다시 루스드라와 이고니온과 비시디아 안디옥으로 돌아간 일을 말한다. 24절은 수리아 안디옥으로 돌아가는 길에 들른 곳에서 행한 일을 보고한다.

루스드라(Lystra)는 소아시아(현재 튀르키예) 루가오니아 주에 속해 있으며 로마의 군용 도로가 지나가는 비옥한 고원 지대에 위치한다. 북동쪽 32킬로미터 지점에 이고니온, 남동쪽 96킬로미터 지점에 더베가 있다. 바울과 바나바는 이곳에서 발을 전혀 쓰지 못하는 한 사람을 만난다. 바울은 그 장애인의 말을 듣고 그에서 구원받을 믿음이 있음을 알게 된다. 바울은 큰 소리로 명한다. "네 발로 바로 일어서라." 나면서부터 한 번도 걸어보지 못한 사람이 일어나 걸었다. 그것을 본 사람들은 너무 놀라 루가오니아(Lycaonia) 언어로 말한다. 루가오니아는 현재 튀르키예 지역인 소아시아 로마의 속주 중 하나이다. 동쪽으로는 갑바도기아 속주, 서쪽으로는 비시디아 속주와 부르기아

속주, 남쪽으로는 길리기아 속주, 북쪽으로는 갈라디아 속주가 있다. 루가오니아 지역은 1000미터 이상의 고원지역으로 나귀나 양을 먹이기에 적합하여 양모 산업이 발달했다. 주민들은 당시 공용어에 해당하는 헬라어(코이네)와 함께 루가오니아 지역 언어를 사용하였다(행 14:11). 이고니온, 루스드라, 더베가 루가오니아의 대표적인 도시이다.

바나바와 바울은 '제우스'와 '헤르메스'로 추앙받기도 했으나 이를 전도의 기회로 삼아 많은 사람들이 하나님께로 돌아오게 했다(행 14:1-18, 21). 아마 디모데가 루스드라 출신인 것을 생각하면 디모데는 이때 예수님을 믿게 되었을 가능성이 높다. 루스드라에서 디모데를 얻은 것은 복음 사역의 획기적 사건이라 할 수 있다. 사도행전 16장 1-2절 말씀이다. "바울이 더베와 루스드라에도 이르매 거기 디모데라 하는 제자가 있으니 그 어머니는 믿는 유대 여자요 아버지는 헬라인이라 디모데는 루스드라와 이고니온에 있는 형제들에게 칭찬 받는 자니."

비시디아 안디옥과 이고니온에서 바울의 사역을 훼방했던 유대인들이 이곳 루스드라까지 쫓아왔다. 바울은 복음 전도에 집중하고, 이들은 바울 죽이는 일에 집착한다. 바울은 돌에 맞아 죽음에 이를 지경까지 이르렀다(행 14:19-20). 바나바에게 돌을 던진 것 같지는 않다. 바나바가 피신했는지 그들의 목표가 바울만인지는 알 수 없다. 같은 편인 줄 알았던 바울이 유대교를 배반하고 예수님의 구원을 선포하자 악감정을 품었을 것이다. 바울을 죽이려고 온 사람들은 바울을 성 밖으로 끌어내지 않고(참고, 행 7:58의 스데반의 경우) 성 안에서 돌로 친다. 이때의 상황은 고린도후서 11장 25절에 기록되어있다. 바울이 너무 미워 그 자리에서 죽이려 돌을 던졌으며, 바울의 시체를 '성 밖'에 버린 것은 로마의 도시에서 불법적인 살인을 했기 때문에 로마인의 조사와 처벌을 두려워했기 때문일 것이다.

본문을 읽으며 바다를 건너고 도보로 수천 킬로미터를 걸으며 산맥을 넘어 1000미터 이상의 고원지대까지 가서 복음을 전한 바울 사도 일행을 생각해 본다. 얼마나 고단하고 힘들었을까? 그들의 예수님 사랑과 복음에 대한 열정과 헌신을 생각하며 오늘 우리에게도 예수 생명을 수시고 하나님 백성 삼으신 하나님을 찬양한다.

묵상 나누기

위에서 묵상한 내용을 간략히 기록하고 함께 나눈다.

찬송

"저 북방 얼음 산과" (507장)

51. 바울이 에베소에서 전도할 때 악귀 들린 이와 병든 이가 치유되다(행 19 : 1-20)

주제와 연관된 질문 _

1. 하나님께서 주시는 표적은 무엇을 위한 것인가?
2. 나는 하나님 영광을 위해 나에게 있는 어떤 것을 드리는가?
3. 나를 전도한 이는 누구이고 내가 전도한 사람들로는 어떤 사람들이 있는가?
4. 예수를 믿기로 결심할 때 생업을 완전히 포기해야하는 직업으로는 어떤 것들이 있는가?

주제 내용 _

본문은 에베소에서 있었던 하나님의 역사를 보고한다. 바울은 예수님의 이름으로 세례를 주고(5절), 성령님의 임재를 경험하게 했으며(6절), 회당과 두란노 서원에서 하나님 나라와 예수님에 대해 강론하고(8-9절), 놀라운 능력으로 병든 사람을 고치고, 악귀를 내쫓았다. 많은 사람들이 예수님께 영광을 돌리고, 자복하고, 이전에 행하던 사술을 버리고 예수님 앞으로 나아왔다(17-29). 결과는 "주의 말씀이 힘이 있어 흥왕하고 세력을 얻어갔다(20절)."

바울이 소아시아의 여러 지방을 다닌 후 에베소에 왔다(주후 53년). 그곳에 믿는 사람들이 있었으나 예수님 부활 후 믿는 이들에게 임한 "성령"에 대해서 알지 못했고 성령의 능력도 경험하지 못했다. 바울은 일단 무슨 세례를 받았는지 확인한다. 유대인들 중에는 세례 요한의 세례를 받은 사람들이 많았다. 예수님의 제자들도 세례를 주었으나 예수님 공생애 동안에는 그것이 주된 사역이 아니었다. 예수님은 "하늘과 땅의 모든 권세를 내게 주셨으니 그러므로 너희는 가서 모든 민족을 제자로 삼아 아버지와 아들과 성령의 이름으로 세례를 베풀라(마 28:19)" 하셨다. 복음 전파와 함께 예수님 이름의 세례가 행해진 것이다. 세례요한의 세례는 회개의 세례라 할 수 있고 예수님의 세례는 죄 사함과 새 생명 주심의 세례라 할 수 있다(롬 6:2, 4). 에베소 교우들은 주 예수님의 세례를 받는다. 바울이 약 열두 사람에게 안수했고 그들은 방언과 예언 등 성령님의 임재를 경험하게 되었다.

당시 팔레스타인과 소아시아 어디나 유대인 회당이 있었다. 바울은 에베소에 있는 한 '회당'에서 석 달 동안 하나님 나라에 관하여 강론하고 권면하였다. 그러나 그곳에는 그리스도의 도를 비방하는 사람들이 있어 바울은 그곳을 떠나게 된다. 이제 회당을 떠나 독립적인 교회 공동체가 출발하는 순간이다. 바울은 두란노 서원(강론 장소)으로 장소를 바꿔 두 해 동안 매일 강론했다(9–10절). 어떤 사본은 바울이 현재 시간으로 계산하여 오전 11시부터 오후 4시까지 가르쳤다고 기록한다. 바울은 생업을 위해 오전에 일하고 또 오후에는 저녁까지 일했을 것이다. 말씀을 배운 사람들이 쉬어야 할 시간에 쉬지 않고 나와서 바울로부터 복음의 말씀을 배운 것이다. 주의 복음을 전하기 위해, 또 듣기 위해 최선을 다한 선배 신앙인들의 모습이 참으로 귀하고 아름답다. 그 지역의 유대인들뿐 아니라 헬라인들도 들었다(10절).

11절부터는 표적에 대한 보고이다. 에베소에는 로마 문명의 화려함이 있어도 그 사회 한편에는 육체적으로 정신적으로 병들고 악귀에게 잡힌 사람들이 있었다. 에베소의 의술이나 민간신앙, 그 어떤 종교(사이비)적 의식도 그들을 도울 수 없었다. 바울이 사역하는 동안 놀라운 능력들이 나타났다. 바울이 지녔던 손수건이나 앞치마를 병자에게 얹자 병이 낫고 악귀가 축출되는 일도 있을 정도였다. 어떤 유대인들은 예수님 이름을 오용하고 바울을 흉내 내면서 "내가 바울이 전파하는 예수를 의지하여 너희에게 명하노라"라고 하였다. 유대교 제사장 스게와의 일곱 아들들도 그런 짓을 했다. 제사장이 말씀과 신앙에 대해서 입으로 말하지만, 그 속마음은 종교를 이용해서 돈을 벌려하거나 교인들로부터 명예를 얻으려는 사람이었다. 제사장의 아들이 예수 이름을 부르자 악귀가 악귀 들린 사람을 조정하여 그들을 누르고 상하게 하였다. 그들은 놀라서 벌거벗고 집으로 달아나고 말았다. 그들은 예수를 이용하려는 사람이지 예수 이름을 만방에 증거 하려는 사람이 아니었다.

늘 그러하듯 바울이 행한 능력을 통해 에베소에 사는 유대인과 헬라인들이 두려운 마음으로 주 예수님의 이름을 높였다. 마술을 행하던 사람들 중에서도 사용하던 책을 다 불사르고 주님을 따른 사람들이 나왔다. 그들이 태운 책값이 은 오만이나 되었다고 하니 에베소 사람들이 얼마나 마술을 의존했는지, 또한 마술하는 사람들과 그들에 의존하던 사람이 얼마나 많이 주님께로 돌아왔는지 짐작할 수 있다. 그들은 책을 "모든 사람 앞에서 불살랐다." 그들의 행동은 에베소 사람들에게 놀라움을 주며 예수님 생명 복음이 얼마나 가치 있는 것인지 알리는 역할을 했을 것이다. 이렇게 주님의 말씀이 흥왕하고 점점 더 넓게 퍼져갔다.

주제와 연관된 성경공부와 말씀묵상 _

주의 말씀이 힘이 있어 흥왕하여 세력을 얻으니라

본문말씀 사도행전 19:1-20

1 아볼로가 고린도에 있을 때에 바울이 윗지방으로 다녀 에베소에 와서 어떤 제자들을 만나

2 이르되 너희가 믿을 때에 성령을 받았느냐 이르되 아니라 우리는 성령이 계심도 듣지 못하였노라

3 바울이 이르되 그러면 너희가 무슨 세례를 받았느냐 대답하되 요한의 세례니라

4 바울이 이르되 요한이 회개의 세례를 베풀며 백성에게 말하되 내 뒤에 오시는 이를 믿으라 하였으니 이는 곧 예수라 하거늘

5 그들이 듣고 주 예수의 이름으로 세례를 받으니

6 바울이 그들에게 안수하매 성령이 그들에게 임하시므로 방언도 하고 예언도 하니

7 모두 열두 사람쯤 되니라

8 바울이 회당에 들어가 석 달 동안 담대히 하나님 나라에 관하여 강론하며 권면하되

9 어떤 사람들은 마음이 굳어 순종하지 않고 무리 앞에서 이 도를 비방하거늘 바울이 그들을 떠나 제자들을 따로 세우고 두란노 서원에서 날마다 강론하니라

10 두 해 동안 이같이 하니 아시아에 사는 자는 유대인이나 헬라인이나 다 주의 말씀을 듣더라

11 하나님이 바울의 손으로 놀라운 능력을 행하게 하시니

12 심지어 사람들이 바울의 몸에서 손수건이나 앞치마를 가져다가 병든 사람에게 얹으면 그 병이 떠나고 악귀도 나가더라

13 이에 돌아다니며 마술하는 어떤 유대인들이 시험삼아 악귀 들린 자들에게 주 예수의 이름을 불러 말하되 내가 바울이 전파하는 예수를 의지하여 너희에게 명하노라 하더라

14 유대의 한 제사장 스게와의 일곱 아들도 이 일을 행하더니

15 악귀가 대답하여 이르되 내가 예수도 알고 바울도 알거니와 너희는 누구냐 하며

16 악귀 들린 사람이 그들에게 뛰어올라 눌러 이기니 그들이 상하여 벗은 몸으로 그 집에서 도망하는지라

17 에베소에 사는 유대인과 헬라인들이 다 이 일을 알고 두려워하며 주 예수의 이름을 높이고

18 믿은 사람들이 많이 와서 자복하여 행한 일을 알리며

19 또 마술을 행하던 많은 사람이 그 책을 모아 가지고 와서 모든 사람 앞에서 불사르니 그 책 값을 계산한즉 은 오만이나 되더라

20 이와 같이 주의 말씀이 힘이 있어 흥왕하여 세력을 얻으니라

기도요점

하나님으로부터 가장 귀한 선물을 받았으니 하나님께 내 가장 귀한 것을 드리게 하소서. 예수 믿기 위해 많은 것을 희생한 믿음의 선조들을 늘 생각하게 하소서. 복음의 최전선에 선 분들을 잊지 않게 하시고 늘 위해서 기도하고 지원하게 하소서. 나는 비록 약하나 주 예수님은 강함을 잊지 않게 하소서. 나의 연약함이 보일 때마다 능력의 하나님을 바라보게 하소서.

도움의 말

본문은 "아볼로가 고린도에" 있었다는 말씀으로 시작한다. 아볼로는 애굽의 알렉산드리아 출신 유대인 학자였다(행 18:24). 그는 고린도 교회와 에베소 교회의 확장과 내실에 공헌했다(고전 3:6). 그는 예수님에 관해서 이론적으로 열심히 가르쳤지만 요한의 세례만 알고 있었다(행 18:24-25). 브리스길라와 아굴라 부부가 그에게 예수님에 대해서 더 정확하게 알려주었다(행 18:26). 바울이 에베소에 오기 전에 아볼로는 에베소에서 아가야(현재 그리스 남부) 지방으로 이동했으며 그곳의 한 도시인 고린도에 살고 있었다.

바울이 당도한 에베소(Ephesus)는 주전 10세기에 세워졌다. 로마 시대의 에베소는 소아시아 서부 해안을 접한 이오니아 속주의 수도이다. 에베소는 당시로는 최대의 교역 및 교통 중심지였다(행 19:1; 계 2:1). 에베소는 아데미 숭배의 본산으로 주전 550년에 세워진 아데미 대신전이 있었다. 에베소 사람들은 경제와 종교에 대한 자부심이 대단했다. 에베소에는 일찍부터 유대인 회당이 있었고(행 18:19), 제2차 선교여행 중 이곳 회당에서 유대인들과 변론했으며 그곳을 떠날 때 브리스길라와 아굴라를 남게 하여 그곳 성도들을 돌보게 하였다(행 18:20-21).

우리 본문은 제3차 선교여행 때에 일어난 일이다. 바울은 에베소에서 2년간 체류하며 유대인과 이방인에게 복음을 전하고 교회에서 성도들을 섬겼다. 이때 많은 교회가 세워지고 지도자들이 배출된다(행 20:20, 31). 에바브라(골 1:7; 4:2), 빌레몬(몬 1:4-7), 아킵보(골 4:17; 몬 1:2)가 그들이며 여러 가정 교회와 에베소 교회로부타 시작하여 동쪽의 히에라폴리스, 라오디게아, 골로새에 교회가 세워진다(헨헨, 「사도행전」 2, 국제성서주석, 236).

바울이 강론한 "두란노 서원⟨스콜레 튀라누⟩"은 책방이니 도서관이 아니라 강론하는 장소이다. 두란노(튀라누스)가 바울의 설교를 듣고 기독교인이 된 사람인지, 기념할만한 누구인지는 확인되지 않는다. 만일 그가 신자라면 회당을 나온 바울에게 자기 개인 소유 혹은 자신이 열었던 강론장소를 제공한 것으로 볼 수 있다. 여기서 바울은 회당에서보다 훨씬 편안하게 예수님에 대해 강론할 수 있었다. ⟨스콜레⟩는 영어의 school에 해당하며 어기서는 강좌가 열린 장소(방)이다(당시 헬라의 도시나 철학사, 수사학자, 시인들의 공개강좌가 열렸다고 한다). 어떤 사본에는 바울이 "오 시부터 십 시까지," 오늘 시간으로는 아침 11시부터 오후 4시까지 강론했다고 한다. 한 날의 가장 더운 시간으로 대부분의 사람이 점심 식사를 하고 쉬는 시간이었다. 장소 역시 사용하는 사람 없이 비어 있었을 것이다. 바울이 적은 가격만 지불하고 이 시간을 이용한 것이다. 바울은 오전과 늦은 오후에는 생계를 위한 일을 하고(행 20:34; 고전 4:12), 쉬어야 할 시간에 강좌를 연 것이다. 유대인은 물론 헬라인 중에서도 바울의 강좌 시간에 참여하는 사람들이 많았다(행 19:10).

"하나님이 바울의 손으로 놀라운 능력을 행하게" 하셨다. 그 능력이 얼마나 강했는지 바울의 손수건과 앞치마를 병든 자에게 얹어도 병이 떠나고 악귀가 나갔다(12절). 손수건은 오늘날의 조그맣고 얇은 손수건이 아니다. 일할 때 흐르는 땀을 흡수하는 제법 큰 수건으로 땀을 흡수하기 위해 머리띠로도 사용했다. 앞치마는 음식을 만들 때 두르는 것이 아니라, 우리가 구두 만드는 사람에게서 볼 수 있듯, 일을 할 때 옷을 보호하기 위해 앞에 두르는 가죽이나 천이다. 육체 노동하는 사람과 수작업 하는 사람들에게 필요한 물품이다. 바울은 자비량으로 선교하고 있었다. 복음 전파와 말씀 교육을 위해 교우들과 함께 시간을 가지고, 그 시간 외에는 생계를 위해 열심히 일했다. 바울의 수건과 앞치마는 이렇게 노동의 땀이 듬뿍 베인 물건이었다. 하나님은 바울의 이런 물건을 통해 크게 역사하신 것이다. 인간의 위대함이란 사실은 시시한 것이지만, 인물이나 사물이 시시한 것이라 하더라도 하나님이 위대하시므로 그 사람과 그 물건은 위대하게 사용된다.

책을 불태운 마술사들은 자신들의 생계 수단을 버린 것이다. 단순히 회심했다는 것과는 정도와 심도가 다른 행동이다. 어떤 사람에게 예수를 따른 다는 것은 생계와 계획을 포기하는 것이다. 심한 경우 가족들이 굶어야 한다. 먹고 살 직업을 포기하며 주 예수를 선택하고 따르는 그들의 믿음이 놀랍다.

묵상 나누기
위에서 묵상한 내용을 간략히 기록하고 함께 나눈다.

찬송
"저 죽어가는 자 다 구원하고" (275장)

52. 바울이 유두고를 살리다(행 20 : 7-12)

주제와 연관된 질문 _

1. 성경 말씀 중에 가장 좋아하는 구절은 어떤 것인가?
2. 사도들은 무엇을 전파하기 위해 그 어려운 일을 다녔을까?
3. 예수님이 나의 생명 되신다는 말씀은 무슨 뜻인가?
4. 예수님 오실 때까지 힘써야 할 일로는 어떤 것이 있는가?

주제 내용 _

드로아에서 유두고가 죽은 사건은 바울이 말씀을 강론하는 밤중에 일어났다. 밤은 생업을 쉬는 시간이며 남의 시선을 피할 수 있는 시간이기도 했다. 바울의 강론은 늘 그렇게 길었는지 알 수 없으나 그날 밤중까지 계속되었다. 아마 "바울의 타고난 열심과 아직도 풀어서 설명해 주어야 할 구절들이 많이 남아 있다는 사실과 또 이튿날 떠나고 나면 언지 다시 올지 모른다는 생각이 겹쳐서" 그렇게 긴 강론이 이어졌을 것이다 (변종길, 「사도행전」, 하우주석, 360).

긴 강론이 이어지고 윗다락에 등불을 많이 켰다는 것은 유두고가 땅바닥으로 떨어지게 된 배경을 설명한다. 모인 사람의 열기와 "많이 켠" 등불의 열기로 실내가 점점 더워졌을 것이다. 모인 사람 대부분은 낮 동안·열심히 일하여 피곤한 몸을 이끌고 왔으

247

므로 말씀을 들으면서 쏟아지는 잠과 싸운 사람들이 있었을 것인데, 청년 유두고가 그 중 한 사람이다.

유두고는 건물의 삼층 창에 앉아 있었다. 시원한 공기를 마시고 졸음을 피하기 위해 창가에 걸터앉았을 것이다. 바울의 강론이 길어지자 피곤한 유두고는 졸다가 삼 층 창에서 바깥마당으로 추락하고 말았다(9절). 사람들은 그 청년을 "일으켜 보았고" "죽은 것"을 확인했다. 바울이 내려가 엎드려 그 몸을 안았다. 바울은 "떠들지 말라"고 한 것은 좀 조용하라는 뜻이 아니다. '어쩔 줄 몰라 요동하고 혼란에 빠진(참고. 행 17:5)' 사람들에게 진정하라고 한 것이다. 마가복음 5장 38-39절 말씀이다. "회당장의 집에 함께 가사 떠드는 것(토뤼보스)과 사람들이 울며 심히 통곡함을 보시고 들어가서 그들에게 이르시되 너희가 어찌하여 떠들며(토뤼베오) 우느냐 이 아이가 죽은 것이 아니라 잔다 하시니." 여기서 "떠들다"는 울고 통곡하는 것과 함께 나온다. 그러므로 바울이 "떠들지 말라"한 것은 울고불고 어쩔 줄 몰라 하는 사람들에게 진정하라는 뜻이다. 바울은 "생명이 그에게 있다"는 놀라운 소식을 전한다. 하나님께서 죽은 유두고를 살리신 것이다.

성경에는 죽은 자가 살아난 기적이 여러 번 나온다. 엘리야는 사르밧 과부의 아들을 살렸고(왕상 17:17-23), 엘리사는 수넴 여인의 아들을 살렸고(왕하 4:20-37), 예수님께서는 야이로의 딸(마 9:18-26), 나인성 과부의 아들(눅 7:11-17), 나사로를 살렸고(요 11:43-44), 베드로는 기도를 통해 다비다를 살렸고(행 9:41-42), 바울은 유두고를 살렸다. 죽음에서 생명으로는 복음의 핵심 내용이며 이를 위해 바울은 자기 목숨을 걸고 생명의 복음을 전한 것이다. 로마서 8장 11절 말씀이다. "예수를 죽은 자 가운데서 살리신 이의 영이 너희 안에 거하시면 그리스도 예수를 죽은 자 가운데서 살리신 이가 너희 안에 거하시는 그의 영으로 말미암아 너희 죽을 몸도 살리시리라."

성도들은 다시 다락 층으로 올라가 떡을 나누며 날이 새기까지 이야기 했다. 밤길이 어두워 새벽을 기다렸을 수도 있고 이 놀라운 일을 보고 하나님을 찬양하고 서로를 격려하며 밤을 보냈을 수도 있다. 사람들은 살아난 유두고로 인해 큰 위로를 받았다. "적지 않게 위로를"에서 "적지 않게"는 〈우 메트리오스〉의 번역으로 직역하면 '측량할 수 없이'라는 뜻이다(참고. 찬송가 304장의 "하나님 크신 사랑은 측량 다 못하네"). 드로아의 신앙인들은 하나님 말씀을 받고 가족처럼 서로 사랑하며 떡을 떼고 서로를 염려하는 아름다운 신앙공동체였다.

"그 크신 하나님의 사랑(Love of God)"은 프레데릭 M. 리먼(Frederick M. Lehman)이 작사·작곡한 찬송이다. 리먼은 하던 사업이 실패하자 미국LA 패서디나에서 오렌지와 레몬을 나무상자에 담고 포장하는 일을 했다. 어느 주일 저녁 하나님 사랑에 대한 설교에 너무 감동을 받아 거의 잠을 이룰 수 없었고 다음날 아침에도 전날 저녁의 감격이 떠나지 않았다. 오렌지와 레몬을 포장하는 하루 내내 사랑이란 언어가 머릿속에 맴돌았다. 집에 도착하자마자 피아노 앞에서 단어들을 배열하고 멜로디를 작곡하기 시작했다. 세 번째 절을 쓰려고 했으나 적절한 문구가 생각나지 않았다. 누군가가 그에게 준 책갈피용 카드에는 약 200년 전 감방 벽에 쓰인 구절이 있었다. 먹물로 바다를 채우고 양피지로 하늘을 만들어도 하나님 사랑을 다 적을 수 없다는 내용이었다. 리만이 그 구절들을 3절로 채택하여 찬송가를 완성했다. 원래 이 글은 약 1000년 전 한 유대인 랍비가 히브리어로 기록해 놓았던 것임을 스미스(Alfred B. Smith)라는 분이 알아낸다(출처: "Frederick M. Lehman and 'The Love of God'", https://westpark-baptist.com/frederick-m-lehman/에서 의역 및 요약).

하나님의 말로 다할 수 없는 사랑으로 바울은 사도가 되었고, 그는 그 사랑을 전파하기 위해 생명을 바쳤으며, 성도들은 그 하나님을 만나 생명으로 옮겨졌다. 그리고 우리는 지금 말할 수 없는 하나님의 사랑으로 하나님의 자녀가 되었고 그 사랑 감격하여 감사하고 찬송하고 사명을 감당한다.

주제와 연관된 성경공부와 말씀묵상 _

생명이 그에게 있다

본문말씀 사도행전 20:7-12

7   그 주간의 첫날에 우리가 떡을 떼려 하여 모였더니 바울이 이튿날 떠나고자 하여 그들에게 강론할새 말을 밤중까지 계속하매

8   우리가 모인 윗다락에 등불을 많이 켰는데

9   유두고라 하는 청년이 창에 걸터 앉아 있다가 깊이 졸더니 바울이 강론하기를 더
     오래 하매 졸음을 이기지 못하여 삼 층에서 떨어지거늘 일으켜보니 죽었는지라

10   바울이 내려가서 그 위에 엎드려 그 몸을 안고 말하되 떠들지 말라 생명이 그에
     게 있다 하고

11   올라가 떡을 떼어 먹고 오랫동안 곧 날이 새기까지 이야기하고 떠나니라

12   사람들이 살아난 청년을 데리고 가서 적지 않게 위로를 받았더라

기도요점

예수 생명, 영원한 생명주신 그 큰 사랑 감사합니다. 하나님의 그 크신 사랑 헤아려
봅니다. 말할 수 없는 그 큰 사랑에 감격합니다. 하나님 말씀 내 가슴에 품고 살게 하
소서. 서로의 아픔과 기쁨을 나누는 아름다운 신앙 공동체 이루게 하소서. 성찬에 초
청받은 그 은혜에 감격하고 사랑의 섬김을 기뻐하는 순전한 신앙인이 되게 하소서.

도움의 말

유두고를 살린 일은 제3차 선교여행 중 드로아(트로이에서 남쪽으로 25킬로미터 지점)에
서 일어났다(행 20:6). 바울은 에베소에서 제자들과 작별하고 마게도냐로 갔고 또 헬
라(아가야)로 이동하여 거기서 석 달을 머문다. 배편으로 수리아 지방으로 가고자 했
으나 배 위에서 자신을 해하려는 유대인의 공모가 있음을 알아채고 다시 북쪽 마게도
냐로 간다. 바울은 얼마 후 빌립보에서 배편으로 에게해를 건너 닷새 만에 드로아에
도착하여 칠 일을 머문다.

유두고를 살린 표적은 "그 주간의 첫날" 성도들이 함께 모였을 때 일어났다. 이 표현
은 당시 그리스도 교회의 정체성을 파악하는 하는 데에 매주 중요한 단서이다. 신자
들이 '안식일'에 '회당'에서 모인 것이 아니라, '한 주의 첫날,' 회당이 아닌 '가정'에서
신앙 모임을 가졌다는 것이다. 이는 이스라엘 신앙 전통인 회당과 그와 밀접하게 묶
여있는 안식일로부터 벗어나 새로운 신앙적 전통이 수립되고 있음을 말해준다. 이제
유대교 나사렛파나, 유대교 예수파가 아니라, 유대교와는 다른 독립적인 신앙공동체,
그리스도(예수) 교회가 확립되고 있었던 것이다.

그들이 "떡을 떼려 하여 모였다"는 것도 초기 교회에 대한 매우 중요한 정보이다. 교

회는 매주 초에 정기적으로 모여 사도로부터 하나님 말씀을 듣고 또 주님의 몸에 참여하는 성만찬(유카리스트)과 이어 사랑의 교제를 나누는 애찬(아가페, 유 1:12)을 가졌다. 처음에는 애찬을 나누는 가운데 시간을 구별하여, 주님의 죽으심을 기념하는 성만찬 예전을 진행했던 것으로 보인다(참고. 행 2:42, 46; 6:1-2). 그런데 애찬에서 나눌 음식을 개인이 가져오므로 빈부의 차에 따른 부작용이 생겨(고전 11:18-22, 33-34), 점차적으로 분리해서 실행하게 되었다.

신자들이 모인 곳은 "윗다락"이었다. 8절의 "윗다락"은 〈휘페로스〉의 번역으로 '지붕 아래(휘포)'란 뜻이다. '지붕 아래'이니, 이층집일 경우에는 이층이고 더 높은 집이라면 가장 높은 층이다(참고. 왕하 1:2; 렘 22:14). 넓이도 다양했다. 사도행전 1장 13절에 따르면 그곳에 여러 사람들이 묵고 있었고 백이십 명이 모였다. 그러나 좁은 다락방의 뜻도 있다. 다비다의 시신이 모셔진 〈휘페로스〉는 좀 좁은 공간이 아닌가 생각된다(행 9:37, 39; 참고. 왕상 17:19). 다른 단어로는 〈아나가이온〉이 있다(막 14:15; 눅 22:12.). 〈아나〉(위)와 〈갠〉(땅)의 합성어로 지층 위(above the ground)라는 뜻이다. 관련 구절들을 비교해 보면, 〈휘페로스〉와 〈아나가이온〉은 거의 같은 뜻이다. 〈휘페리온〉은 위에서부터 보아 지붕 아래(휘포)층이고, 〈아나가이온〉은 아래에서부터 보아 땅바닥층 위(아나)의 층이다.

사람들이 3층 창에서 바닥으로 떨어진 유두고를 일으켜 보고서 "죽었다"고 말했다. 그런데 바울은 "생명이 그에게 있다"라고 한다. 바울의 말씀은 죽은 것이 아니라는 뜻인가, 아니면 다시 살아났다는 뜻인가? 유두고가 죽지 않고 살아있는 것을 말한 것으로 보는 학자도 있다(예. 바클레이, 481). 그러나 의심할 여지없이 유두고가 죽었다가 살아났다. 첫째, 유두고 사건이 특별히 기록된 것은 사고가 있었음을 말하기 위한 것이 아니라 놀라운 표적이 있었음을 말하기 위해서이다. 둘째, 왜 바울이 나서서 죽었는지 살았는지 점검하겠는가? 가족, 친척, 집 주인, 가장 먼저 내려간 사람, 혹 강론을 듣던 사람 중에 의원이 있었다면 그가 점검하는 것이 일반적이다. 사람들이 유두고가 죽었음을 확인한 후에("일으켜보니 죽었는지라") 바울이 나선 것이다. 셋째, 바울은 엎드려 그 몸을 안았다. 숨을 확인하는 것이라면 안을 필요가 없다. 넷째, 바울은 유두고가 '아직' 살아있다고 말하지 않고 "살아 있다"고 말했다. 다섯째, 성도들이 집회 후 "살아난 청년"을 집으로 데리고 갔다. 죽었던 사람이 살아났다는 뜻이다.

우리는 초기 교회의 아름다운 모습을 본다 : 가는 곳마다 복음을 전하는 바울, 매주 첫날 모이는 새로운 신앙공동체, 밤 늦도록 말씀을 사모하는 말씀 공동체, 주님의 몸에 참여하고 사랑의 떡을 나누는 성찬과 애찬의 공동체, 서로 위로하고 격려하는 사랑의 공동체, 하나님의 임재와 표적이 나타나는 기적의 공동체.

묵상 나누기
위에서 묵상한 내용을 간략히 기록하고 함께 나눈다.

찬송
"그 크신 하나님의 사랑" (304장)

집필자 소개

임창복 / 이화여자대학교 사범대학교 과학교육과(B.S.)
　　　　장로회신학대학교 신학대학원(M.Div.)
　　　　미국 Princeton Theological Seminary(Th.M.)
　　　　미국 University of Pittsburgh(Ph. D.)
　　　　(사)한국기독교교육교역연구원 원장
　　　　장로회신학대학교 명예교수, 기독교교육학
김태훈 / 부산대학교 공과대학 기계설계학과(공학사)
　　　　장로회신학대학교 신학대학원(M.Div.)
　　　　장로회신학대학교 대학원(Th.M.)
　　　　미국 Graduate Theological Union(Ph.D.)
　　　　한일장신대학교 명예교수, 구약학

남북공동체를 위한 삶이 묻어나는 성경공부7

예수 그리스도
기사 및 치유사역

초판인쇄　2023년 07월 31일
초판발행　2023년 07월 31일
지은이　　임창복 김태훈
엮은이　　(사)한국기독교교육교역연구원
주소　　　12430 / 경기 가평군 가평읍 호반로 1373
전화　　　(031) 567-5325 (031) 584-8753 / 팩스 (031) 584-8753
총판처　　기독교출판유통 (031) 906 - 9191
등록　　　No. 17-427(2005.4.7.)
ISBN 978-89-93377-61-3 / Printed in Korea

값 17,000원